繁花岁月

周宝玲　著

文匯出版社

图书在版编目（CIP）数据

繁花岁月 / 周宝玲著. -- 上海：文汇出版社，2021.6

ISBN 978-7-5496-3565-8

Ⅰ. ①繁… Ⅱ. ①周… Ⅲ. ①散文集－中国－当代 Ⅳ. ①I267

中国版本图书馆CIP数据核字(2021)第102063号

繁花岁月

作　　者 / 周宝玲
责任编辑 / 甘　棠
装帧设计 / 薛　冰

出 版 人 / 周伯军

出版发行 / 文匯出版社
上海市威海路755号
（邮政编码200041）
经　　销 / 全国新华书店
照　　排 / 上海歆乐文化传播有限公司
印刷装订 / 启东市人民印刷有限公司
版　　次 / 2021年6月第1版
印　　次 / 2021年6月第1次印刷
开　　本 / 890×1240　1/32
字　　数 / 220千字
印　　张 / 9.25

ISBN 978-7-5496-3565-8
定　　价 / 32.00元

序

项纯丹

站在上海市老年大学讲台上，底下四十多人中有一张乐呵呵的笑脸迎向我，来自靠墙的位置。我脸上不会有花吧？

虽然第一堂课，我就向我同代人的学员承诺把肚子里的知识教给大家，可我性格内向、笨嘴拙舌，就怕知识像茶壶里的饺子纵然急得乱打滚也出不来！尽管有震旦学院十年教龄在先。君子一言驷马难追，只好逼着自己“倒”，只是不知道效果怎样？缺乏自信。故很在意学员的反应。见到一张笑脸迎来，我是何等振奋、何等宽慰、何等感动！于是与“这张笑脸”交上了朋友。她就是本书作者周宝玲，身材矮小、貌不惊人，说话带点山西口音。

直到有一天，我才明白真相。那天，她对我说，项老师，我要出书。随后，我逆序地审阅她的书稿。

这部书包括三个部分：一、“平定砂锅”孝养恩，这一部分收录她在老家山西平定的早年生活的回忆文章，即记叙难忘的人和事；二、马钢哺育我成长，这部分回顾在马钢拼搏的经历；三、时尚外婆银发美，这部分容纳育孙散记和抗疫笔记。

我是先读书的最后部分，也就是第三部分：时尚外婆银发美。文中看到她近年在平凡生活中点点滴滴地加以鉴别地学习新知识、吸取新知识，她把新知识称为“时尚”。即使做了全职外婆也一如既往。在《“妈娘”与外孙共同成长》一文中，她不仅为外孙创造“妈娘”这个称谓喝彩，还吸取“早教”新理念，并为外孙选中了“金宝贝”早教机构；在《从今开始天天读》里，为了更好地让孩子尽快适应幼儿园的生活，她和多位年轻的幼儿教师成为好朋友，找她们“话聊”，并把与幼儿教师的对话制成卡片,压在玻璃板底下“天天读”；在《祖孙买书记》一文中写到为了不断充电,与外孙到书城买书的有趣故事；而在《阅读助我颐养天年》一文里看到读书使她获得老年“毕生发展观”的新理念，并选择学习老年心理学；为与外孙共同成长而学习上海弄堂游戏和隔代陪伴的新方法，放手让外孙自主管理、学电脑从零开始；《“前浪”“后浪”都是学习的榜样》里，她向各个年龄层次的家长学习育儿经验。我豁然开朗，她乐呵呵地笑迎的不是与“人面桃花”不搭边的我，而是我讲授的对她而言的新知识——可谓笑迎新知识。

把我的这份感动告诉她后，她的回答又一次冲击我的认知。“项老师，我就是这么乐呵呵地走过来的。”什么概念？我不禁套用她的一句口头语。原来，她即使在战天斗地的艰苦的回乡务农岁月也是乐呵呵的。这不光是性格使然，而是一种精神，一种革命乐观主义精神。

这一乐观主义精神沉淀在书的第一部分：“平定砂锅”孝养恩。《我的红色引路人》一文写到她返乡成为“古城墙里的农民”的一员，正是“农业学大寨”和“突出政治”的鼎盛期。为了生存，农民们白天在大田劳作，深翻土地、搬山造平原、挑担子、拉板车，挑着粪桶在大街上穿梭……晚上放下饭碗就直奔“饲养院”的大房间里参加“政治学习”，这时她的角色既是“朗读者”又是记录员。家乡的草根干部和农民群众自力更生、艰苦奋斗精神和淳朴厚道、勤劳勇敢、吃苦耐劳以及心灵手巧的品质，都留存在她的大脑“芯片”里，影响并形成她的“三观”底色。这一时期，她加入了中国共产党。46年来，她始终不忘初心、不忘她的红色引路人；在《青春不负韶华》里讲了充满朝气的土建队生活，还有浸在粪水里浇蔬菜的“抢救战斗”;《“托举人”素描》里生动地叙述了在艰苦劳动中得到“古城墙里的农民”帮助的故事——深夜跌进墓穴得救的险境等。从一个侧面反映了作者当时生存环境的艰苦，劳动不怕苦不怕脏，还热情饱满地为大家伙服务。在这点上，没修过地球的我要比她矮一大截。难能可贵的是，写“古城墙里的农民”的故事感人至深，而在字里行间总是乐呵呵的，“以阳光心态看人看事”。淳朴厚道、乐观向上，这样一颗美丽的心灵已经使这个个体熠熠闪光，她还用得上用颜值来修饰吗?

平定砂锅是作者生于斯长于斯的老家山西平定的特产。有两千多年的历史，是古州城平定县三大贡品之首。用县城周围的黏土和白土，成为流行的手工捏塑材料，工艺技巧独特。作者用平定砂锅在浓烈的烟火气中一锅端出母亲身上的传统美德和她对母亲的感恩之心。总以为天底下我的母亲最艰辛，读了《妈妈的“平定砂锅”孝养恩》才知，由于生存环境殊异，还有比我母亲更甚的。“母亲的一生，犹如熬小米粥，在磨难中慢慢地熬，熬出美德的芳香，熬出哺育我们成长的营养。”这样的语言是多么形象而精准。不言而喻，作者苦中作乐的性格源于此。《父爱细无声》父爱如山，大山是沉默的，挚诚的文字催人泪下。应该说作者人生底色的基础，是由早于“红色引路人”的父母熏陶而成。

一个人在少年时头脑好使而阅历浅，到了老年阅历深而记性差。年富力强，指的就是人的壮年，也是生命最辉煌的时期。本书的第二部分马钢哺育我成长，是反映宝玲女士在马钢的一段生活，这恰是她一生的辉煌时期。她在书写马钢辉煌业绩的同时书写自身奋斗的辉煌，读之为她击掌。《钢铁摇篮》是一部马钢人前四十年的奋斗史诗，大气磅礴。《企业盛开文明花》里的文明花开得灿烂、开得生动，因为作者本人从事企业精神文明建设工作，为此付出多年的心血。《马钢哺育我成长》一文凸显出马钢这座炼钢育人的大熔炉，而她在这座熔炉里得到淬火熔炼。尤其令人难忘的马钢爱国卫生大会战。马钢人经过这日日夜夜的拼搏，硬是改善“脏乱差”环境，恢复“江南一枝花”的美丽面容。当时，宝玲女士被安排在宣传部门编简报，积极为大会战摇旗呐喊。性格决定行动。想必她一定风风火火闯在前头，在火热的日日夜夜得到锻炼。《“领路之恩”难忘怀》的字里行间，马钢的几位领导跃然纸上。一个山西丫头能够成为“女处干”，离不开这几位平易近人的干部的呵护、栽培和提携。作者自揭在工作中的失误。没有失败哪有成功，没有教训哪有进步。作者就是在不断吸取经验教训中成长、成熟。马鞍山是诗仙李白的归宿地，这块遗存太白仙气灵气的土地也不乏才华横溢的诗人。《“娘家小弟”诗人欧震》写了一位充满家国情怀的诗人欧震。马鞍山有神奇美丽的传说，更有创造奇迹的马钢人，为之讴歌是作家们的神圣义务。

由于作者一生中有过两次迁移，形成山西平定、安徽马鞍山、上海浦东三个地方的生活板块，可谓人生三部曲。不管哪个时期，她都把日子过得像花一样。

以朴素、纯净的文字书写生命的记忆，将生命的记忆熔于平实的笔录，此乃本书一大亮点。

往事不堪回首，忍不住回首往事，竟发现自己为了美好的理想曾经追求过、奋斗过、拼搏过，活出了人的价值、活出了生命的风采，值了！值得回忆、值得记录、值得自豪。可以说，作者的人生三部曲折射出我们一代人的缩影，一个时代的缩影。本书因作者的人生价值而具有应有的价值。

读完《繁花岁月》，一个透明而多棱的生命个体站立在我的面前，不再是一个纯粹乐呵呵迎向我的笑容。我为之震撼、为之感动、为之赞叹。

余韵未尽，添一句多余的话。最初发来的文字，我是在骂骂咧咧中读完，“写些什么呀？乱七八槽!”她自谦称是“碎片”，那可真是碎片。然而，不出几个月，文章有了谋篇布局，行文思路通达流利，语意表述酣畅淋漓，印证了沈从文的一句话：“一个人只要多写，认真写，写好了不奇怪，写不好才奇怪。”

这，也是对所有在路上的同道的莫大鼓励。

是为序。

2021 年 4 月 6 日

目录

“平定砂锅”孝养恩

马钢哺育我成长

繁花岁月

目录

时尚外婆银发美

繁花岁月

目录

繁花岁月

“平定砂锅”孝养恩

我的红色引路人

辗转得到李金田先生的《古城墙里的农民们》，好几天夜不能寐，多次流泪读不下去，又多次含泪继续拜读。这篇“专题片解说词”之所以能引发我内心深处的剧烈震撼，是因为我曾经也是这些人中的一员，曾经被古城墙里的农民们用宽厚和淳朴拥抱。

我非常敬佩李先生，他自告奋勇、自费、自愿为城里生产大队编撰拍摄了四集专题片《古城墙里的农民们》。同是当年局中人，我却没有为之尽微薄之力，非常惭愧。为此，只能用拙笔写一写我和“满脑子高粱花子”的农民一起燃烧激情的青春岁月。因为他们（古城墙里的农民们），是我的“红色引路人”。

1972 到 1975 年，正是“农业学大寨”和“突出政治第一条”的鼎盛期。为了“革命生产双丰收”，古城墙里的农民们（以下简称农民）创出了一条结合实际、因地制宜的生存之道。

由于我家是农民户口，在上山下乡的年代，我做过“回乡青年”。“回乡青年”与“知青”没有可比性。“知青”有待遇，“回乡青年”什么都不是。“知青”招工上学都是带指标的，“回乡青年”就是农民，什么指标也没有。“知青”算工龄，“回乡青年”不算工龄。

当年有一项雷打不动的制度，每周一、三、五下午要“政治学习”，而且要写学习记录。同是县城人，机关和企事业单位可以“脱产学习”，但农民不行，不出工就没有工分，没有工分就活不下去。

所以，农民们的政治学习就安排在晚上进行。无论严寒酷暑，晚上放下饭碗就直奔“饲养院”（各生产小队喂养牛和驴以及堆放农具的仓库）的大房间里参加“政治学习”，我是“政治学习”的“朗读者”兼记录员。

很快，我发现了生产小队的“政治学习”和学校里“政治学习”大相径庭。虽然按照上面的“政治学习”计划，学的文章都一样，但生产小队的学习要比学校里的有趣得多。首先是按照上面的计划要求读报纸，领导要求我快读，最长的社论也不超过10分钟完事，然后领导就叫我到房间的土炕上一张唯一的炕桌上去编写发言记录，以便接受上面的检查。

接下来的讨论就热烈了，完全与读的文章无关。我印象最深的一次讨论是让大家减少了饥饿，挣到了现金。

那天读完报纸之后，大家为如何解决“饿肚子”问题争论得面红耳赤。我们生产大队一千三百多口人，靠种菜得到的返销粮根本不够吃，家家户户的主妇都是先给主要劳动力吃从锅里舀出来能够粘住勺子的玉米面糊糊，然后添加清水，再给上学的孩子们吃次粘度的，最后主妇喝的只能是和刷锅水一样清亮的玉米面糊糊。有的家庭男孩多，男孩子出工力气大饭量也大，经常揭不开锅，半夜里就去敲党支部书记家的门，说孩子饿得起不了床，能不能先借点大队仓库里的粮食救救命？

那如何让大队仓库里“开库就见粮”呢？

大伙热火朝天地议论到深夜零点，依然没有结果。突然，一名不戴帽子的“右派”提出的建议使全场鸦雀无声。

既然是“右派”，为什么又不戴帽子呢？

原来，提建议的人叫王振兴（化名），他50年代是我县师范学校的高才生，师范毕业分配到县城工农速成学校当了教师，大鸣大放中因众所周知的原因，丢了公职，返回原籍——城里生产大队。

由于他教的学生参与处理，手下留情，王振兴只丢了工作，没有戴上“右派”的帽子。

“古城墙里的农民”最务实，看人看事从来不相信“标签”。我们大队除了王振兴，通过红头文件戴帽在册的“地富反坏右分子”一共48个，都是街坊邻居，相互知根知底，农民对他们从不另眼看待，很多人都是我们副业战线上的主力军。王振兴更是党支部书记的“军师兼秘书”。大队的80%以上的文字材料，由王振兴“码字”；每到春节，王振兴所住的整条街人家的春联，由王振兴挥墨，由于他的功底厚实、书法超群，县委县政府领导也常到王振兴家中“求墨”；由王振兴主编的农业学大寨《大干快上》小报出了名，让我们城里生产大队享誉县城内外。

但那天晚上，王振兴提出的建议还是让在场的所有人为他和时任党支部书记的张成声捏了一把汗。

王振兴提出了一个“人吃猪粮”的建议。那时候是计划经济，我们菜农按人头划拨返销粮的同时，牲畜也有口粮。王振兴建议办一个“百头猪场”，猪场号称“百头”，其实一共也就是三十头左右。但虚报100头猪，就能得到100头猪的调拨粮。如果把这批“猪粮”作为大队的“机动粮”，一是以“劳动粮”的办法补贴进工分里，让劳动力们能够填饱肚子；二是像挤牙膏一般时不时周济那些大肚汉、光棍汉、男娃多实在揭不开锅的人家。然后再从邻县购回一些粉条和豆渣之类的残余粉渣喂猪。

这个建议虽好，但有欺上瞒下之嫌，偷梁换柱之虞。搞得好，是打“擦边球”，搞不好，一旦东窗事发，就不是丢乌纱帽的问题，轻者开除党籍遭批斗，重者班房监狱伺候。

所有人的目光聚焦在党支部书记张成声脸上。

当时，张成声30多岁，血气方刚的他从互助组合作社赶毛驴拉板车干起，身材高大身板硬朗，200多斤的麻袋，他两手一拧甩上肩依然健步如飞。他性情如火，嗓门高大，为人豪气大义。为了一千三百多口人能"吃饱"，他豁出去了，在所有人期盼又担忧的眼神中，沉默片刻，张书记紧握拳头在桌子上"咚"的一下，大喊一声："干！"

张书记冒险采纳这个建议，很长一段时间1300口人没有饿肚子。后来，上边也没有因为人吃了猪的口粮而让退赔。党支部书记张成声依然带领着古城墙里的农民们"抓革命促生产"。

农民"抓革命"，绝对和机关企事业单位不同。无论是政治学习还是开辩论会，即使昨天夜里辩论得口吐白沫，今天早上也是天还没亮就得出工，否则，挣不到工分就吃不上饭。因此，"文革"中县城的动荡，就好比是河面上的草沫子，清水时平稳地漂着走，洪水来了，有的升浮到浑浊的水面，有的沉卷到深沉的水底。"抓革命"对城墙里的农民们触动不大。

农民们"促生产"，绝对是拼了命地干，因为填饱肚子为上的生存法则比任何政治运动都要直接得多。

作为以蔬菜为主产的城郊经济，蔬菜额需求量逐年增加。为此，张成声书记带领城墙里的农民们，首先将原有的400亩蔬菜地扩展到800亩。种蔬菜需要水，张书记亲自挂帅，组建了"土建队"，成立了青年突击队，先后建起了6个旱水池，通过一千八百米长的输水管道，连通三级高灌，机灌网络覆盖了环城三面的菜地，环城三面红黄绿白黑，青翠欲滴的新鲜蔬菜源源不断地送往县城和市区。

"古城墙里的农民"是典型的"农亦非农"。

"农亦"是指生存方式。我们住在城里却是农民户口，干的是农活，又没有粮本和各种票证。出城上地（种菜种粮的大田），地少人多，粮食不能自给，我们靠种蔬菜吃返销粮过日子。

"非农"是指，我们又不是纯粹的农民，为了生存，"以副补农"

是我们的强项。即使在“割资本主义尾巴”最严厉的时期，我们大队也拥有自己的“煤窑”（小煤矿）、豆腐坊、油坊、电磨坊，木工组、油工组、修建队、砖厂、市容卫生队……一句话，三百六十行，行行有“农亦”、“非农”之各行各业的行家里手们，天天穿梭在县城里的政府机关、医院学校、影剧院、商店、饭馆以及县城的每一条大街小巷。

白天“农亦”：深翻土地、搬山造平原、挑担子、拉板车、挑着粪桶在大街上穿梭……晚上“非农”：和机关企事业单位一样，学社论、写大字报、喊口号，有时也开开批判会。

将近三年“农亦非农”的回乡日子，像一台最精密的摄像机，《古城墙里的农民们》自力更生艰苦奋斗精神和淳朴厚道、勤劳勇敢、吃苦耐劳以及心灵手巧的品质，都留存在我的头脑“芯片”里，影响着我形成我的“三观”底色。

我更看到像张成声一样的党支部书记，为官一任，呕心沥血、殚精竭虑地首先考虑一千三百口人的生存之道。

青春没有苦和累。近三年的汗水和疲劳，成为我广阔的成长平台与施展本领的舞台。大队党组织精心培养我，陆续安排我利用晚上和饭后的休息时间开展计划生育、政治学习、文艺宣传等工作。要求我联系劳动的实际，不断汇报学习《党章》和毛主席著作的心得体会；找机会给我压担子，吸收我参与专案外调、参加城关公社和县里两级举办的各类专题培训班。

1975 年 6 月 30 日，由张成声书记和陈宝元支委介绍，我光荣地加入了中国共产党。

6 月 30 日，终身不忘的日子，这一天是我的政治生日。距今已过去了 46 年。

46 年弹指一挥间。46 年来，我曾遇到过商海的诱惑，有人高价请我去做企业文化；也面对过金钱的考验，曾被动地听了第一批传销活动的第一堂洗脑课；还被不少“朋友”反复动员炒股、做期货、玩证券；更有人得知我有“糖尿病”，竟然不厌其烦地劝我“脱党”加入“基督教”，说在上帝面前祷告，血糖就正常了。

46年来，我之所以能经得住考验，扛得住诱惑，受得起委屈，耐得住寂寞，挡得住邪恶，是因为我是一名有着46年党龄的老党员，我是在“农亦非农”的劳动中入的党。

感谢“农亦非农”的日子，感恩我的入党介绍人（张成声、陈宝元），“古城墙里的农民”是我的“红色引路人”。

（今年6月30日，是我入党46年的政治生日，正值伟大的中国共产党建党一百周年，特此回忆难忘的激情岁月，以此献给“古城墙里的农民们”。）

2021年元月22日

青春不负韶华

1973 年 1 月，我高中毕业，作为“回乡青年”回到“平定县城里生产大队”报到，大队把我分在“土建队”。

“土建队”是一支特殊年代生成的特殊的青年突击队，由生产大队所管辖的 5 个生产小队中抽调出来的年轻人组成。我们生产大队辖有 5 个生产小队，涵盖了城墙内的所有农民。按照居民行政区域划分，上城和下城的西南营属一队，耕种土地主要集中在南门外的刘沟梁一带。下城十字街一片属二队，耕种范围在北城墙内外。我家住在学门街，属三队，耕种土地在东门外的蛇沟与瓦窑沟一片，平定县官道两侧。四队耕种南门外的南坡一片。五队社员则要到北城墙外的三岔口去耕种土地。我们虽然是农民，却居住在城里，人多地少，以种蔬菜换取返销粮为主业。蔬菜种植需要大量的水，我们县城的水源又主要集中在嘉河与城南河两条小水系旁，所以，大量构筑水池、旱池和输水管道，就成了“土建队”的首要任务。

我第一次到“土建队”出工，具体任务是用榔头（锤子）砸石头，是相对比较轻松的活。打水池（建造水池）的重活是男劳力干，普通话叫“掘井”。在测量出地底下有水的位置开挖，一层泥土一层沙子往下挖，一般挖到十几米深就出水了。挖走泥沙后，四面必须用石料砌起来。县城里没有石料，就把“破四旧”遗留的古城门洞里的大石块拆下来，把它砸成大小不一、砌水池所需要的石块。

砸石头比起在农田里操作，要轻松一些。一来是早晨不出工但却按整天记工分。二来都是二十几岁的年轻人，劳动间隙能够谈天说地，激扬文字，指点江山，“男女搭配干活不累”是“土建队”的真实写照。第三，“土建队”转战城里城外，东西高坡，在建设12个水池旱池和20多里长的输水管线过程中，我们阅读了《平定县志》的活档案，了解了平定古州“一州吃三县”的前世今生。

平定古城是全国少有的“大城套小城”结构，过去州衙设在上城。上城是平定西南角上的一块小高地，因为汉朝大将韩信在这里修过要塞，要塞的城门洞用榆树做过顶门杠子和鹿砦，州府就把衙门建在这里。后来，随着人口增长发展受限，才慢慢拓展城池，扩建了下城。解放平定时，攻城一方的侦察兵是外地人，不知道平定“大城套小城”，而且上城才是平定的政治文化中心。结果打进平定下城正要庆祝胜利，却被上城的守兵赶出城去，几经反复才攻下上城。黄土构筑的古城墙四面环绕，东西南三道城门巍然而立。为什么没有北城门呢？因为北边是座荒岗，有野兽出没而人迹罕至，于是便省了一座城门，只建了一个“北亭”。

“土建队”就是在如此复杂的地理环境中，相继建起了12座旱池、水池，通过三级高灌，一千八百米管线，把县城最南边最低处的水送到了最北边的最高处，一个完整的机灌网络覆盖环城三面的蔬菜基地，环城梯田五彩缤纷，红辣椒、黄牙白（大白菜）、绿青菜、白萝卜、黑豆磨豆腐，新鲜蔬菜保平安。

在环城转战的日子里，我和“土建队”的兄长姐妹们虽然夏顶酷日暴晒，冬伴北风呼啸，却个个精气神十足。无论是砸石块、拉板车，还是下到十几米深的水池把泥沙挖出来运走，大家都是全程欢歌笑语，其乐无穷。

年轻人的字典里没有“苦累”二字。“土建队”队长家院子很大，院子一间正房带两间耳房，正房两侧是两间厢房。那时队长还没结婚，他家的院子就成了“土建队俱乐部”。晚上一撂饭碗，“土建队”成员就迫不及待地从县城的四面八方汇聚到队长家，聊天的在东厢房，谈恋爱的到西厢房，大部分人集中在正房（队长的家人在耳房），清唱革命样板戏，也学唱“莫斯科郊外的晚上”等“禁歌”，更多的是互相交换“禁书”和“手抄本”。我记得：老舍的《月牙儿》、林徽因的《人间四月天》、莫泊桑《项链》等，都是在那个时期轮流交换阅读热议的。“土建队”里甚至流传过罕见的《金瓶梅》单册本……

房间停电了，点上蜡烛，蜡烛的眼泪流光了，再点上煤油灯，直到煤油灯也耗尽了，大家才恋恋不舍、余兴未尽地离开。

我在“土建队”干了一年，回到第三生产小队。第三小队的主要任务是种蔬菜。我从“下秧”开始学起。

下秧是很脏的农活。就是把事先培育好的“秧苗”一棵一棵地移栽到大田里。首先把大田平整好，按“井字形”分好条段，留出水路。然后在条段内均匀地间隔挖好小洞（坑），在小洞（坑）里灌满粪水，最后一步是用双手把柔嫩的秧苗“一个萝卜一个坑”地栽进去，再用双手的大拇指、食指和中指力度适当地压紧，盖上土……

教我“下秧”的是岳叔（岳秋元队长），他反复示范，诲人不倦，谆谆教诲说：下秧就像是接生，秧苗柔嫩脆弱，稍有疏忽，秧苗就活不了，或者“脑瘫”。这句话我牢记终身，他让我懂得了从一棵秧苗到“成人”需要多少人的艰苦付出，太不容易了。

当菜农还有两个程序必须夜里做。一是“育秧”，“育秧”需要适当的温度湿度，菜籽撒到“秧池（育秧专用田）”后，像服药一样，隔几个小时巡察一次，夜里不能间断，否则秧苗育不活。二是“浇园”，就是给蔬菜浇水。“下秧”完成后，就像栽树，一定要浇水。我们方言把“浇园”称为“改口”，就是用铁锹在菜田里砌出一条条窄窄的土壕沟，让水顺着土壕沟缓缓地流到不同品种的菜田，浇完一片堵上口子，再去浇另一片。

梯田式的菜地，每一层的品种不一样，每一种蔬菜的用水量也不一样，这就需要在菜地里"改口"。从里往外，西红柿浇完了，把西红柿的水道口堵上，把水引到黄瓜片区，黄瓜片浇好了，再"改口"到辣椒片区、到黄芽白（大白菜）片区、到菠菜茄子片区……

"浇园"的时间很有讲究，不能在太大的阳光底下浇秧苗，要在太阳落山以后才能浇，因此逢到浇园的活计，往往都是晚上九十点才能回家。浇园的水是"土建队"建的三级高灌，先把水从最低处的南园，抽到西门口的旱水池，再抽到北城顶的旱水池，我们第三小队的菜地在北城顶的下面，受电力限制，浇园往往持续到深夜，打着手电筒操作。

青菜萝卜西红柿，蒜苗茄子大白菜……无论什么菜，在从早到晚阳光的照耀下，总是饥渴难耐，每天傍晚在开渠浇水之前，它们总是蔫蔫的，无精打采。所以，要均匀地在水里添加农家肥，这是一项又脏又臭还需要技术的活计。

说它又脏又臭，是因为要在菜田里流往不同蔬菜品种之间添加不同量的粪水，要蹲在水道边上，用大粪勺一勺一勺地从专用粪池里舀出来倒进水道里，全是赤手操作一蹲就得好几个小时。有一次停电，我们正坐在地上等通知，忽然来水，上下层梯田用砖砌成的小水渠竟然成了粪水瀑布，一下子把岳秋元队长和我的膝盖以下的裤子鞋子全都浇透了，但"粪水贵如油，菜秧急饮之"，我俩全然忘记了脏和臭，"蹭"地站起来掩土疏通，一直到把这一层的西红柿、黄瓜和蒜苗全部浇完，才发现被粪水浇得透湿的裤子和鞋子早已风干，只是全身气味难闻。

说它是技术活，是因为我们的菜地不是一马平川，而是"梯田"式的菜地，北城顶的水开闸以后，在层与层梯田之间必须建一道小瀑布一样的渠道，水从上层往下层流。层与层的梯田上下之间有1—2米不等的高度，需要分别建成斜坡式或直角式的水道，用砖砌好。这次停电来电的“突发事件”，多亏了岳叔（岳秋元队长）的斜坡水道建得好，不然，“粪水瀑布”会像决堤的大坝，从上到下7层梯田污水横流……

紧张的战斗结束了。在微风吹拂下，吃饱喝足的西红柿展开了红彤彤的笑脸；绿油油的黄瓜刺上了密密麻麻的珍珠绣；刚才还蔫歪歪的蒜苗顿时“亭亭玉立，器宇轩昂”。整片梯田吐出的氧气芬芳，驱散了异味扑鼻。

这次“粪水抢救”战斗终身难忘。将近五十年过去了，每当我看到菜场那碧绿的青菜、雪白的萝卜、金色的南瓜，或是紫色的茄子……总会想到无论姹紫嫣红，还是青翠欲滴，都是菜农的辛苦，“粪水”的恩泽。所以，不管有无损毁，我都是“一把抓”“整个买”，付过钱回家后再挑拣。

斗转星移，月缺月圆，无论时代怎样更迭，风云如何变幻，青春总是红亮的。战争年代有“战火中的青春”，建设时期是“激情中的青春”，我的青春是在黄土地上“乐呵呵”过来的。

青春不负韶华！

2020年8月

“托举人”素描

（一）

2013年10月31日，我办理退休手续时看到档案中一份45年前的《群众评议记录》，它让我热泪盈眶。其实我回乡务农仅仅两年多，当年与我披星戴月、朝夕相伴的农民伯伯、大叔大妈以及兄弟姐妹，给了我超高的评价！当年，是他们把我“托举”进了大学校园。

这份《群众评议记录》，是1975年7月“工农兵学员”招生中的重要一环。当年大学正常招生还没恢复，具体政策是从工人农民和部队中通过基层推荐，保送上大学。这种招生方法对个人而言，难度更大。因为正常招生完全靠自己，实力强、分数高就能被录取。而推荐上大学实际上比“高考”难度大。在基本条件（高中学历、在基层实践两年以上，出身贫下中农家庭……）达标的基础上，很重要的一环是要经过“群众评议”，评议的人数不能少于30人。如此一来，能不能进入推荐候选人名单，“群众评议”极其重要。

“群众评议”主要看我的“劳动”表现。但我有自知之明，我的个子矮小，体力比较差，虽然出工很卖力，但挑粪、送菜、抡镢头、拉板车等主要农活都做得比较差，再加上我担任大队妇女主任，平时的计划生育、组织政治学习、上门动员社员出工等方面，也得罪人。所以对“群众评议”一项，我忐忑不安，生怕过不了关。

喜出望外的是，1975 年 9 月，我终于收到了山西大学中文系的入学通知书。当时就想我的“群众评议”肯定不错。但当我几十年后亲眼看到我的“托举人群”的原始发言记录时，万万想不到“好评如潮”。

当晚彻夜无眠。《群众评议记录》的发言人一一向我走来。

蔡（锁全）叔首先发言，他是我们生产队里的技术队长，中等身材，古铜色皮肤，双手掌满是硬茧。他是种菜能手，他能根据气候特点和土壤条件精准地配备种子、肥料和水分，同样大小的一块地，他种的蔬菜品种和产量均列前茅。当年我拜他为师，蔡叔“诲人不倦”。

他的发言 11 个字：“这孩劳动踏实，对工作负责。”

我非常惭愧！蔡叔才是真正的踏实、负责。他几十年日复一日，每天都是凌晨 5 点就到田里，像医院里的主治医生查房一样，把上下数十亩蔬菜 7 层梯田的水道、水池和当天的具体活计梳理得井井有条，等到大伙 6 点到田头，立即各就各位，埋头干活。除了正月初一到初五，不论刮风下雨，全年无休。雨天到不了田头，他就到库房里整修农具。

第二个发言人是我们第三小队的生产队长任文亮，小名“大宝孩”，平常我们都喊他“大宝哥”。“大宝哥”的为人和他的脸型一样，方方正正的一张国字脸，中规中矩的浓眉大眼，看问题清亮；宽厚的嘴唇，待人接物厚道有余，严厉不足；温和的鼻子，能问询到整个小队的家家户户，家家户户的男女老少有麻烦都找他。

“大宝哥”对我的评价很高，但与队长相比，我自惭形秽。如果有些许进步，也是跟在“大宝哥”身后学习的成果，或者说，是“大宝哥”保护我的结果。

当年，我们生产小队有一项农活是“卧地”，俗称“看羊”：就是当天下午早早把少则100多、多则数百只羊喂得饱饱的，然后"看羊"的把羊群赶到平整好的大田里，让所有的羊在大田里"方便"，一直到次日上午太阳出来，再把羊赶回羊圈里。连续三夜，为的是给大田上好底肥，沃土出精粮。

"卧地"是一项好活计，一来工分高，看一夜羊可以挣一天半的工分；二来夜里看羊，第二天可以在家休息。所以，选"看羊"者有要求，既要胆大心细，又要懂一些放羊的基本常识，特别是要能控制好领头羊。这种活计一般不派女社员。我因为想学更多的农活技术，就向"大宝哥"提出想去"看羊"的要求。"大宝哥"答应了，并安排另一名女社员陪我，我俩和"大宝哥"是一个组。

那三天，我负责的农田是4亩多大的一块比较好的地，这块地呈丁字形，一面靠堎（用黄土筑成的土墙地界），三面通道，我们分成三个组，各守一个口，主要是防止狼来叼羊。狼怕火，三个组预先备好柴火，燃起了三堆篝火。

刚开始很正常，三个组各自围着篝火"侃大山"，不知道过了多久，也不晓得几点钟，反正夜很深了，靠西面的一堆篝火突然灭了，"大宝哥"一看不好，赶紧吩咐我们两个女的守住篝火，不要动，他快速朝西面跑去，不一会儿听到那两个组的人在大喊："狼……狼……是狼！快看，绿眼睛绿眼睛……"我俩顿时吓得发抖，两个人赶快哆嗦着添加柴火，把火烧旺……大约过了"一袋烟"（当时抽旱烟）的工夫，"大宝哥"跑回来说："××真是瞎咋呼，什么狼，不是狼是条狗，赶跑了，不要怕！再去捡些柴火来吧。"

我俩放心了，手拉手去远一些的地边去捡柴火。不料，刚离开篝火没几步，"扑通"一声，我俩一起掉进了一个坑里，头"嗡"地一声，我俩吓得瘫在坑里，腿都软了。

"大宝哥""蹭"地跃起，一个箭步跨过来，一左一右把我俩拽起来，狠狠唠叨："真作孽！必有恶报……"

“怎么回事啊?”我俩急切地询问，这个坑不深，我俩当时恐慌，上来就镇定了。

“唉!你们不知道，这块地是原来 ××× 家的祖坟，是专门请风水先生看好的风水宝地。前几年红卫兵来把人家的坟头都挖平，填上的土是虚的，一下雨，虚土塌下去就成了坑，你俩掉进去的是空墓穴……”

我俩吓得紧紧地抱在一起了。

白天不小心踩到空墓穴的事常有，但在深夜掉进空墓穴，是我一生中仅有的一次，刻骨铭心。

“大宝哥”不仅是手把手教我干农活的恩师，也是我生活中的老师。“大宝哥”是他们家六个兄弟姐妹中的老大，14 岁就挑起了养家糊口的重担。他也是同龄青年中结婚最早、生孩子最早的。由于人口多，自己的孩子和弟妹都小，家庭的矛盾总是免不了的。但“大宝哥”会在母亲和妻子面前“两头哄”，会在弟弟妹妹面前“讲道理”。他靠着“忍辱负重”，小俩口上敬老人，下爱子女与弟妹，为一大家子撑起了一把温馨的超级大伞。

“大宝哥”像对他的家人一样对待社员，尤其是我们女社员。

当年正值“农业学大寨”的鼎盛期，我们年轻的女社员组成了“铁姑娘队”，在“妇女能顶半边天”的氛围中，除了下煤窑，什么农活都抢着干。在这种情况下，“大宝哥”竭尽全力保护我们。农忙期间，我们的早饭午饭都在田头吃，每天要有一人挨家挨户把饭集中到箩筐里，挑着送到田头。相对而言，这个挑饭送饭是比较轻松的活，不用早起，到了田头等大家吃完早饭，收起碗筷马上回去准备送午饭。为了照顾我们女社员，“大宝哥”总是通过他老婆找到我，让我问清楚谁来例假，就安排谁当“挑饭人”，避免喝凉水(当年喝的都是在田间周围井里或者水渠里冰凉的水)。

如果遇到在水里下秧(把秧苗从秧田里移栽到大田里)或水沟

里挖泥等活计，“大宝哥”总要提醒我，问清楚谁不适宜下水，尽可能安排干其他活计。

（二）

现在想起来，在“托举人”身上看的和学到的，影响了我的一生。

岳秋元，被大家称他“秋元叔”，是一名退伍军人，本可以安排工作，但因为县政府没有熟人，信息不通。他的安置指标被人顶了，有人劝他“上访”，他却乐呵呵地说：“哎！顶就顶了，反正安置也是到煤矿……”发言中，他对我的溢美之词，是他以身作则的写照。比如卖菜下午四点才吃中午饭的事，是他带着我干的。秋元叔用板车把蔬菜公司不收的包菜叶子等拉到街上，我只管过秤和收钱。不管多晚，卖完才回家吃饭。

张振声，是我们生产大队的主任，几十年如一日，与社员们风里来雨里去，扛镢头，抡大锤，拉板车，掏大粪……那时候的村干部都不脱产，行政工作都是晚上和雨雪天气做。在他的影响下，我和同样回乡的王先义（从城里生产大队当兵提干，转业后先后担任阳泉煤气公司经理、阳泉市政府副秘书长等职）一起搞外调，大队给报销车票，有午餐补助。但我俩以张振声常年艰苦奋斗为榜样，自带玉米面饼子和水，午餐补助如数退回。车费也用得不多，50 里以外乘车，50 里之内我俩一律步行，好几个偏僻的山村，都是羊肠小道。

回想 40 年前在山沟里跋山涉水的经历，为我俩一生的职场生涯打上了卸不掉的底色。虽然我和先义弟远隔千里，但只要回到山西，我俩总要小聚，谈起他十几年干煤气公司总经理而“一尘不染”，我俩都认为，得益于张振声主任那一代老干部为我们打的底色好。

张长安、刘明星、张永顺、白孝卿、蔡金贵和刘宝林，都是我天天干农活和种菜的好师傅。我跟着师傅们在漆黑的坟地里看羊卧地、点火赶狼，加班浇园，在粪水里插秧育苗……师傅们年纪大都不怕苦累，我正值青春绽放，自然是更不拒绝苦和累了。

“群众评议记录”里还有我的小学同班同学陈爱萍和潘玉美，她们两人比我回乡早，经常手把手地教我技术活。比如栽黄瓜秧，它很娇嫩，从秧田里往大田里移栽，其动作要比妇产科医生抱婴儿还要轻，因为手指稍微动了根，结出的黄瓜就是苦的。她二人在发言中都提到了我在小学时的学习好，其实在“农活”这门课上，她俩的成绩远比我优秀。

（三）

日月如梭，一晃46年过去了。46年来，虽说我也常回故乡与我的“托举人”小聚，但终因相隔太远，上班时时间紧张，终究见面不多。前年暑假，我请“托举人”聚餐，没有寒暄，只有拥抱，相互“吐槽”带第三代、结婚早的带第四代的酸甜苦辣……

话聊间，大家知无不言，言无不尽，其中使用频率最高的一句话是，赶上好时代了，大家过得都挺好。你也回来养老吧！

这话说到我心坎上了。因为确实有这个打算。不为别的，就喜欢“都挺好”。我和“托举人”几十年的艰苦奋斗，殊途同归，不就是为了“都挺好”吗？所以，我在餐桌上诚恳地说出了我的心里话。

假如岁月可以重来，我绝不离开我的“托举人”。因为我可以和他们一样，在市场经济的浪潮里畅游，可以开连锁店，可以大年初一不休息，经济效益第一。

假如能有第二次选择，我绝不离开平定，我会选择与我的“托举人”做近邻或是对门。因为我家居住的这个小区是县城机关幼儿园、实验小学、平定一中、三中等示范幼儿园和重点中小学的学区房，我的“托举人”的子女就从这里走出太行山，有的进了北京，有的定居洛杉矶，天各一方。

假如改革开放提前 20 年，我一定会和我的“托举人”一道，或开公司、或开饭店、也许搞物流？更有可能的是，和我的“农友们”依次排队进教室，重新坐在课桌前，复习迎考，金榜题名！

因为我的“托举人”，都是文化人。

台湾师范大学教授曾仕强先生说过，“文化”包涵“四识”：常识、胆识、见识和知识。回忆 46 年的成长经历，梳理 46 年的成长轨迹，实事求是地说，我的常识、胆识和见识，都来自于“托举人”的肩膀，站在他们宽阔厚重的肩膀上，即使是崎岖陡峭的小路，我也爬得稳当，爬得坚实！

同时，“托举人”给了我勤劳俭朴、艰苦奋斗、坚韧不拔、宽厚包容和纯真善良的传统美德，给了我正确的“三观”底色，更给了我和美的阳光心态。

祝福我的“托举人”，家家幸福安康！

2021 年 1 月 18 日—2 月 5 日

妈妈是无字的教科书

都说妈妈是孩子的第一任老师，我想添加的是:“妈妈是无字的教科书”。作为老师，总有离开讲台的那一天，而教科书却能时时刻刻天长日久地伴随子女，伴随第三代、第四代……

无字的教科书从婴儿“呱呱”落地就能读懂。儿童心理学告诉我们:“新生儿”就像一台最精致的摄像机，父母的一举一动，家人的行为举止，全部录下来，放在孩子脑子里的某个部位，影响着他(她)的一生。

我妈是童养媳，9岁来到我家。在她19岁之前如何侍奉我奶奶，我不知道。但她19岁生了我以后，妈妈每天清晨起床先到奶奶的房间侍奉奶奶起床，为奶奶点烟(奶奶抽的是旱烟，用长杆子烟具，现在看不到了)，给奶奶换洗裹脚布，起床后侍奉奶奶洗脸梳头，然后把早饭给奶奶端到桌子上……我这台精致的摄像机是完完整整地录下来了。

所以，当我们家五个女儿相继出嫁，很多人惊诧于我家“五朵金花”都对公公婆婆很孝敬，“五朵金花”实话实说：“比起妈妈，我们差得太远太远。”

无字的教科书是温柔的春雨。春雨贵如油，润物细无声。妈妈的“春雨”滋润着我这棵小树端端正正茁壮成长，不断“洗掉”歪枝斜杈。我 12 岁那年，曾经犯过一个大错。当时，“文革”风暴也刮到了我们这个小县城，我们这一片区组织群众斗群众会议，我代表妈妈参加会议。会上“领导”让我用墨汁给我妈妈的一个长得很漂亮的邻居姐妹（平时我喊她阿姨）的脸上涂抹。妈妈知道这件事后，脸色十分难看，她没有打骂我，只是长长地吸了几口气，用坚定的语气告诉我：“以后这种事绝不能干！你还小，不懂大人的事，×××（指领导）和 ×× 阿姨（被批斗者）是仇人，×××（指领导）想趁机欺负人，又不愿意明着来，拿你当枪使……”

这句话刻骨铭心，滋养我到如今。从那之后，我拒绝了所有“引导”我争当积极分子、争当红卫兵、争当学毛著积极分子、动员我参加各种战斗队的“领导”的“好意”，拒绝了种种诱惑。

我是“古城墙里的农民”。这个独特的概念需要从头说起。

我们平定县城是名副其实的古城，“文革”前，古城墙四面环绕，建有东西南三道城门，县城北面因为有天然屏障且狼群出没，所以没建城门，只修了一个亭子。县城内一条清澈的“嘉河”蜿蜒穿行……历史上是“州城”，自古享有“一州吃三县”的美誉。

解放前划为四个街区，上城街（我们县分上城街和下城街）、十字街、学门街和东门街。县城里的居民多以服务业为生。挑八股绳的走街串巷；开杂货店的进出繁忙。我爷爷卖烧土（与煤粉在一起和成泥），我奶奶做“金箔纸钱”（现在的花圈小店）。

那时的人从骨子里热爱土地，“三十亩地一头牛，老婆孩子热炕头”是大部分老百姓一辈子的最高理想。所以，我奶奶做小生意积攒下点钱之后，首先是买了几分城外的土地。就因为买了土地，我们家走上了互助组、初级农业合作社、高级农业合作化、人民公社……之所以“古城墙里的农民”和乡村里的“纯农民”不一样，与市民更有天壤之别。

住在一个院子里的两家人，东屋的市民每月凭“粮本”按比例有面粉（小麦粉）供应；我们“古城墙里的农民”却只能靠生产队里每年种的小麦“丰衣足食”，风调雨顺还好，每人每年能分到10斤小麦，如遇灾年，全年每人只能分到5斤小麦，最多可以磨4斤面粉，全家人只有在大年初一吃上白面（小麦粉）饺子，其余都是玉米面、高粱面和少量小米，还要掺着野菜与糟糠。妈妈常说“难过的日子易过的年”。

“古城墙里的农民”，每半年在生产大队的仓库领一次“口粮”，95%的玉米高粱，5%的谷子，都是“毛粮”，分到家里以后必须自己加工，先是人工推磨，人工推碾子，把玉米磨成粉，谷子碾成小米（谷子必须晒干，或用“炕火烤干“），小麦磨成小麦粉，俗称“白面”。后来有了“电磨”，我家院子里的“石磨”才慢慢退出历史舞台。

那时候，住在一个院子里的两家人，东屋的市民柴米油盐酱醋茶都有“号”（各种票证），有号头，市民家庭虽然不能“色香味俱全”，但最起码可以“五味俱全”。而住在西屋的“古城墙里的农民”，一日三餐皆是“少油没盐”。最困难的日子，“古城墙里的农民”只能在黑市上买大颗粒的“工业盐”和“棉花油、蓖麻油”点缀。

住在一个院子里的“古城墙里的农民”与吃商品粮的“市民”都很友好，几乎天天互通有无，或多或少懂一点“科学饮食”，通过串门聊天，口口相传，明白了棉花油吃多了会导致不育，蓖麻油是航空航天用油等知识，每天的玉米面糊糊或是玉米面窝窝头，改为拌着“咸菜、辣椒与醋”来充饥。

"古城墙里的农民"与吃商品粮的"市民"之"等级差"，改革开放以后出生的年轻人是难以想象的，适龄男女基本上不通婚。90后、00后的孩子听了，一定会觉得不是"童话"，就是"传说"。

所以，"古城墙里的农民"们的最高理想就是能变成"市民"，找个工作，哪怕是扫马路的活计也会心满意足，喜出望外。

就是在这个背景下，我遇到了一次"千载难逢"的好机会，阳泉矿务局来我们大队招工了。

有一天，一名居委会干部（号房任务由居委会和生产大队共同完成）通知我："今天收工后，晚上向×××（另一位领导）汇报一下'号房子'（解放军拉练路过我们县，老百姓的空房子给部队住3天）的事。"

我当时是生产大队的妇女主任，白天出工，"号房子"之类的工作都是晚上挨家挨户去登记。好在那时大家都很积极，住在谁家，谁家还能收到三天的全国粮票，我把登记表送给分管领导，领导一看很满意，我就唱着样板戏回家了。

没想到第二天晚上，大队革委会成员（妇女主任是革委会委员）"政治学习"时，前一天通知我的那位居委会干部喊我出来，一本正经地问我："你昨天的汇报×××满意吗？"

"满意。"我实话实说。

"没有说其他事？"

"没有，我等他看完登记表，没有要变动的，就回家了。"

这位居委会干部好像很失望的样子，他"哦"了一声，停了一会儿，又对我说："这样吧！你写一个证明，就写×××想对你非礼，你很机灵跑出房间……哦！对了，通知你一个好消息，阳泉矿务局来内招矿工子弟，你有可能……"

我顿时蒙了！妈呀！这哪跟哪呀？"无中生有""平地起风雷"？不对！"凭空捏造""栽赃诬陷"的含义我算是体会到了。

这名居委会干部是阳泉矿务局招工人员的姐姐，因“号房”之事与大队领导吵架，她拿我当枪使。这么无耻之举，要不是亲身经历，打死我也不会相信。我当然不答应。随后，我虽然是名正言顺的矿务局子弟（我爸在阳泉矿务局三矿工会工作），但“内招”之事泡汤了。

这是妈妈的无字教科书上的“案例”之一，也是只有妈妈和我“知晓”的案例之一。我记得我妈听完我的话后，轻轻地自言自语道:“俺孩当农民也挺好”！

无字的教科书不仅让我拒绝了诱惑，更重要的是哺育我方方正正地成长！一次有争议的“专案组”讨论会至今记忆犹新。

1975 年 8 月，我被抽调到公社的“专案组”帮忙，有一次讨论一封举报信时，我发现姓名地址等都不准确，文不符实，就斗胆发言，建议调查，不要轻易下结论。后来经两组人员分别到监狱和当事人的老家去调查，果然是“诬陷”。

妈妈的教科书无字，却终身“有书”。我妈是捧着书本离开人间的。

我妈生在书香之家。抗战之前，我外公是英语教师，曾经当过原山西省省委书记王谦的老师。我妈 6 岁那年，日本人侵占我们县城，强推日语教学，我外公一行被强迫去修工事，一介书生，目睹日本人在工地上殴打民工，受到惊吓，中风早逝。我外婆带着五个孩子艰难度日，不得已让我妈做了童养媳。当时提出的唯一条件，是允许我妈上学。我奶奶信守承诺，我妈成了同龄人中少有的“识字女子”。因为识字，我妈 80 多年“博览群书”，小说、散文、报纸、杂志……因为看书，我妈始终与时俱进。2018 年暑假我回家陪我妈，聊天时妈妈问我:“特朗普是怎么一回事？”我笑着说:“妈，你怎么还知道特朗普？”妈妈的回答让我笑得合不拢嘴:“你小妹的偶像是奥巴马，她不喜欢特朗普。”85 岁的妈妈，和我聊天有很多"网络语言"，让我自愧不如。"帅哥""美女""外卖小哥""酷毙了""帅呆了"……经常从妈妈嘴里跳出来，令我忍俊不禁。以至于我妈的突然离开让我蒙到现在，脑子经常短路，怎么也想不通，妈妈如此"年轻"的思维，为什么说走就走呢?

无字的教科书"有书"，还发生过一起"住院笑话"。

2003 年正月初四，我妈因呼吸困难住进了矿务局医院，虽然下了病危通知书，但经过三天吊水，妈妈的病情得到控制，便随手翻开随身带去的《知音》杂志阅读。同病房的患者 20 几岁，她认为我妈这么大年纪是在假装看书，就跟陪护她的妈妈说悄悄话:"这个阿姨在倒着看书吧! 哈哈……"

我妈患有七种病，但就是耳不聋、眼不花，母女俩的话她听到了，但她不吱声，等我打饭回到病房，妈妈把"笑话"讲给我听。

妈妈得空就看书的习惯，家人和亲朋好友都知道。小时候我和妈妈通常轮流看一本书，妈妈的记忆力比我好。这几年寒暑假回家，妈妈能念叨起我俩当年读过的书的情节，而我却原封不动地还给了书本。

我妈的侄儿男女很多，都离我家不远，他们都知道我妈的习惯，前去看望我妈妈，礼品中一定少不了书和杂志。妈妈走后，我整理妈妈的遗物，发现床底下整整一大箱子她读过的《益寿文摘》《中国妇女》《知音》《山西老年报》《石评梅》《平定儿女耀中华》等，其中《知音》杂志是我当小学教师的表妹每期都送的，妈妈住院时，都没想到她走得那么突然，我在她的随身物品里装了两本最新的《知音》杂志，总以为她会像往常住院一样，吊好水就能躺在病床上看《知音》……

妈妈是无字的教科书。无字的教科书，不朽的教科书!

2020 年 7 月 18 日（母亲去世一周年）

妈妈的“平定砂锅”孝养恩

前不久，老伴的战友送来一个“平定砂锅”，一下子在我的眼前浮现出了60多年不同时期的相同画面，在这只小小“平定砂锅”里，炖煮着我60多年的喜怒哀乐、甜蜜与苦水、欢笑与悲伤。

我的老家在山西平定，“平定砂锅”已有两千多年的历史，起于秦，兴于唐宋，盛于明清，是古州平定三大贡品之首。两千多年来，我们平定人祖祖辈辈烧制砂锅，家家户户使用砂锅。平定砂器的制作历史悠久，早在秦汉以前就有生产，到唐代时已成为平定工业与商业的大宗产品，宋代则广泛应用于民间，到明清，平定砂锅已是遐迩闻名。

平定砂锅的扬名，有其优越的自然条件。县城周围储存有丰富的黏土和白土资源，同时还有适宜烧砂锅的无烟煤。白土，色纯、杂质少、绵软、可塑性强，是烧制砂锅的极佳材料。黏土，含沙粒很少、有黏性的土壤，水分不容易从中通过，用水湿润后具有可塑性，在较小压力下可以变形并能长久保持原状，而且表面积大，颗粒上带有负电性，因此有很好的物理吸附性和表面化学活性，具有与其他阳离子交换的能力，成为了流行的手工捏塑材料。手艺人就是利用这些物质条件和世世代代流传下来的工艺技巧，经过选土、调泥、成型、上釉、晾干、窑烧、烟熏等工序生产出各种砂锅。烧制砂锅的工艺十分讲究，也十分艰苦。平定民间流传着一段顺口溜说:“一坩二压三筛土，四踩五捏六入炉，七煽八杈九熏烤，十分质量十分苦。”所以，“平定砂货烧制工艺”被确定为省级非物质文化遗产。

作为平定人，我从“呱呱”落地起，就和“平定砂锅”结下了不解情缘。

“平定砂锅”陪伴我度过了无忧无虑、极其欢乐的童年。我是1953年出生的，我妈当年19岁，我爸爸22岁。我奶奶、我外婆都不到50岁，这么多年轻的长辈宠着我，那个年代又没有“早学超早学”的压力，所以一直到上小学前，我每天就是“吃喝玩乐”。其中，最最快乐的是，我每天都能吃到“砂锅饭”。我们家有一只“小号砂锅”，是我奶奶的专用砂锅。妈妈每天早晨天不亮就从土炕上爬起来，赶到后院的厨房生火做饭。先用一根一米二的铁火柱透（捅）开灶火，再把奶奶的小号砂锅装半锅水，放到灶上等水烧开的时间，妈妈快步赶到院子里推磨磨面。听到水烧开了，妈妈暂时停止推磨，又快步赶到厨房给奶奶单独做“砂锅饭”。所谓“砂锅饭”，就是吃“小灶”。“小灶”总要比全家人的“大锅饭”好许多。奶奶的“砂锅饭”里能吃到小麦粉手擀面，小米粥，隔三差五还有荷包蛋下挂面等等。我是奶奶的第一个孙女，她特别宠我，每天妈妈端给奶奶的“砂锅饭”，老人家不舍得吃完，总要留一小碗偷偷给我吃……

“平定砂锅”让我看到了什么是“孝顺媳妇”。60年代初期，是全社会的艰难时期，当时家家户户饿肚子，但我没有“饿肚子”。因为我有奶奶的“砂锅饭”。虽然在奶奶的“砂锅饭”里见不到小麦粉、荷包蛋和挂面了，但依然能吃到不添加野菜的粮食做成的饭。是妈妈从全家人的口粮中，先把给奶奶吃的纯粮食单独保管后，剩下的添加野菜和米糠做“大锅饭”。与小时候的显著区别是：奶奶的饭量比以前大大减少，留给我的“砂锅饭”由原来的小碗换成了大碗。妈妈和全家人吃的“大锅饭”，则是按 2∶4∶4 的比例由粮食、米糠和野菜熬成的“一锅煮”，而且每天只能吃两餐。在忍饥挨饿的岁月里，奶奶带着我和妹妹们天一擦黑就早早上炕睡觉，只有妈妈饿着肚子在昏暗的煤油灯下做针线活到深夜。

有一次，夜深了，妈妈突然“砰”一声，撞翻煤油灯倒在炕上。奶奶首先被惊醒，摸索着爬起来抱住妈妈，只见妈妈豆大的汗珠顺着脸颊往下淌，紧捂着肚子在炕上翻滚，实在疼得受不了，妈妈咬着牙抠掉了炕沿边上的两块砖，我吓坏了，哭着喊着拉开大门，跑到外婆家去喊外婆……外婆踮着两只小脚，慌慌张张地赶来，不顾一切把手伸进妈妈的嘴里，一边搅一边喊：吐……吐吐……快吐……妈妈被外婆的手在嘴里翻搅了好一阵子，终于“哇……”的一声，吐出来一团没消化的野菜和萝卜，还有让妈妈肚子疼得打滚的罪魁祸首：一块没消化的榆树皮……即便这样，第二天一清早，妈妈依然硬撑着到厨房，去给奶奶做“砂锅饭”。

“平定砂锅”让我懂得了什么是“贤妻良母”。我奶奶是 1973 年去世的，那时整个社会已经熬过了“吃了上顿没下顿”的艰难日子，奶奶的“砂锅饭”里又能见到油星，也能吃上小麦粉做的面食了。弥留之际，奶奶最后说的话是：“我这辈子活得很值，媳妇孝顺，孙孩们懂事……”

奶奶走了，妈妈的“砂锅饭”依然在继续。我爸爸 72 岁患了脑梗，两次住院后成了植物人，我妈就是用这只“平定砂锅”侍奉我爸，一直到我爸 83 岁辞世。11 年间，妈妈没有让我们七个子女请过一天假。除了爸爸81岁那年，我妈因为劳累过度摔断股骨住院半年，由我大弟与大弟媳妇照料外，妈妈护理爸爸是全年无休，日夜不离。爸爸患病前两年还有意识，之后病情发展，渐渐成为植物人，每顿饭除了我妈和大弟弟能喂他吃饭，谁也喂不进去。每天翻身、擦洗身子，带上一次性手套给我爸抠大便……都是我妈。不可思议的是，爸爸卧床11年，竟然没有生褥疮，病人的房间被我妈收拾得干净整洁。凡是到我家的人，都说实在看不出这是间长年躺着脑梗病人的屋子。

妈妈不仅用“平定砂锅”耐心细致地侍奉婆婆和丈夫，更是在漫长的岁月里，妈妈用“平定砂锅”养育了我们姐弟成人。我爸妈共生了八个儿女，有一个男孩4岁时夭折。我们家很平凡的姐弟7人，上班在单位都是先进工作者，在历次的上下岗考核评议中，姐弟7人无一人被考评下岗。几十年的风雨岁月里，任凭社会的潮起潮落，我们姐弟7人，都能和各自的婆婆家或丈母娘家的人和睦相处，患难与共；都能在纷繁的柴米油盐酱醋茶里，寻找到一份家庭的祥和，个人的安闲与宁静。现在姊妹五人都已退休，两个弟弟家庭和睦。

我妈今年85岁了，多种疾病缠身，各个器官老化，每天夜里要从床上爬起来2—3次，用手托着床边慢慢挪步，她的腿才能伸开，否则就会瘫痪卧床。即便如此，在我暑期回家陪伴妈妈的20天里，每天清晨5点半，妈妈总是坚强地挣扎着爬起来，用“平定砂锅”给我熬煮60年前的那种小米粥。

我妈是童养媳，10岁就进了我们家，瘦弱的她是踩着小凳子做“大锅饭的”。所谓大锅，指的是铁锅，又大又重，实在无法想象妈妈当年是如何熬过来的。我爸年轻时有暴力行为，曾多次把我妈打得头破血流，但晚年爸爸瘫痪以后，妈妈对爸爸的照料寸步不离，无微不至。每次给爸爸喂饭，就像抱着两三岁的婴儿一样，一小口一小口慢慢地顺着嗓子往里“输”……我曾无数次地想用文字表达这种细微、细腻而真切的镜头，可是无数次绞尽脑汁，还是想不出一个准确的字眼……

哦，有了：母亲的一生，犹如熬小米粥，在磨难中慢慢地熬，熬出美德的芳香，熬出哺育我们成长的营养。

随着改革开放的深入推进，如今我的家乡家家户户都用上了燃气灶，过去灶火用的“土砂锅”全部淘汰。这次老伴的战友送给我的这只“平定砂锅”，是“奕寿”牌砂锅系列产品中的一种，它既可以在燃气灶上使用，又保留了“煮饭不变色，煎药不变性，炖肉不变味”的三不变特性，是集日用、保健、工艺三品合一的砂锅，实为健康、绿色的上好产品。我特别喜爱这只“平定砂锅”，不仅仅是因为它唤醒我60多年的七情六欲，更是因为“奕寿”这个商标。我祈盼妈妈“奕寿”，更祈盼妈妈的“砂锅孝养恩”由我们姐弟七人接过来，传下去。

《地名古今》2018年12月13日推出

婆婆是个文化人

我的婆婆不识字，但我认为我婆婆是个文化人。

什么是文化？不同的领域不同的人有不同的解释。字典上的解释是规范的，学者的解释是专业的，理论的解释是严谨的。而我婆婆对“文化”的诠释，则是鲜活的。婆婆的一生，堪称践行“文化人”的一生。

在众多对于“文化”的阐述中，我赞同台湾师范大学教授曾仕强先生的观点：“文化”包涵“四识”：常识、胆识、见识和知识。在“四识”中，知识排在最后一位。如果我把“四识”总分设为400分的话，我婆婆虽然知识一项是零分，但其他三项每项她都能评到150分以上，那婆婆的总分还是远远超过400分的。

因此，“文化人”是婆婆准确的“盖棺定论”。

我婆婆“常识”能力超强。这是我在新婚蜜月的深刻体会。

我是1980年农历腊月二十七过门的，那年农历没有三十，因此，从新婚的第三天，也就是大年初二开始，我的蜜月任务就是和老公一起，到亲戚家上门拜年“认亲”。

婆婆家的嫡系亲戚分别在距离婆婆家5华里和10华里处，是向南向北的两个不同方向。按照几千年口口相传的风俗习惯，新婚夫妇出门“认亲”，必须在太阳落山之前返回“婚房”。还有，亲戚与亲戚家之间也分远近亲疏。我俩到谁家就午餐，到谁家放下礼品拱拱手相互祝福、短暂停留就“再见”；到哪家该讲什么话，不能讲哪些话，都有严格的“规范”，稍有不慎，哪怕说错一句话，都会给亲戚家欢乐喜庆的春节带来不和谐的音符。尤其是我这个来自县城的“大学生新娘”，婆婆担心我不适应，从腊月二十七过门开始，就不厌其烦地给我“上课”，集中对我培训农村的拜年礼节。为“认亲”顺利，从年前到正月初三晚上，婆婆拖着小小的身躯，颠着两只不太利落的“解放脚”（婆婆7岁裹脚，三寸金莲，解放后才放开），手里一会儿挎着竹篮，一会儿端着蒸好的年糕，在院子里的三眼窑洞和一间瓦房之间忙进忙出，把给十几处亲戚家带的礼物分门别类、整整齐齐地摆在做仓库的小窑洞里。

那是三天没有浪漫却很有温度且影响了我一辈子的一道别有风味的“蜜月”风景。

通往亲戚家拜年的路，是典型的乡村道路，沿路都是小石子和夹着煤炭的沙土，年前刚下了一场雪，夜里结冰，白天太阳一出，雪开始融化，路很泥泞。然而，泥泞的路却挡不住走亲访友的习俗。一路上，我俩时不时与穿着花花绿绿的拜年的人们擦肩而过，也时不时遇到老公的熟人互道“过年好！”尤其是遇到左手牵着儿子，右手抱着女儿，身体右侧还背着一个沉甸甸的大礼包的少妇，忍不住笑盈盈地与手里拿着一挂鞭炮的小男孩逗逗乐……人少的间隙，我俩就相互题词“背诵”婆婆的明细嘱托：大姑妈上了岁数，耳朵有点背，和大姑妈说话需靠近耳朵，提高分贝；小姑妈性格温柔，讲话一定要慢声细语；表哥表弟崇尚时髦，说话要说“电影上说的话”……亲戚们每个人的性格特征，兴趣喜好，以及乡村版的“大吉大利”的独特语言，每天出门前，婆婆总要谆谆教导，诲人不倦。她不识字，不会说“新潮词汇”，却非常实在地要我俩说“电影上的话”，婆婆真是“与时俱进”。泥泞的小路虽然不平坦，一路的空气却格外清新。年前的一场雪像丝绵，被恬淡的阳光织成了一张张大小不一的纯白网状薄被子，均匀地盖在绿油油的返青麦苗上，青青的麦苗酣畅地吮吸着甘甜的乳汁，惬意地舒展着身姿……时不时有几只麻雀在田边跳来跳去，叽叽喳喳……由于心情好，我把平时很讨厌的叽喳声竟然听成了黄鹂鸟的优雅婉转音。

农村的春节太有魅力了。我是在县城里长大的。县城里的“年味”远远没有农村的“年味”香甜。短短的三天“认亲”，我像上了一次短训班，无论是和十几家亲戚“唠嗑”，还是与婆婆一家人边包饺子边闲谈，我学到了亲朋好友间的人情往来；懂得了劳作了一年的乡亲们，在春节期间的放松与惬意。更有不识字的婆婆耐心细致的节日礼仪普及课，我都听得津津有味。

每天下午，由柔和的晚霞送我俩回到婆婆家的时候，正是全家人围在一起包饺子的温馨时刻。这是乡村过年，家家户户的固定节目。家中的女性围在一张土炕上，婆婆擀面皮，我和两个姑子包。婆婆一边飞快地滚动擀面杖，一边绘声绘色地讲课：“年是一种怪兽，以吃小孩与水果为生，人类根据其怕红色和嘈杂声音的弱点，发明了贴春联放鞭炮赶跑“年”这只怪兽，从此就有了“过年”……

太不可思议了！不识字的婆婆竟然这么有文化，不单单会讲

“年”的来历，婆婆还会讲很多很多“为什么”？诸如：“为什么腊八节要喝腊八粥？”“为什么农历腊月二十三要迎神送灶过小年？”“为什么辞岁除夕要一整夜？”“为什么过年要贴春联、剪窗花、倒挂福字蒸年糕？”等等。不仅如此，甚至像“二月二龙抬头”“星河红线牵，乞巧七夕节”和“月满团圆过中秋”这样文化味十足，颇带浪漫色彩的乡村风俗，婆婆也能用她的独特语言娓娓道来。

婆婆的胆识超强。从我嫁到婆家开始，到我婆婆仙逝，在将近40年的岁月里，婆婆家先后经历了老公公发生车祸；老公公两次脑出血长时间住院；小姑子车祸住院和婆婆家的老院子拆迁等诸多大事，婆婆都以她那矮小的身架、瘦弱的肩膀和超强的胆识扛起来挺过去，为全家人撑起一片清澈湛蓝的天空。

婆婆家的拆迁是婆婆无比超强的胆识的集中体现。

拆迁前，婆婆家是一座独门独户的农家小院。院子虽然不大，却被勤劳的婆婆打理得干净整洁、宽敞明亮。院子前面有水，院子后面靠山，进院子上了台阶，是一个大平台，平台上建有联排三间新式窑洞，冬暖夏凉。中间主窑洞是老公公的大哥（老公的伯父，没有成家，一直和我们生活在一起，由婆婆侍奉送终）的卧室，左面窑洞为老公公和婆婆的卧室。院子左侧是一间后盖的红砖瓦房，平时是两个小姑子的卧室，现在临时做我们的婚房。联排窑洞靠右的一眼小窑洞是仓库，里边整齐有序地摆放着南瓜、红薯、土豆、干豆角、干萝卜丝，以及大白菜、菠菜等各种蔬菜。墙上整整齐齐地挂着钳子、扳手、电线等各种常用的家庭工具。最引人注目的是并排摆放的4口大号的瓮（水缸），瓮里分别装满了玉米、谷子和杂粮，一两年不用防潮剂新鲜如初，堪称天然大冰柜。每口大瓮上盖着是大约15—20厘米厚的石板，每块石板盖子被我婆婆擦拭得明亮如镜子，低头俯视，光彩照人。婆婆家的院子里还有两棵公公婆婆当年亲手栽的梨树，春来芬芳满院，秋日硕果累累。

老公告诉我，这座院子是婆婆和老公公结婚后，自力更生买下的。为了防止院子前面一条河流冲走财气，婆婆专门请会看风水的老父亲，指导着在大门前立起了一块大照壁，使整座院落更加壮美。

可以说，这座院子是婆婆的心头肉，也是每一位农村家庭主妇一辈子的理想与智慧的结晶。但国家修高速公路是大局，婆婆是明白人，只好忍痛割爱。拆迁协议签了，新房怎么建呢？长子一家远在千里之外，小儿子还在读书。很显然，和女儿一家建在一个大院里是唯一的选择。这个方案对我们而言觉得很好，但对公公婆婆以及全村人而言，则是一场"思维定势"的革命。因为按照传统观念，"门口的亲家如渣子与垃圾"，离得越远越好。女儿是泼出去的水，居住都要离得远一些，何况同在屋檐下？"老人和闺女家住一起，迟早要闹翻"；"儿子和老子一个姓住一起都合不来，何况是两个姓，没得好"……

面对诸多负面议论，公公婆婆虽然"压力山大"。但胆识过人的婆婆没有争辩，只有实干。等到我们春节回家时，婆婆一家与女儿一家的新院落拔地而起，新院落比原来的院子扩大了2倍，联排五间钢筋混凝土瓦房，高大气派，院子里新增了乒乓球台，新增了水窖，两家合用的厨房将近30平方米，分操作间和厨卫库，两个灶台，一次可容纳四五个人同时操作且没有油烟污染。

新院落的建成与使用，荡涤了旧观念，开辟了新生活。30多年间，我婆婆和女儿一家在一个大门里相互关照，和睦相处。在女儿女婿的细心照料下，老公公虽然两次脑出血，却依然平稳地走完了老人家72年的路程，于2001年安详地离世。之后，婆婆因腿脚有疾只能半自理的状态下，依靠着女儿女婿的精心护理，在86岁高龄无疾而终。

农村的婚丧嫁娶，有许多"非法律"规矩，其中一条就是祖辈出殡时，引魂幡必须由孙子来举，如果嫡系孙辈没有男孩或者男孩太小，则要请本家男性孙辈。2001 年 12 月，我老公公去世出殡时，其孙子还没出生，族人们便黑压压地围在老公公的灵柩前商议，要请哪一家的孙子。我婆婆力排众议，声调不高却无比坚定地说:“现在和以前不一样了，男女都一样。就让我孙女来举。”

此时此刻，不禁让我想起女儿出生后，令我震惊的一幕。

我是 1981 年生的女儿，那时计生政策在我们那里还不太紧，如果生二胎，只是取消当年升工资资格，并不开除。因此，周围认识我的人都劝我坚决不要领证，在县计生办工作的要好同学还给我想出了获取二胎生育证的办法。只有不识字的婆婆，声调不高却斩钉截铁地说:“领了吧! 是人家（指政策）不让你生，又不是你不能生……”

当时，我们一家人正在包饺子。婆婆的话一下子把我和包饺子的姑子全都震惊了，顿时沉默无语。而我，在震惊中把竟然把羊肉馅饺子误摆放到猪肉馅的篦子上。

能不让人震惊吗? 一个不识字的老人，出门不认识满村“只生一个好”的标语；婆婆不看电视，也不清楚我国有《计划生育法》，却能坚定不移地支持媳妇“计划生育”。要知道，那个时候，无论街头巷议，还是耳闻目睹，处处都是“超生游击队”的喜悦与满足，到处都能听到“知识分子婆婆怂恿儿子与生闺女的妻子离婚”的故事。而我这位目不识丁的婆婆，却如此与时俱进、如此通情达理、如此遵纪守法!

婆婆的见识令我震撼! 如果说，婆婆对这两件事的态度令我震惊，那么婆婆的“焚书坑儒”行动，给我的则是很大的震撼! 我老公公因脑溢血曾两次住了很长时间的医院，第二次出院后，老人家遵医嘱加强锻炼，经常到村里一个邻居家去练太极拳等。有一次，散发“法轮功”资料的人闯进邻居家，不由分说地硬塞给我老公公两本“法轮功”的书和几张传单。至今令我惊奇的是，不识字不看电视也不听广播的婆婆是怎么知道政府要“坚决打击抵制法轮功”的！她把老公公带回去的书和所有带字的纸张统统扫除到大门外，一把火烧成了个灰烬，因为不识字，婆婆把一本老公公经常看的一本“老黄历”也误烧了。

都说“清官难断家务事”，而不识字婆婆的却不但“能断家务事”，而且断出了水平，断出了“婆媳亲”。

我们每年的春节都是在婆婆家的。1986的春节尤其令人难忘。那时候的铁路交通没有现在这样方便，春节从安徽马鞍山回山西阳泉，需倒两次火车。坐车疲乏回家就想美美地睡觉。但农村里的习俗是一家人到一起都要打打麻将。我对声音过度敏感，因挂钟的“当当”声影响睡觉，还特意把挂钟换成了无声钟表。所以，有一次我老公和弟弟妹妹搓麻将的声音搅得我翻来覆去睡不着时，一冲动我就起来把麻将桌给掀翻了……

第二天一早，婆婆把我单独叫到了她的卧室。我当时很心虚。毕竟，大家辛苦劳累了一年，春节期间，与从四面八方赶回家的亲人“搓几圈”，无可厚非。自己的行为也太粗暴而且偏激啊！我忐忑不安地进了婆婆的卧室。但无论如何我也没有想到：不识字的婆婆竟然说：“宝玲，你是对的，他们玩那（指麻将）不好。以后，咱家人都听你的……”

能不震撼吗？虽然我知道婆婆并不重男轻女，凡事都说媳妇好，在街坊四邻面前经常夸赞我。但昨晚的事，自己毕竟还是方法不当啊！所以，对没有血缘的婆婆和对我妈妈有同样的尊敬、感动和孝敬，我是发自内心的。

2006年我买了电梯房，将婆婆从山西接到安徽马鞍山小住。其间，我曾向婆婆建议说：“妈，现在很多老人都到九华山去请菩萨回来供奉，可以增寿的，我们也去一趟好吗？”

婆婆温柔却肯定地对我说：“宝玲，我现在不信这个了……”

我再次极大地震撼！在我的印象里，我婆婆是极其讲“迷信”的，记得拆迁搬了新房子后，因为和女儿家是一个院子，婆婆每年春节从除夕到年初一，是不和女儿见面的。

什么是文化？文化是什么？我婆婆给予了最朴实也最精准的诠释。易中天教授关于“文化”的理论解释也应正了婆婆的诠释。他说：“……文化就像是空气，我们天天都生活在它当中，一刻也离不开它……不同的人有不同的活法，也就有不同的文化。”（引自易中天《闲话中国人—引言6到7页》）。

婆婆的一生，只有付出，不求回报。唯一令我们欣慰的是，为了能让小儿子就近照顾母亲，我们在他居住的小区内，为婆婆买了一套两室一厅的房子，小儿子与婆婆同住。巧合的是，新买的房子是学区房，不识字的婆婆与考上了县城高中重点班的孙子绕膝天伦，一家人其乐融融。

我婆婆于2017年农历八月十二无疾而终，享年86岁。

祈祷婆婆在天堂能够走进校园，识字断文。

《地名古今》2020年9月28日推出（婆婆去世三周年纪念日）
发表于《阳泉晚报》2020年12月10日

叩拜圣庙　感恩先师

位于平定县城的圣庙大成殿是明代建筑典型的代表作，它结构简单、外观沉稳、庄重内敛，是明代官式建筑与平定地方特色相结合的极品，也是平定乃至山西的人文品质和民俗风格的具体展现。

气势恢宏的平定圣庙建于明洪武年间，距今已有近600年的历史。圣庙也叫文庙，是尊祭我国古代的文化巨人孔子的地方。早年，殿前有大型四合院及古典式配殿，殿前20余米处，左右立有两座高大的木质碑亭，亭内有数米高的石碑。如今，它只剩下一座孤零零的大成殿和70米外的大成门了。不过今天平定圣庙是名副其实的文庙，它的大成殿掩藏在学风浓浓的教学楼中，也是沾了圣庙的风水，平定县实验小学教学质量在山西省领先，为当地培养优秀人才打下坚实基础。

——题记

这是一张58年前的老照片，照片中间的这位漂亮的女教师，是围在她身边的

11名1—3年级同学的班主任冯老师。这张珍贵的照片的拍摄地点是我们的母校——山西省平定县城里街第一完全小学（简称“一完小”）的大礼堂前的台阶，也就是现在平定县的文物保护单位——圣庙。58年前，圣庙是一完小的大礼堂，全校所有的大型活动都在大礼堂举行，下雨时，各班的体育课也在大礼堂里上，并多次举办过县级乒乓球比赛。

依稀记得是三年级期末，全校在大礼堂召开期末总结会之后，冯老师叫我们几个同学留下来，在大礼堂前面的台阶上照了这张像。当年的我们懵懵懂懂，只知道和冯老师照相是莫大的荣幸，非常兴奋，像快活的鸟儿一样聚在冯老师身边。现在明白了，当时冯老师已经知道秋季开学后我们升四年级，冯老师的教师资格只能带到三年级，所以特意拍这张照片留作纪念。

一转眼，将近60年过去了，时光的年轮把我们当年天真可爱的稚嫩容貌，雕刻成今天的两鬓闪银光和一脸核桃皮。60年来，每当我们结伴回母校寻找故去的童心、童趣，还是在庄严肃穆的圣庙前沉思，回望故去的光辙，或是我们在一起小聚时，大家不约而同的共同话题就是三句话:“一、冯老师真是一位好老师，二、好老师哺育三代人，三、人品教育重在小学……”

这句极其平凡却发自我们骨子里的评价绝不是来自当年“优秀教师”“三好班集体”“优秀班主任”等等数不胜数的荣誉称号，而是来自60年来刻骨铭心的“冯老师二三事”。

冯老师当时带的27班，入学一年级时是个五年一贯制的实验班，也就是老百姓口中的重点班，虽然只实验了2年，在三年级时就与26班和28班同步了，但在入学时，除了按学区招收的新生之外，县里公安局长、银行行长、邮电局长以及县里五大班子领导的孩子，只要年龄符合，都在27班。最难能可贵的是，这样的生源结构，在小学毕业前，我们班大部分同学对此一无所知。在冯老师带我们的1–3年级期间，无论是农民的孩子，还是双职工的孩子；无论是上过幼儿园，还是在煤堆（当年根本不知道世界上还有天然气可以生火取暖，因此家家户户都有煤炭堆和红土堆，小孩子只要会迈步就在煤堆土堆上玩）土堆里摸爬滚打长大的孩子，冯老师都是一视同仁。

所以，全班同学团结友爱是首先追求的目标。因为大家像亲兄弟姐妹听爸爸妈妈的话一样听冯老师的话，所以，我们班纪律、卫生、劳动、体育，唱歌等等，凡是全校组织的各种活动都名列前茅，尤其是学习成绩。我们班整体成绩好，记得冯老师在座位的安排上，不完全按照个子高低（那个时代几乎没有近视眼，所以不考虑近视与否），而是按学习成绩的好与差，每张课桌两人，相对成绩好的和成绩差一点搭配同桌，而往往学习成绩稍差的同学，却在体育画画或劳动方面很优秀，这样，同桌互补，桌桌双赢。

每个学期下来，学习成绩稍差的同学成绩上去了，而学习成绩好的同学其他方面也跟上去了。同学之间不高兴了，免不了要小性子、闹别扭，都难逃冯老师锐利的眼睛。一旦让她知道了，她总是分别到同学的家里，温和地与家长沟通，问清原委，盯着相互握手言和。曾记得有一次，我和好朋友闹翻了，冯老师连续3次到我们两家做工作。我们和好如初以后，冯老师还要再派一名我俩共同的朋友来“核实督查”。“润物细无声”，这次“小别扭”带来了60年的“大友爱”，虽然之后相隔千里，但彼此心灵深处的牵挂与思念持续到60年后的今天……

冯老师当年是全校有名的“管得严”的班主任，教规矩、教习惯是第一位的。特别是教遵守纪律，冯老师尤其严厉，学生们都有点怕她。有一次，我们班有一名想请假跟着妈妈去太原，冯老师不准假，竟然从学校一直追到公交车站（现中医院）附近，想强行把学生拖回来……

60 年过去了，照片上的同学，当年乌黑的小辫已被稀疏的华发替代；课间 10 分钟抢占圣庙台阶跳格子时欢快的腿脚已成长为蹒跚的步履。今天我们也开始陪伴第三代，面对让无数同龄人纠结的“隔代教育”难题，脑海里浮现起冯老师 60 年前的言传身教。

随着科技的飞速发展，当今的孩童，往往是左手一个手机，右手一个 Ipad，脑袋上还顶着一个机器人；心中装的是“奥特曼”，口里喊的是“乐高乐高”，动不动走几步“熊大熊二”的摇摆步。1—3 年级，他们很难坐下来，安安静静地写写字，读读书，老师布置的作业再科学，我的外孙也是匆匆忙忙应付得多。所以，“羊爸虎妈”“鸡血父母”也就不难理解。

如何才能既满足外孙“好玩”的天性，又能让他从小打好扎实的基本功呢？我想到了冯老师的灵丹妙药——“紧盯、盯紧”。

60 年前，为了全班同学保质保量地完成寒暑假作业，冯老师给我们几个班委分区划片，每隔 10 天到自己所负责片区同学的家里去督促检查，是否按时间节点写作业，防止开学前突击而走过场。我记得每到同学家里，同学不太高兴，但同学的父母却非常欢迎。那时都是多子女家庭，且多数妈妈不识字，加上每个家庭都要求孩子到井边挑水、劈柴、到煤窑去买煤炭、到城郊挖红土回家和煤泥等等，因此，家家户户评价好孩子的第一标准是做家务，学习成绩排在第二位。大多数同学喜欢连玩带耍做家务，写作业潦草应付，家长也不晓得。我们一去，盯着作业本一天一天、一页一页地检查，家长非常喜欢我们去“紧盯盯紧”。

现在想起来，这个办法不仅督促了全班同学的寒暑假作业，更成全了我的学习成绩。因为一页一页检查的同时，等于我又复习了一遍，检查得越多，复习的次数越多，掌握得也就越好。熟能生巧，现在看来我小时候的学习成绩出挑，并不是脑子聪明，而是“复习”得多而已。

从此，我对外孙采取了“紧盯盯紧”的方法”，比如：不按老师的要求高质量地完成作业，不给开电视；不按老师的要求规规矩矩地“打卡、拍照上传”，不给看 Ipad；每天晚上睡觉之前，一字一行地对照作业单检查，如有疏漏，即使再晚，也要他坚持补上再睡觉。持之以恒、寸步不离地“紧盯盯紧”，减少了外孙玩手机、看电视、看 Ipad 的时间。外孙三年级了，逐步养成他把学习放在第一位的习惯，靠的是 60 年前冯老师教给我的“真经”。

《三字经》曰：“……有余力，则学文”。意思是说，学做人在先，学知识在后。庆幸的是，我们这拨同学是以此树人品的。我们于 1966 年夏季小学毕业，也就是说，“文革”之前，我们接受了完整的小学教育。这完整的 6 年小学生涯是一个人三观形成的阶段。圣庙，一完小塑造了我们的人品，靠着 6 年的教育，我们趟过了“文革洪流”，搏击过“市场大潮”，接受了“改革开放”的洗礼，如今我们飘着稀疏的银发再聚首时，当公务员的口碑良好，当工人的技术过硬，当农民的硕果累累，经商的依法致富，特别是我们这一拨女同学，个个都是贤妻良母好媳妇，即便有极少数同学闯过“险滩激流”但最终又汇入主流渠道……我们圆满地践行了冯老师当年在一次班会上教导我们的：“你们现在遵守校规校纪，长大了就不会走歪路……”

十年树木，百年树人。我们的成长，不仅仅有冯老师，更有无数像冯老师一样尽心尽职的好园丁，我们 4 年级的班主任李玉兰老师，五、六年级班主任张愔老师、戎冠友老师、胡振海老师以及所有给我们上过课的小学老师，都是我们人生起跑线上的领路人，都是塑造学生人品人格的最美大师。

台湾著名学者曾仕强先生曾说过：“人的一生需要常识、胆识、见识和知识，而知识是排在最后的。”60 年的峥嵘岁月告诉我们：这“四识教育”和“有余力，则学文”是一致的，不论是先做人，还是“常识、胆识、见识”教育，把“仁义礼智信，践行真善美”融化在每一个孩童的血液中，应该是小学教育的真谛。

“仁义礼智信，践行真善美。”冯老师当年教我们这10个中国字，并不是用灌输的方法，也不是说文解字，她是通过点点滴滴的日常行为规范让我们悟出来的。比如课堂纪律，冯老师采取的是“老师盯班委，班委盯组长，组长盯组员，组员盯班委”的方法，使得各门代课老师都愿意来27班上课，因为用不着组织教学。比如爱护公共财物，轮到谁值日的时候，即使刮风下雨，即使是星期天，冯老师总是率先垂范，在风雨中带领值日生从家里赶到教室，检查门窗是否关好，风雨是否侵蚀到教室。一到寒冬，我们班的教室里生两个炉子，预防煤气中毒是头等大事，迎着刺骨的寒风，以男同学为主的值日生，总是在冯老师的带领下，提前半个小时至40分钟到教室，捅开前一天晚上封好的火炉，添上乌黑发亮的块炭，把炉子烧得红红的，让全班同学在暖洋洋的教室里上课。比如讲卫生，冯老师总是让我们排好队，挨个伸出双手，10个指头一个一个仔细看过，有没剪指甲的，回家剪好了再来……

冯老师不做我们班主任后，仍一如既往地关心我们，有些地方甚至胜于自己的母亲。我在太原上学时，曾去看望她，冯老师很关心地对我说：“一毕业就赶紧成家。”老师还和我约好，等我结婚后带着老公一起去看她。可是当我们全家一起去寿阳的时候（冯老师的婆家），才得知她已去世，成为我一生中的几大憾事之一。

斗转星移。我们再次来到这座庄严的圣庙前，含泪凝视这张无比珍贵的照片，眼前浮现出60年前冯老师喊我们前来照相的欢乐场景。大爱稀音，感恩无语！我们千遍万遍地默念：冯老师英名永生！圣庙永恒！

《地名古今》2020年4月2日推出

文献名邦的“银发追梦女”

我出生在山西省平定县，是历史上有名的“文献名邦”，“文献名邦”曾有“冠山书院群”。

冠山位于平定城西南四公里外，因形状似冠，取名冠山。从宋金开始，创立冠山书院群。先后创有“高领书院”“夫子洞”“崇古书院”“吕公书院”“槐音书院”等。据传平定的冠山书院群，曾为平定州培育出“一斗芝麻”多的文人志士。如此深厚的文脉让世代平定人骄傲。

也许，沾了“文献名邦”的风水，我的密友袁秀萍，花甲之年上山西省阳泉市（平定属阳泉市）老年大学书画系，以“零基础”起步，取得了优异成绩，得到同龄人的一致赞扬。特以拙文，深表敬佩。愿与秀萍一同追梦。

——题记

我家里有两幅画，一幅挂在书房——《春江水暖》，还有一幅挂在客厅——《梅雀迎春》。这两幅画是与我相伴 60 年的“闺蜜”送给我的，我视之为最珍贵的“无价宝”。无论白天还是夜里，只要一看到这两幅画，我的脑海里顿时迸出我可爱的故乡——“文献名邦”山西平定；我的眼前顿时迸出 60 年前的“邮电宿舍联欢会”。

童年追的是理想的梦。这两幅画的作者袁秀萍，与我结缘于上小学的第一天（1960 年秋）。那天放学后，忽然发现我俩回家走的是同一条胡同，原来我俩不仅分在同一个班，还是邻居。从此我俩形影不离。每天迎着朝霞结伴去学校，放学披着彩霞结伴去她家玩。因为她爸妈是当年少有的双职工，在她父母还没下班时，到她家就像回到自己家里一样无拘无束，我俩和她的一个弟弟一个妹妹一起，在她家的大屋子里“疯”，在她家的大院子里“海阔凭鱼跃”。

秀萍是典型的“淑女型”，白皙的皮肤，修长的个子，乌黑头发编成一堆俏俏的小辫子，小辫子上扎着两个鲜艳的蝴蝶结，有时候红色的，有时候绿色的，还有的时候是嫩黄色的，仿佛戴上了鲜花，伴在她身旁好像时时能闻到花的芬芳。

秀萍话不多，文文静静的，玩游戏从不争强好胜，遇到“纠纷”，总是谦和退让，打扑克输就输了，一点也不着急，顶多说一句“咱们去跳格子好吗？”我们就欢快地飞出屋子，抢跳格子的地盘去了。

而我是典型的“野孩儿型”，没有上学之前，我曾经带领几个小朋友玩“官打捉贼”，追跑中冲进我们县城里的“三八姐妹商店”，撞坏了柜台上的玻璃，让我妈赔了商店不少钱。所以，跟在秀萍身边，她的文静融化了我的“野性”，每天除了吃饭睡觉，我就在秀萍家里“泡”。

秀萍家住的是县邮电局宿舍，是原大地主家的一座三进四合院，每到周日，我把妹妹也带去，秀萍家姐弟三个，再加上四合院里其他小朋友们，一起唱呀跳呀把前院后院、前门后门的高低台阶玩个遍，躲猫猫、捉迷藏、踢毽子、跳绳、跳橡皮筋、拍皮球……周日成了邮电局宿舍举办的“幼儿园联欢会”。

但时间不长，我俩就对“幼儿园联欢会”渐渐失去了兴趣，我的“野性”也逐渐褪去了。主要原因是秀萍家的“书城”强烈地吸引了我俩。她的爸爸在县邮电局上班，给她订了很多很多《儿童画报》《小朋友》《中国少年报》之类的儿童报刊和大人看的各种杂志。一二年级的我们还认不了多少字，我俩就一齐先看上面的画，有拼音的先读，没有拼音的，就急切地盼望着她父母下班回来，我管她父母叫叔叔阿姨，我们缠着叔叔阿姨给我们读讲。叔叔阿姨问的最多的是:“你长大后想干什么？”或者拿出刊物上的“考考你”来让我们回答，答对了，有糖果奖励。我们真开心啊！就连晚上做梦，也在回答叔叔阿姨给我们出的报刊上的各种“问答题”。

梦得最多的，是在回答“长大想干什么呢？”每个小孩子每次回答都不同：

“我长大要当大师傅（厨师），蒸白面馍馍，做大炒肉！”

“我要当兵，挎真手枪，去抓特务！”

“我长大去种菜，种好多好多大白菜（黄芽白）。”

“我长大当新娘子，穿绸缎衣服，梳大辫子扎红蝴蝶结。”

……

大院子里顿时充满了欢乐的笑声。美丽的童年，做梦都在笑。笑得开心！笑得爽！爽朗的笑声告诉人们：

童年追的是理想之梦！

秀萍的中青年追的是“贤妻良母”梦。

1966年秋季，我俩都考上了重点初中——平定一中。但只读了两个月，“停课闹革命”之风也刮到了我们这个小县城，读书成为“白日做梦”。

秀萍家是非农业户口，我是农业户口。初中毕业后，秀萍早早参加了工作，分配到平定县塑料厂。我回到平定县城关公社城里大队“修地球”，天天披星戴月，年年春种秋收，过着“面朝黄土背朝天”的日子。

“青春不累，青春不苦”。每逢下雨下雪出不了工，或晚上秀萍下班以后，我就匆匆扒几口饭，迫不及待地跑到她的单间小屋里，聊她的爱情，聊她的单位，聊他们同事间的七长八短，他们厂里的趣事异闻；而我，则告诉她如何辨别韭菜与麦苗；漆黑的夜晚在农田里“看羊”（俗称“羊卧地”，即前一天把羊群放到地里卧到第二天上午，羊的粪便拉到地里做土壤底肥）遇到狼的险情；聊“铁姑娘”在例假期间喝凉水也不会肚子疼等鲜活的“田间私语”，聊到开心处，我俩常常笑得前仰后合。

1975年，我被推荐为“工农兵学员”到山西大学中文系读书。秀萍为了专业提升，刻苦自学化学，在改革开放中带头承包主打产品，成绩显著，她丈夫当上了我们县印刷厂厂长。其间喜得爱女，并成为我们县第一对领取独生子女光荣证的夫妇。当时，在传统的生育观占主流的小县城里，他们夫妇的“领证”一事，还引起了大街小巷的热议。

1978年秋，我被分配到家乡的邻县——昔阳中学当教师，1981年生了女儿后，调回平定一中。1984年，我随当兵的丈夫离开老家，定居在千里之外的安徽马鞍山。那时通讯还不发达，打长途电话要到邮局去排长队，我和秀萍失去了联系……

再次相见已经是2006年，在秀萍的家里，我又回到了60年前的“邮电局宿舍”。宽敞明亮的新房依然充满了温馨与宁静。阿姨离开这个温暖的家已经好几年了，叔叔卧病在床但神志清楚。趁秀萍进厨房给我烧饭之际，叔叔简略地告诉了我秀萍这些年走过的“贤妻良母”路。

他们家姐弟三个她是长女，弟弟成家定居在外地，妹妹成家在阳泉。父母身体不好，全家的大事小情全靠秀萍和丈夫操持。在二老多年卧床不起的日子里，夫妇二人精心侍奉床边。20年间，父母家、婆婆家、自己的家还有弟弟妹妹的家，家家的柴米油盐酱醋茶，犹如赤橙黄绿青蓝紫，或淡妆或浓抹，在他们夫妇的统筹调和下，画面赏心悦目并时有亮光闪闪。

但安稳的日子没过几年，她丈夫因常年劳累生病，生病后诊疗失误也卧床不起，又逢她和丈夫的单位相继倒闭，正处在改革开放摸索阶段的养老保险很不完善，她妹妹的女儿也长期在她家里由她照顾。不仅经济上“入不敷出”，精力上更是“压力山大”。20年里，尽管风霜雨雪不断，但秀萍“足不出户”，勤勤恳恳地扮演着“保姆、监护人、护士、护工、幼儿教师、特殊教育老师”等多重角色，为老小病弱撑起了一片“蓝蓝的天”，让并不宽敞的房间充满了和煦的阳光。

更难能可贵的是，我俩相见后，除了她在厨房里为我烧饭的时间，我俩“唠嗑”一直没停。五六个小时的“谈新叙旧”中，她的脸上自始至终洋溢着幸福与满足的笑容，吐字依然像60年前那样，声调不高却温文尔雅富有磁性，给我以极强的感染和吸引力。她和我唠对丈夫早日康复的信心与希望：唠和亲家（她的男亲家公是我们小学时的同学）之间的和睦相处；唠对我们老师和老同学的思念；唠她对改革开放的期待……

最令我震撼的是，她在这么长的唠嗑中，只字不提她这20年间的辛苦和付出，也没有听到她吐哪怕半个字的怨言。

是叔叔告诉我：月黑风紧的深夜，秀萍奔波于阳泉—石家庄—北京之间，为丈夫转院治疗；阿姨反复进医院出医院的最后时光，秀萍两点一线劳苦功高，直到阿姨安详地辞世。当我目不转睛地看她为卧床不起的两个男人端汤喂药、翻身擦洗，为她妹妹的女儿喂饭喂水、陪伴玩耍，我才真正理解了“贤妻良母”的确切含义，同时，也深刻地意识自己是多么“不称职”。

秀萍从花甲开始，追的是银色的梦。

天佑好人。踩过了生活中的崎岖和泥泞，秀萍终于踏上了宽敞平坦的康庄大道。丈夫从躺了多年的床上重新站了起来，包揽了大部分家务，秀萍妹妹的女儿结婚成家；秀萍的外孙女考上了县城的重点高中，女儿一家过着幸福甜美的好日子。

秀萍终于可以走出家门，鱼跃大海。她上了山西省阳泉市老年大学，报了她所挚爱的书画班。

我们这一代人是被时代裹挟的一代。众所周知的原因，我们童年时所有的梦想都成了泡影，大部分人到底有什么潜能，有什么天赋，更是被时代的潮流冲刷得干干净净。但秀萍不一样，她是年近六十，上了老年大学之后，以“零基础”开始学习书画，并将自己的聪明才智发挥得淋漓尽致，其艺术天赋“井喷”式涌流。

看！这些都是秀萍的画作。在专家的眼里，这些画作无论从线条、构图、色彩等方面，也许算不上高水平。但在我的眼里，她的每一幅书画作品，都是高水平“精品”。因为专家看的是专业技巧，而我是外行，三分看“热闹”，七分看作者的人品。无论是秀萍的山水画、人物肖像画，还是篆体、楷书，在我看来，它们都像一盆盆鲜嫩的牡丹、芍药，像一株株白雪皑皑中的红梅，既有荣华富贵的繁茂，又不失山花烂漫中的“微笑”，画面养我的眼，画画的人养我的心。每天干完家务，我总要坐在这两幅画作前小憩，目不转睛地赏读：

《春江水暖》：一江暖暖的春水，我的闺蜜秀萍就像那在暖暖的春水中沐浴的鸭子先知先觉，预知春天一定会来临，才能怀着淡定的境界去应对人生的困难时期，迎来绚丽的晚霞……

《梅雀迎春》：老树新枝上，红梅翩翩起舞，彩梅含笑伴唱；小鸟鸣翠，数片半青半黄的叶子好像刚刚从冬眠中醒来，惺忪中不急不慢地正在穿新衣……

60年弹指一挥间，年年岁岁春歌绵绵，春江水暖，岁岁年年春暖融融，春暖花开。

为了这60年的缘，为了这60年的情，秀萍破例，不仅把她的第一幅作品赠与我（按照业内惯例，作者的首幅作品是不送人的），而且不辞劳苦，冒着酷暑从阳泉市跑到平定县，特地请我们县的书法名家、原平定县文化馆馆长郭九龄先生亲笔题字，又风尘仆仆地赶到“书画装裱铺”，花大价钱为我精心装裱，精美包装，让我美滋滋地把这两件“无价宝”从山西带到了上海，同时也把“文献名邦银发美”的这种自在与惬意传到了千里之外的国际大都市。

我喜爱秀萍的书画，更喜欢她的微信名——阳光明媚。因为“名如其人”。我俩远隔千里，但只要一看到她的书画，就感觉自己沐浴在明媚的春光里，四肢舒畅，心灵通透。秀萍性格平和，接纳程度宽广，退休前在单位，她是那种方方面面都能接受的好职工；退休后，她是我们同学圈、朋友圈和微信群里都争着为她点赞的人。而我的性格是经常不分场合地“滔滔不绝”惹人烦。但我只要一见她、想到她或是赏读她的画，就可以安静下来，全神贯注地听她说，轻松愉快地和她聊，聚精会神地欣赏她的书画，聊到看到心领神会处，我独自也能开心得前仰后合……

年前小聚，我有点担心地问她："你在老年大学报的电脑、书画和书法班都拿到了证书，以后，老年大学会出新规则，像咱这样连读好几年的老学生报名可能要受限，怎么办呢"？

她还是如60年前温柔地笑着说："不管报上报不上，我想继续画下去，同时再学学书法（篆体），条件成熟时争取举办一次家庭书画展，赠送亲朋好友各一本画册……"

"好啊！好啊！好美好美的梦想！"我从心底连连叫好！秀萍真不愧是"文献名邦"的好儿女，老骥伏枥！银发追梦！

我想和你一起追梦！

发表于2020年3月10日《阳泉晚报》

《地名古今》2020年3月18日推出

父爱细无声

2013 年 9 月 9 日，是我们家最悲痛的日子。这天晚上不到 8 点，亲爱慈祥的爸爸静悄悄地离开了我们，走完了他老人家 83 年的艰难路程。

爸爸离开我们已经 8 年了。八年来，天天想着写一写爸爸，却总是未敲键盘泪如泉涌。夜深了，站在晒台上，凝望着满天星辰，心里在问："东西南北中，我爸爸排列在哪个位置呢？"无边无际的，实在分不出哪一颗最亮？但我明白，我盯住的那一颗最亮，那是爸爸。不！准确地说，我盯住的那一颗是最有特色的，因为爸爸的爱，如日月星辰，是春夏秋冬。

爸爸的爱是春雨，春天的雨丝，随风潜入夜，润"女"细无声。

1966 年 7 月，一个阳光灿烂的日子，我收到了平定中学初中部的录取通知书。当时，考上平定中学很难，我们家那一片 20 多个小学毕业生，只有我和另一名男同学考取。于是我兴高采烈地到 60 华里远的阳泉矿务局三矿俱乐部（爸爸的工作单位）向爸爸报喜。

我们家在平定县城。当时交通不便，我先从平定挤上到阳泉市的公交，下车后步行到阳泉客车总站，再坐上到赛鱼（阳泉矿务局三矿）的公交，找到爸爸单位已经是中午。爸爸见到我先是很惊讶，听完我的喜讯，爸爸点了点头，没有夸奖，也没有特别兴奋。但我能感觉到他内心的高兴。只见他迈着轻快的的步伐，牵着我的手到了职工食堂，一路看到同事就笑着介绍："这是我闺女，考上中学了……"

爸爸在职工食堂窗口给我买了一份当时最贵的两面（50% 玉米面 50% 的小麦面）发糕加一份肉菜，领着我在餐桌前坐下，叮嘱我"趁热，慢慢吃……"他自己却又返回窗口前，买了一个玉米面窝窝头夹着一根白萝卜干，站在食堂角落里啃着。

难怪爸爸 53 元的工资能养活我们一大家子 8 口人；难怪爸爸时不时要带几斤小麦粉回来；难怪爸爸每次回家都给奶奶带个馒头或是烧饼。原来，爸爸每天都是吃粗粮，把细粮省下来带回家。

难忘的午餐，刻骨铭心的一堂课。

爸爸的爱是夏日的清泉，滋养着女儿的"事业"，荡涤着酷暑的炙烤与焦虑。1987 年夏末，我老公公在老家山西遭遇车祸，我们长子长媳远在千里之外，加上那时还没有南京直通山西的火车，更没有机场，等我们慌慌张张地赶回老家，已经是第四天了。四天，最关键的四天里，爸爸跑前跑后，忙着帮助婆婆家的人出主意想办法，安排老公公住院抢救、与肇事者、交警交涉……老公公出院后需拄着拐杖在家养伤，我爸爸想方设法克服交通不便的困难，六十多里路程，转三次公交，隔三差五地从他的工作单位直奔我婆婆家，陪老公公下象棋、拉家常，确保了我和丈夫不耽误太多的工作，促进了老公公早日康复。

20 多年后，我和老伴也升格为丈母爹丈母娘，很多亲朋好友经常"笑话"我："你怎么可以和亲家母睡在一张大床上共同带小孩？"我经常这样回答："与我爸相比，我还差了许多许多。"

爸爸的爱是秋日的稻谷，狼尾巴似的谷穗沉甸甸的令人欢喜不已，谷秆却被压弯了腰。

爸妈一生生养了五女三男，其中五女二男长大成人，而长子宝

富却在 4 岁时夭折。

这是我们全家人终身的伤痛。

爸爸这一代人是从半封建半殖民地的旧社会走过来的，重男轻女、男尊女卑的观念根深蒂固。宝富是爸妈在连生了我们姐妹四人后，得到的一个男孩。

我至今无法想象，爸爸和妈妈在深夜里是如何紧紧抱着宝富的遗体，从阳泉矿务局医院一步一步地蹒跚到平定碾子沟，找到已故伯父的墓穴旁，用手扒开冰冷的黄土，把宝富儿子埋进去的。将近 40 里地，后来妈妈告诉我，根本不知道是怎么走回来的……

大爱无言，坚强无声。自始至终，爸爸没有说一句话，没有滴一滴眼泪。说不尽的伤心和悲痛，都在沉默中。

从此，我学会了坚强。

爸爸的爱是冬日的红梅，飞雪迎春，俏不争春，山花烂漫时，爸爸在丛中笑。

我们家原来都是农民户口。在计划经济时代，要成为一个“农转非”谈何容易！7 个孩子的“脱农”，耗尽了爸爸一辈子的心血。

为了我能顺利地被所在生产大队推荐上大学，爸爸想方设法，积极主动与生产大队的队委们保持友好往来，联络感情；为了得到一张“农转非”的登记表，爸爸毅然离开自己心爱的工会俱乐部的好岗位，主动要求到矿部机关当勤务员，50多岁干起了烧水、打扫卫生和送报纸等伺候人的工作，为的是在领导身边干得好，请领导照顾一个招工指标。直到爸爸退休，还把顶职的指标给了最小的妹妹。最终，我们姐弟7个都有了如意的工作，且在计划经济向市场经济转变的大潮中，无一人下岗。想来，无不得益于爸爸一生的奔波，一辈子的辛苦。

父爱细无声。爸爸无言，吞了一辈子的酸甜苦辣，吐了一辈子的清泉芬芳，只有对子女的付出，唯独没有他自己。

爸爸是有爱好的。他喜欢看书写字，虽然忙碌的工作和繁杂的子女前途安排占据了他的绝大部分时光，但每年过年的春联，爸爸是一定要自己创作自己挥墨，从不欣赏买来的千篇一律的“印刷体”。

“春秋永恒情谊深，全心全意为人民”横批：万里长城

“地球上面住满了人，其他星球也有生命”横批：银河无限

“天空星辰数河汉，天外有天更有人”横批：宇宙无际

“明天明天明明天，天明天明天天明”横批：把握今天

爸爸不仅写春联坚持自己创意，凡是有感而发的，他一律表达真情实感，不追求词汇优美，当然他也不会修辞。

我家的隔壁是平定县轻工业局宿舍，平房，一家一个小院子。其中一个院子里住着我小学一个好同学的父亲，老人家德高望重，颇有长者风范，我爸爸敬佩他，经常去和他“話聊”，两位老人交往甚欢。后来，虽然老人家以高龄辞世，爸爸还是很悲痛，他亲自书写了发自内心真情实感的挽联：“勤俭一生换长眠，寿终正寝实突然，儿女孝顺心坦然，街坊邻居久悼念”。

虽然没有高大上的语言，却是女儿心中写得最好的挽联。

比挽联更让我泪如泉涌的是，爸爸写在奶奶遗像背面的悼文，“忆母千遍伤往事，母体凉时泪未干，春蚕变蛾丝方尽，生养时难别也难。沉舟侧畔千帆过，病树前头万木春。”

爸爸是嗣子，但他对奶奶的孝敬是街坊邻居口中的楷模。他把嗣母专门写为“生养时难别也难”，从此让我懂得了“养恩大于生恩”的道理。

1992 年，我接爸爸到马鞍山住了十几天，每天我们上班去，爸爸就一个人“独游”马鞍山，当时正值马鞍山展览馆举办“抗战胜利专题展”，爸爸参观后的留言，竟然被《马鞍山日报》选登，我是从报纸上看到才知道爸爸去了展览馆。遗憾的是，我没有把报纸留下来。

不仅没留报纸，爸爸生前给我写过许多许多信，也都遗失了。

但爸爸却给我留下了价值连城的剪报。我也是从爸爸的剪报中才开始读懂爸爸的。

爸爸天资聪颖，以优异成绩考上县城中学，后来因为内战，中学整体到省城“逃难”，失踪了一年。一年后才告诉奶奶，在太原考上了警官学校，不久太原解放，学校整编为解放军，之后因患了严重的皮肤病，退役回家。

爸爸后来考到新华书店，是他喜爱的工作。但在大鸣大放中，他给领导提意见，领导将他“发配”到乡下，他不去，转而考到阳泉矿务局技校，毕业后因成绩好被分到三矿工会。

爸爸很有远见。在经历了抗日战争、解放战争的颠沛流离和大鸣大放的曲折之后，爸爸深知，他考上伪警校的那段极其短暂的履历必定要影响到子女的一生，因此，在他进入矿务局之后的档案，就忽略了这一节。为了子女，这一节点爸爸将它带到了天堂。

爸爸生前，我们曾因为他对妈妈的大男子主义和对子女的过度严格心存芥蒂。整理爸爸的遗物才明白，貌似天马行空的爸爸，其精神世界一直“与时俱进”，他老人家是最早的“超爸”。

爸爸留给我一大摞他精心剪辑的各种剪报。有历史知识、生活常识、健康知识以及“周”姓家族曾经的辉煌等等。其中，有四五张是 2004 年关于“早教”的剪报，爸爸那时候就跟我说：“你们将来要做姥爷姥娘，一定要懂得早教常识。对第三代的教育，要早做准备……”我当时觉得爸爸真是不可思议，女儿都还没有男朋友，哪跟哪呀？现在看来，爸爸一直紧跟时代的步伐，始终坚持与时俱进，老人家从年轻人的角度看问题，指导子女适应时代潮流，跟上时代节拍……

爸爸一生爱谈政治，总希望有人能倾听他谈天说地，指点江山。但我们却总不能认同爸爸的漫天“吹牛”，往往不理不睬。实在后悔晚矣！现在我们都有了时间、有了理解，多么想再听听爸爸的“吹牛”啊！遗憾的是，无论我们怎样地洗耳恭听，爸爸却再也听不见，说不出了。

爸爸远行八年了。八年来，每当我遇到想不通的事，解不开的结时，我就默默地坐在书桌前，泪眼模糊中浮现出爸爸和霭可亲的笑容，窗外明媚的阳光均匀地洒在爸爸留给我的剪报上……

顿时，父爱的光芒擦干了我的眼泪。父爱如山，山中有取之不尽用之不完的精神宝藏。

2021 年元月 30 日

李家二哥“脱农”记

2021 年元旦，寒流刚走，雪过天晴，是数九寒天一个少见的“小阳春”。下午，沐浴着温和的冬日暖阳，我如约走进了二哥（李金田先生）的书房。

李金田先生在兄弟三人中排行老二，故称他为二哥。

我是拜读了李金田先生的电视片解说词《古城墙里的农民们》和小说《古州城人》之后，带着强烈的震憾来向二哥讨教的。因为 40 多年前，我和二哥一样，都属于“古城墙里的农民们”。二哥是平定中学高四班的高材生，我是 1973 年“复课”后的第一届高中毕业生，我们都带着上不了大学的遗憾，回乡接受贫下中农的再教育。可我们回的“乡”，又不是纯粹的“乡”，我们是住在县城里，到城外干农活，拿着和城镇人口颜色不一样的“农民户口”的“农亦非农”者。二哥回到“城里生产大队第一小队”，我回到“城里生产大队第三小队”。二哥和“满脑子高粱花子”的农友们一起奋战十年，我与大伙摸爬滚打不到三年。

我是怀着十分崇敬的心情上门讨教的。因为同是从城里生产大队走出去的人，二哥不辞辛苦、自编自导为我们曾经洒过汗水的黄土地和“古城墙里的农民们”树碑立传，再现了“古城墙里的农民们”的宽厚、淳朴、包容、义气和对回乡青年的慈爱与培育。而我却未尽微薄之力，实属惭愧。

我是1975年被城里生产大队推荐上大学的，与二哥"失联"40多年。自从得知二哥写了《古城墙里的农民们》，我便多方打听二哥的消息并请二哥"赐"书。二哥随书给我写了一封情真意切的信，随赠我他的小说《古州城人》。

这次上门拜访，先与二嫂相拥着到了书房。

哇！这哪是书房，简直就是一个小书库，小图书馆，书桌上，除了一台电脑的空间，桌子四周全是摞起来的书；书桌连着书架，书架顶到天花板，书架上全是翻动过的书；书桌底下还是书。房间里还有一张床，引入眼帘的除了书还是书。即使粗略过目，也是目不暇接，品种齐全。历史的、文学的、文艺的、戏剧音乐之类的……大部分是大陆出版的、也有少数是港澳台出版的。

因为事先约好，我和二哥没有寒暄，直奔主题。二哥的"脱农"课，从他"入农"开讲。

二哥是平定一中（原平定中学）高四班的高材生。全县20多个乡镇，能考进一中的初中就已经是非常优秀，以优异成绩考上高中的无疑更是出类拔萃。二哥念书远不是现在的"学霸"所涵盖，他是玩着读书，读书成绩还出奇地好。无论语数外还是理化生物音体美，门门功课成绩拔尖。他属于那种天生读书的料，如果不是"文革"，清华北大一定对他笑脸相迎。

但他淡漠政治，平日里和一位从北京下放来的摘帽右派老师关系甚好，这位老师教音乐，是学校乐队队长。二哥因为这位右派老师的"小爬虫"而受到昔日同窗的疏远。自然，"学霸"当年美丽的大学梦成了一个彻底破灭的肥皂泡。

肥皂泡破灭，"学霸"伤心地离开学校，回到家园，当起了一名"有文化的新型农民"，称作返乡青年。从此，正式"入农"。

二哥"入农"的农业生产大队是全国少有的"乱插班"组织。首先，住址在县城，但不属于有粮本的"非农业人口"。这个农业生产大队囊括了县城属于农业户口的人家。其次，这些农业户口的人家和县城非农业人口混杂居住，是典型的"古城墙里的农民"，白天出城干农活。晚上进城睡觉，"农亦非农"。

"农亦非农"者的梦想简单又复杂，大多数人实现不了，就是"脱农"，只要是有变农业户口为非农户口的途径，哪怕是一个洞，也要缩小身子往里钻。

"脱农"的道路漫长而艰辛。英俊的白面书生逐渐成为壮实的汉子，他黑红的脸膛，硬朗的身板，每天敞着怀，驾着平板车，吆喝着小毛驴。每当车子上坡，他右肩挎着麻绳，汗流浃背地与毛驴一起使劲，还要不时地扬鞭策驴，防止沉重的板车倒滑下来……

艰苦的日子坚持了十年。十年里，为了"脱农"，二哥到铁路上干过协议工；在公社的砖窑场里背过砖；到阳泉火车站扛过麻袋、卸过煤车……

十年间，周而复始地过着这种面朝黄土背朝天的日子，东南西北闯了又闯，二哥始终没有冲破那道古城墙，终究没有脱离这个"农"字。

是金子在哪里都会闪光。既然"脱农"无望，就在生产大队施展手脚，在农民文化中尽展风采。

我们县城有"正月十五闹元宵"的传统，这也是"古城墙里的农民们”一年中最风光的日子。十里长街上，先是40面腰鼓队在领队高举铜钹铿锵有力的指挥下，走站跳挪左右转；一板一眼红绸飞舞，在震天的鼓声中整齐划一、花样翻新中行进。紧接着是高跷队，其中踩着一米六高的“独龙杆”前后起跳的表演，40多年后依然被人赞口不绝。高跷队后面是秧歌队，秧歌队腰缠红绿长绸，边舞边唱，用歌声庆贺一年的丰收喜悦，用舞蹈祈祷来年的幸福安康。

如此声势浩大的文艺宣传队，约有一百四五十人参加。那时候，正月十五闹元宵结束后，县文化馆会组织评奖，被评为一等奖的节目还要参加全县文艺汇演，城里大队的节目都入选。因此，整个活动从年前筹划到汇演结束，主创人员一般要延续到农历“二月二”以后才返回农田。在此期间，主创人员按最高工分10分记工分，宣传队员则按平时出勤记工分，因此，能被选入宣传队，是每个回乡青年的骄傲。二哥还因此收获了爱情。

二哥是城里生产大队宣传队当之无愧的总策划与编导。他在校时就是吹拉弹唱舞文弄墨的好手，回乡后笔耕不辍，所以，晋剧、评说（我们县类似脱口秀的的一种文艺表演形式，很受群众欢迎）、三句半，填词谱曲踩高跷，二哥样样精通。

1973年的春节，二哥编的三句半海选队员，每天和我一起挑粪水的“闺蜜”阿娜，因长相甜美被选进了宣传队。

阿娜和二哥是校友，也是以优异成绩考进平定中学的“学霸”。但二哥住在上城属一队，阿娜只在下城，是三队，之前并不熟悉。阿娜五官漂亮，身材匀称，聪颖敏感话不多，私下里我们喊她“林黛玉”。阿娜虽然漂亮，但她性格内向不擅长表演。二哥在指挥排练中发现后，就找阿娜“谈话”：

问：你之前是不是一点表演基础也没有？

答：是。

问：那你来这里干什么？

阿娜是典型的老实人，她实话实说："天太冷，在南川河造平原实在累，来这里搞宣传，我可以轻松又暖和地挣到工分……"

二哥编排导演的"三句半"最终入选县级汇演，并由此被借调到县文化馆组织"全县巡演"。阿娜也由此改变了"择偶"标准。

"古城墙里的农民们"的爱情和婚姻是两回事。他们有纯真的、纯洁的、刻骨铭心的爱情，但终不能成眷属。主要原因是"户口"。那时候的政策是孩子随女方走，男方找的对象是农民户口，生了孩子祖祖辈辈是农民。所以，"古城墙里的农民们"的女孩千方百计要找一个有工作的非农业人口，很多女孩选择煤矿工人，女孩"择偶"的首要条件是"非农"，长相、性格、家庭等依次往后排。阿娜也不例外，那时候，她心心念念想找一个有工作的城镇户口的青年嫁了。

是宣传队成就了二哥与阿娜真正从爱情走入婚姻的殿堂。

宣传队的队长贾同茂，是城里生产大队的"美男子"，也是闻名县城的"热心人"。他看到了二哥找阿娜谈话，也觉得俩人郎才女貌十分般配，于是就当了热心的"红娘"，促成了一桩美满婚姻，打破了"农亦非农终不成眷属"的魔咒。

婚后伉俪情深，生育一男一女。他们的第一个孩子出生不久，二哥迎来了恢复高考的春天。因为养家糊口挣工分，天天在农田，信息不灵，二哥第一次高考错过了通知考试的时间，第二年终于从农田里直接赶往考场，最终被平定师范录取。

十年"脱农"，无门无窗，一张考卷，二哥离开了"古城墙"。

然而，二哥的"脱农"故事还在继续。

二哥的夫人阿娜，曾在平定师范当临时工 8 年，始终没有转正；二哥的女儿师范毕业后考编全县前十名，却被别人顶替而进不了教师编制，当二哥亲自找到领导时，领导承认录取有错，但给出的建议是："……虽然错了，但并不可能为你女儿一个人重新录取，干别的吧，你看，我的孩子不也打工吗？”

二哥因为才华横溢，师范毕业后，先当师范附小的小学教师，后被选拔到师范当老师，再后来被选到县文化局任职。在他夫人转正和女儿考编的事情上，稍微走走人情，他是完全有办法解决的。

是他不懂行情吗？是他看不到解决的途径或想不到通融的方法吗？

不！都不是，是他不屑！

文人的风骨，他不会为五斗米折腰！更不会为妻子和女儿的不公平去低三下四地求人。

难能可贵的是，对妻子女儿的这种不公平，二哥二嫂都能坦然地接受。我向二哥求教期间，阿娜一直默默地坐在我身边，微笑着静静地听，当我问她，为什么不逼着他去“活动活动”时，阿娜依然是40多年前的娴静与安然，微笑着回答我：“他就是这种人，说也白说，他绝不会去求人的。况且你看，我们现在很好的……”

老天是公平的，二哥不去求人，却有人主动帮忙。二哥在师范当教师时教过的一个学生，现在是一家电视台的领导，学生不知从哪里得知老师女儿的情况，主动找到老师，帮助二哥的女儿复习考试，最终考进了电视台，又找到了一位当公务员的如意郎君，儿子上五年级了，品学兼优，一家三口其乐融融……

说曹操曹操就到，随着房门被“哗”的一声冲开，跳进来三个“酷小哥”，一个赛一个地帅，一个比一个穿得时尚。原来今天是元旦，二哥夫妇的两个孙子一个外孙回来与爷爷奶奶和外公外婆团聚了！好美好美的一幅温馨画面。

赶上了盛世年华，“脱农”与否，真的不那么在意了。

2021年2月5日

一例严重心理问题的咨询案例报告

导 语

这是我考国家二级心理咨询师时期，所做的几个案例的综合报告，也是到南京参加答辩的论文。

国家二级心理咨询师的通过率很低，答辩中要回答考官6个实际操作中的具体细节，来不得半点虚假与马虎。我是第三次答辩才通过的。这篇论文也连续2年修改三次（当时国家心理咨询师一年考两次）。所以，无论是基础理论还是心理咨询的实际操作，我都有了提高。

特地保存至今。

姓名 Name 周宝玲　性别 Sex 女

出生日期 Birth Date 1953 年 Year 10 月 Month 13 日 Day

文化程度 Educational Level 大学

发证日期 Date of Issue 2009 年 12 月 30 日

证书编号 Certificate No. 0910000008200358

身份证号 ID Card No. 340503195310130247

职业及等级 Occupation & Skill Level 心理咨询师二级

理论知识考试成绩 Result of Theoretical Knowledge Test 63

操作技能考核成绩 Result of Operational Skill Test 69

综合评审成绩 Result of Integrated Test 64

评定成绩 Result of Test 合格

职业技能鉴定（指导）中心（印）

Seal of Operational Skill Testing Authority

2009 年 Year 12 月 Month 日 Day

职业技能鉴定专用章

摘要：

本文是一例因恋爱纠纷未处理好导致焦虑、抑郁情绪的心理咨询案例报告。求助者因恋爱纠纷未处理好而被暂停工作，出现了焦虑、抑郁等症状并无法摆脱，想出家当和尚。咨询师根据求助者的情况采用了合理情绪疗法改变了求助者的认知，使求助者打消了出家当和尚的念头，也避免了求助者向神经症方向发展。经过4次咨询，求助者的情绪和睡眠问题基本解决，恋爱纠纷妥善处理，并顺利回北京总部任营销总监。

一、一般资料

任某，男性，31岁，经济管理硕士研究生。某公司营销总监。本人收入比较高。2004年经人介绍认识了一名小学教师，因女方态度暧昧无果。之后谈了公司本部一名会计。2008年5月，前任女友携家人闹到单位，要求结婚引起纠纷。本人因此想出家当和尚。本人无重大躯体疾病史，家族无精神病史。

二、主诉与个人陈述

主诉：心情郁闷、头痛失眠、烦躁、想出家当和尚。

个人陈诉：从小上学成绩优秀，读书努力直到研究生毕业找工作一直都很顺。2004年春节回家看望高中时的班主任时，班主任得知他还没有女朋友，便为他介绍了一名县城实验小学的音乐教师，两人见了2次面。之后连续2年的寒暑假，他都约女方到公司度假并发生了性行为（当时求助者在南方分公司做销售主管）。但女方一直婉拒男方多次提出结婚的要求。2007年暑假开始，双方没再见面。求助者以为女方不同意了，便和在北京总部的一名财务处的会计谈起了恋爱。2008年春节过后，求助者因业绩突出被提拔为营销总监而回到本部北京。5月6日，前任女友和其姐姐、姐夫一同打闹到求助者单位，自称是求助者的未婚妻，要求单位领导命令求助者赶快和她领结婚证，否则就要抱着被子赖在领导办公室不走。领导找他谈话，暂停求助者的工作要他尽快妥善解决问题。求助者感到很委屈，觉得脸面丢尽，抬不起头，之后出现心情郁闷、焦虑，安静不下来，整日心烦意乱，冲女朋友发脾气，头痛睡不着觉。既怕自己处理不好而失去工作，又怕现任女朋友及家人产生误会和自己分手。他多次问女朋友：“我去庙里当一段时间和尚，他们家能不能放过我？”女朋友很理解他，陪他去医院检查身体，无器质性疾病。本人很痛苦，极力想摆脱这种困境，在医生建议下来找咨询师。

三、观察和他人反映：

咨询师观察到：任某衣着整齐，略显消瘦，眉头紧锁，面容憔悴，痛苦，无奈。交谈合作，言语流利。无幻觉、妄想，自知力完整，有迫切的求助欲望。

这名求助者进门来就是典型的焦虑，他一边反复问：“你们能给我个对付无赖的办法吗？”一边又小声地自言自语：大不了当和尚……我把他领进咨询室坐下，给他倒了杯水说：“不要急，咱们慢慢来。”通过摄入性谈话，我才了解到：求助者三年前在家乡谈了个对象是小学音乐教师。前两年很正常。但在2006年暑假时，女方却不到求助者的所在城市去度假。现任女朋友反映：任某喜静不爱动，爱看书爱逛书城，自从和她建立了恋爱关系情绪很好。先前的问题她知道，是那个女孩拒绝和任某继续谈下去的。现在主要是看他回北京又后悔了。小任太老实，应付不了，就成了这个样子。

同事反映任某性格内向、懦弱，平时不爱多说话，为人老实，与其他同事关系良好。

四、评估与诊断：

（一）诊断：严重心理问题——不会处理恋爱纠纷导致焦虑紧张引发的。

（二）资料分析：

1. 资料来源的可靠性：可靠。任某思维清楚，智力正常，自知力完整，求助欲望强。

2. 目前求助者：

（1）身体症状：疲乏、头痛等植物神经功能紊乱症状。

（2）精神状态：中度焦虑、轻度抑郁、情绪低落、对生活缺乏信心，同时担心自己的症状无法改善影响自己的工作和婚恋。

（3）社会功能：工作主动性和效率减退，生活兴趣下降，对谈婚论嫁有影响。

3. 原因分析：

（1）生物原因：不明显。

（2）社会因素：前一次恋爱不成功，前任女友及家人行为偏激，2 个月前发生较强烈的冲突。

（3）心理行为方面的认知因素：任某自认前女友邀请不来就是不同意。其实对方既不点头也不摇头的做法是看任某的发展，如果任某到不了北京，那就算了；既然到北京了，之前又有过同居，对方就迫切想要和求助者结婚了。但求助者一心只想工作，也没有这方面的经验，加上性格内向，懦弱，缺乏解决此类问题的分析、判断和解决的有效方式，担心对方太厉害而自己不善言辞而发愁，致使其被焦虑、抑郁、苦闷等情绪困扰不能自拔。

（三）诊断依据：

根据精神活动正常与否的三原则，结合任某的临床资料，家庭中无精神病史，本人无重大疾病史。任某对症状自知，有主动求治行为，可排除任某有重性精神病。任某目前心理与行为问题是由前一次的恋爱处理不当，导致 2 个月前发生较强烈冲突这一现实因素引发的。其冲突具有现实意义，持续时间为 2 个多月，引发不良情绪，但没有泛化，工作轻度受损，且任某属内向、懦弱、不果断的人格特点，经检查无器质性的病变，符合严重心理问题的诊断标准。主要表现为：

1. 焦虑不安、心情郁闷、睡眠不好，认为自己的脸丢尽了，领导不会再对自己有好印象，工作保不住。担心对方不会放过自己，影响自己谈婚论嫁。

2. 工作受影响，谈婚论嫁受影响。

（四）鉴别诊断：

1. 与精神病相鉴别：任某的症状符合主客观统一性、情绪情感内外协调性、人格相对稳定性，对自己的心理问题有自知力，有主动求医的行为，无思维混乱，无感知异常，无幻觉、妄想等精神病的症状，因此可以排除重性精神病。

2. 与神经症相鉴别：任某的焦虑、抑郁等不良情绪持续不到三个月，内心冲突尚属常形。根据许又新教授神经症的定义及CCMD–3 神经症的诊断标准可以排除神经症。

3. 与抑郁症相鉴别：任某的工作和生活兴趣轻度受影响，是由内心冲突引起，程度不严重，无自杀倾向和自我评价低等症状，且本人有积极求助动机，因此可以排除抑郁症。

4. 与一般心理问题相鉴别：任某的初始反映强烈，一下子接受不了，持续时间超过 2 个月；有不良情绪但没有泛化，睡眠及正常工作和生活受到很大影响，故不属于一般心理问题。

五、咨询目标：

（一）近期目标：

1. 降低焦虑、抑郁等情绪反应，妥善处理好与前女友的恋爱纠纷，尽快返回工作岗位。

2. 改变错误的认知观念：我本来是想和你谈的。但我假期邀请你来你不来，那不就是拒绝吗？虽然我们有过性关系，但那是你情我愿的，法律也没有规定发生性关系就必须结婚，现在看我到北京了，又要结婚。而且到单位大闹，毁坏我的名声。我又不能犯法去揍你，我只好自认倒霉。

（二）长远目标：促进任某心理健康发展，树立正确的婚恋观。学会分析问题、判断问题和解决问题的能力。遇到问题不要怕不要躲，学会知难而上，沉着应对。提高社会适应能力，完善其人格。

六、咨询方案：

（一）主要咨询方法和适用原理

合理情绪疗法（RET）：是美国心理学家埃利斯首创。通过纯理性分析和逻辑思辨的途径，改变求助者的非理性观念，以帮助其解决情绪和行为上的问题。核心理论是 ABC 理论，即人不是被事情本身所困扰，而是被其对事情的看法所困扰。在本案例中，A 是任某的前任女友及家人偏激行为与求助者发生冲突。B 是任某错误的恋爱观。任某认为我约她，她不来，那就是两清了。看不到自己处理不当的问题，看不到婚前性行为带给女方的伤害，把一切不顺都归罪于对方。C 为焦虑、抑郁、痛苦不能自拔。因此咨询过程的关键是要改变任某的不合理的观念和认知，最终使他形成合理、现实的思维方式，各种症状就会迎刃而解。

（二）双方各自的特定责任、权利、义务。

1. 求助者的责任、权利和义务：

责任

（1）向咨询师提供与心理问题有关的真实资料；

（2）积极主动地与咨询师一起探索解决问题的方法；

（3）完成双方商定的作业。

权利

（1）有权了解咨询师的受训背景和执业资格；（2）有权利了解咨询的具体方法、过程和原理；（3）有权利选择或更换合适的咨询师；（4）有权利提出转介或中止咨询；（5）对咨询方案的内容有知情权、协商权和选择权。

义务

（1）遵守咨询机构的有关规定；（2）遵守和执行商定好的咨询方案各方面的内容；（3）尊重咨询师，遵守预约时间，如有特殊情况提前告知咨询师。

2. 咨询师的责任、权利和义务：

责任

（1）遵守职业道德，遵守国家有关的法律法规；（2）帮助求助者解决心理问题；（3）严格遵守保密原则，并说明保密例外。

权利

（1）有权了解与求助者心理问题有关的个人资料；（2）有权利选择合适的求助者；（3）本着对求助者负责的态度，有权利提出转介或中止咨询。

义务

（1）向求助者介绍自己的受训背景，出示营业执照和执业资格等相关证件；（2）遵守咨询机构的有关规定；（3）遵守和执行商定好的咨询方案各方面的内容；（4）尊重求助者，遵守预约时间，如有特殊情况提前告知求助者。

（三）咨询时间与收费：

1. 咨询时间：每周一次，每次 50 分钟，共 4 次。

2. 咨询收费：每次 100 元。

3. 心理测试收费：EPQ：30 元，SCL–90：50 元。

七、咨询过程：

1. 咨询阶段分为：

（1）心理诊断与咨询关系建立阶段。

（2）领悟阶段。

（3）修通阶段：运用合理情绪疗法改变求助者不合理观念，

缓解情绪，改善睡眠。

（4）再教育阶段：

（5）结束与巩固阶段：如求助者情绪缓解，睡眠改善，便可结束咨询。

2. 具体咨询过程：

操作原理：

（1）通过谈话使求助者认识到问题的所在是因为自己对事件的不合理信念，而不是诱发事件本身。

（2）使求助者学会与不合理信念辩论，驳斥自己的不合理信念。

（3）建立合理的信念。

第一次咨询：时间：2008 年 7 月 7 日

目的：

1. 了解基本情况。2. 建立良好的咨询关系。3. 确定主要问题。4. 探询改变意愿。

方法：合理情绪疗法、心理测验

过程：

1. 填写咨询记录表，询问基本情况，介绍咨询中的有关事项与规则；

2. 做心理测验；

3. 摄入性谈话收集临床资料，探询求助者的心理矛盾及改变意愿；

4. 将心理测验结果反馈给求助者，并作出初步问题分析；

5. 确定咨询目标；

6. 简单介绍合理情绪疗法的基本理论模型（ABC 模型）；

7. 布置咨询作业强化求助者对 ABC 之间关系的理解。

这一阶段咨询师根据 ABC 理论分析求助者的具体问题，通过会谈法找出他异常情绪的行为表现（C），诱发事件（A），不合理信念（B）。

咨询师同时向求助者解说合理情绪疗法ABC理论，让求助者接受这种理论及自己问题的解释，并让求助者结合自己的问题初步分析ABC。

第二次咨询：时间：2008年7月19日

目的：

1. 加深咨询关系

2. 寻找和确认求助者的不合理信念

3. 帮助求助者领悟自己的问题与不合理信念的关系

方法：合理情绪疗法

过程：

这一阶段，咨询师更深入地确认求助者的不合理信念，进一步解说ABC理论，让求助者认识到是信念引起了情绪及行为的后果，而不是诱发事件本身，他应该为自己的情绪和行为负责，只有改变了不合理的信念，才能减轻或消除他目前存在的各种症状。咨询师让求助者列出有关困扰他情绪的不合理信念；

（1）我约你，你拒绝是你有错在先。

（2）你看我到北京了要和我结婚是势利眼，我即使现在没有女朋友也不会和你谈。

（3）你来办公室闹是耍无赖。

（4）我不理你，大不了我去当和尚（躲避）。

1. 强化求助者对ABC之间关系的理解。要求求助者，尝试把自己的不合理信念都列出来，并对其进行认真思考，目的是为了帮助求助者把注意力从过分关注自己的情绪和诱发事件转移到关注自己的不合理信念上来，并领悟自己的问题与不合理信念的关系。尝试用合理信念来取代不合理信念。

——要求求助者，按照下列模式，尝试把自己所有的问题都罗列出来；

诱发事件 A：前任女友及家人到单位吵闹。

不良情绪 C：心烦、沮丧，无奈。

不合理信念 B：我本来都挺顺的，这样一闹把我给毁了，这家人太坏了。

——告诉求助者，家庭作业是咨询的重要组成部分，对自己的问题思考、检查越认真、全面，咨询的进步就会越快。

2. 分析引起求助者焦虑紧张、失眠的主要原因，并不是直接由对方的“闹”而引起的，而是求助者没有妥善处理好与前女友的恋爱关系造成的。只要摆脱不合理信念就可使问题得到解决。

3. 让求助者找出对自己目前都有哪些想法经常出现，求助者找出：

（1）我约你你拒绝是你有错在先。当时我是诚心诚意的，三番五次请你请不动，不是拒绝是什么？

（2）现在我到北京了要和我结婚，那改天我被委派到西藏了，你不是还和我离婚吗？真是势利眼。

（3）她看得不到我就想毁我，真不讲理。简直是个无赖。

（4）我说不过你，我惹不起还躲不起吗？实在不行工作也不要了，我去当和尚（躲避）。

4. 告诉求助者这些都是不合理信念，咨询师尝试对不合理信念进行辩论，并不要求求助者立即放弃这些不合理信念，而是希望求助者能对自己的某些观点的合理性产生怀疑。

5. 采用与不合理信念辩论的方法帮助求助者识别自己的错误认知和观念，探寻自己为什么会这样。求助者的不合理信念有：是对方有错在先，这样闹会耽误我的前途和谈婚论嫁，我惹不起就当和尚去。

6. 布置家庭作业：

（1）把认为自己想法不合理的地方写在本子上，并写出想法合理的地方。

（2）从成长经历中自我剖析对现在心理问题产生负面影响的事件。

第三次咨询：时间：2008 年 7 月 26 日

目的：

1. 帮助求助者修正或放弃原有不合理信念

2. 帮助求助者建立合理信念，减轻或消除情绪困扰

方法：合理情绪疗法

过程：

1. 反馈咨询作业；

2. 针对上次列出的不合理信念，咨询师运用“黄金规则”与求助者进行商讨与辩论，让求助者分清合理与不合理信念，并帮助他学会以合理信念代替不合理信念；

经与求助者进行商讨与辩论，得出如下建设性信念：

（1）恋爱是双方的事。不论谁对谁错，都要有两个人都认同的标准和结果。不能以一方的认识去确定是否分手，承认自己在处理上有不足，欠妥。况且，婚前性行为对女方的确是有伤害的。

（2）按照理性思维去解决问题，就会很轻松，很愉快。

（3）情绪是因人的需要而产生的一种心理活动，人应该对自己的不良情绪担负主要责任，而不是抱怨他人和社会环境。

（4）遇事应该按科学合理的方法思考，进行逻辑推理；按双方共同认可的方法解决问题而不能逃避。

第四次咨询：时间：2008 年 8 月 2 日

目的：

1. 巩固咨询效果

2. 结束咨询。方法：合理情绪疗法；过程：反馈咨询作业。

八、咨询效果评估

1. 心理测验：SDS：量表分：41 分；SAS：量表分：43 分。

2. 求助者自我评估：通过这一段时间的咨询，我明白了许多。在我现任女朋友的陪同下，由单位领导出面，我们很坦诚地进行了沟通。考虑到当时我自己因不善沟通而误以为对方的拒绝造成的误会，婚前性行为带给女方的伤害，我诚恳道歉并承担了往来路费，对方平静而返。我将于后天（星期一）上班。

3. 周围人士的评估：小任现在又回到过去很阳光的样子了。

4. 咨询师的评估：通过回访和跟踪，咨询已经基本达到预期目标，求助者能正常生活、工作，正常恋爱，精神面貌很好，满面笑容。

通过以上评估，说明本案例咨询效果显著。

参考文献：

（1）郭念锋 . 心理咨询师国家职业资格培训教材（基础知识）。民族出版社，2006 年 1 月第 2 次印刷。

（2）心理咨询师国家职业资格培训教材（二级）。民族出版社，2006 年 1 月第 2 次印刷。

（3）心理咨询师国家职业资格培训教材（三级）。民族出版社，2006 年 1 月第 2 次印刷。

2008 年 11 月

学会和“本我”和谐相处

摘要: 回顾我的成长史，只要“自我”发挥好能指导“本我”和管理“本我”的作用，我就生活和工作得很愉快。我的成长报告由四部分构成。第一部分感恩家庭。感谢父母给了我生命，哺育我快乐地度过了第一反抗期。感谢婆母和丈夫帮助我顺利地完成了青年向中年的健康过渡。第二部分感恩老师。是历任老师给了我知识和力量，教会我做人做事，引导我健康地度过了第二反抗期。第三部分感恩工作。是单位给了我增长才干的平台和用武之地，感恩历任领导和同事帮助我走上了企业的中层管理岗位。第四部分写感恩心理学。享受式的学习将为我的退休生活带来全新的享受。

一、感恩家庭

20 世纪 50 年代初，我出生在北方一个小县城。我爸在外地工作。父母有 7 个孩子，前 5 女，后 2 男。尽管只靠爸爸的工资养家，但凭着妈妈的勤劳能干、吃苦耐劳和精打细算，日子也还过得去。我是老大，从出生起就受到家人的宠爱（快乐地度过了第一反抗期）。从 5 岁开始帮妈妈做家务，推磨、清扫、到井边挑水等等。那个年代，评价孩子的最高标准是帮妈妈干活。因此，我每天都能听到奶奶、妈妈以及左邻右舍的赞扬。家人对我没有其他任何要求。现在看来，是妈妈无意间的“无为而治”和“赏识教育”，使我从懂事起就充满了自信。我从小就是“小当家”。家里家外的各种应酬都是我代我爸我妈参加，并且总是能得到大家的夸奖，妈妈也为我的优秀表现而骄傲，逢人就说：“我家老大很能干，你们有需要就找她。”当时和我妈同龄的阿姨们很多不识字，我从小学三年级开始就帮邻居念信、写信等。妈妈的“无为而治”和“赏识教育”给了影响我一生的财富——自信（信任感和责任感）。

我1980年结婚。女儿3岁时，随丈夫集体转业到马鞍山。在近30年的婚姻生活中，对我成长帮助最大的是我的婆母和丈夫。有三件事深深地震撼了我的心灵。第一件事是关于是否再生第二胎的讨论。我女儿1981年出生，那时计划生育政策在我们县还不太紧，我们同学都是两个以上孩子。在商量是否领取独生子女光荣证时，意见不一。说实话，我是想再生一个。我妈也劝我说：“再生一个哪怕是女儿也好，两个总比一个强。”但我婆婆不这样认为，她和我说：“跟着社会走吧，是人家（指政策）不让你生，又不是你不能生。”这是婆母给我的的第一次震撼，我婆婆不识字，我丈夫又是老大，我以为最迫切盼我生儿子的应该是婆母。但却出乎我的预料。我丈夫更幽默：“为了抢生一个孩子费那么多脑细胞干吗？”在婆母和丈夫的支持下，我高兴地领取了独生子女光荣证。我婆婆“男女平等”的进步观念是一以贯之的。2002年冬我公公去世办葬礼时，我小叔子的儿子还没有出生。按旧风俗，女孩是不能打引魂幡的。很多人提出要本家的同辈男孩中选一个来代。对此，我婆母斩钉截铁地说：“现在是新社会了，男女都一样，她爷爷的引魂幡就让我孙女来打。”这是婆母给我的第二次震撼，并由此对婆母产生了由衷的敬佩。婆母给我的第三次震撼是我小叔子儿子的出生。我婆母只有两个儿子，我小叔子是最小的。小叔子的儿子出生对我们全家都是大喜事。当我赶回老家祝贺时，我婆母当着全家人的面说的第一句话是：“我们家的孙子辈是按年龄来排的。孙女最大，什么事情都要先考虑孙女。"不识字的婆母又一次震撼了我的心。什么是"生育观念的与时俱进"？什么是"通情达理"和"善解人意"？在我婆母身上体现得淋漓尽致。我丈夫遗传了我婆母的智慧，不声不响地赏识着我的优点，也不露声色地纠正着我的缺点。我从小自己做主惯了，花钱比较冲动，想到就花，经常忘了商量，但不论花多少钱，不论钱花得多么不合理，不论我给娘家多少，只要我快乐，丈夫就投赞成票。有一次我因自己粗心丢失了一万多元钱，我很难过，丈夫幽默地安慰我说："你总不至于为这点小事而跳楼吧！"想想也是，我马上又破涕为笑了。我从小强势惯了，说话嗓门高，语速快，经常被人误以为吵架。做事有激情，但也常冒傻，好的出发点却得到适得其反的效果。对此，我丈夫总是通过打比方、讲笑话等方法来引导我、改变我。有一次和女儿散步，她半开玩笑地说"妈妈，我觉得您现在的性格比以前好了，是老爸的功劳吧。"女儿的话是对的。在 30 年的婚姻生活中，我的"本我"和"自我"与"超我"天天有冲突，是婆母和丈夫默默无声地帮我平衡，以他们良好的心态改变了我。我逐渐学会了和"本我"和平相处。

二、感恩老师

小学时我曾任过班长、学习委员、校广播员和少先队大队宣传委员。六年小学经历了 3 位班主任。3 位班主任都给我的权力很大。老师外出时，我就坐在讲台上，代老师报听写、批作业，除了期中期末大考和批改作文以外，大小测验老师都是只改我们几个班干部的，其余试卷都是由我负责带领其他 4 名班干部分别批改、计分并排名次。这种成长环境在培养我的能力的同时也助长了我骄傲自大的情绪。六年级时"文革"开始，对我不满的同学便给我贴大字报，说老师偏爱我，说我很凶比老师还厉害等等。我是既委屈又生气，就和写大字报的同学吵架，搞得不亦乐乎。当时正是 5 月份，即将进行小升初考试。班主任非常着急，担心影响我的升学考试。那年的一个星期天是我终身难忘的。那天上午，我正在家里为大字报的事生气发火，忽然听到门外熟悉的声音喊我。跑出来一看，原来是我的班主任和学校的教导主任来我家了。他们开门见山地对我妈说：“马上就要进行升初中考试了，宝玲同学的成绩很好，但现在遇到点挫折，为了帮助她，我们特地选了一场电影让她去看，相信会对她有启发。”说完，边给我电影票边提要求：“认真看，星期一交一篇观后感给我。”电影的名称是《女跳水队员》。至今，影片中“周晓红，来一个！”和周晓红拂水而去的傲慢镜头还时常在我眼前出现。这部影片帮我一下子明白了许多道理，也确实认识到自己的骄傲自大带给同学的伤害。从此，我把“谦虚使人进步，骄傲使人落后”道理印在脑子里，溶化在血液中，贯穿在一生的行动中。

青春期对我的成长起重要作用的还有我的高中班主任，他是教英语的。我虽然不偏科，但英语更为突出。高中毕业回乡劳动两年后，我被推荐为工农兵学员并参加了县教育局组织的文化课测试。因为不少是初中以下文化，我的测试成绩就成了“矮子里的将军”，测试成绩名列前茅。当我带着填报志愿表格回学校去征求班主任的意见时，满以为他会支持我填报“外语系”的，没想到老师说“我的意见是除了外语系都可以考虑“。我虽有点纳闷，但还是按老师意见报了化学系。入学后，我明白了：“外语系”对身高和形象是有要求的。我个子矮，长相平平，在需要形象的行当里，我学得再好终归是要受限的。“润物细无声”。老师很艺术地激发了我的悟性，教会我客观地分析自己，如何扬长避短。从此懂得了什么是“自知之明”。

三、感恩工作

在工作方面我是“幸运儿”。因为本职工作与我的兴趣爱好是一致的。工农兵大学毕业后，我在老家县一中当了5年教师。随丈夫调来马鞍山后，我被安排到企业党委宣传部门工作。单位给了我能充分发挥自己能力的平台和用武之地。2000 年 8 月，公司提拔我到现在的管理岗位，分管人口和计划生育工作。有一件事促使我学心理学。当时，有一男职工的妻子怀孕第二胎 6 个月，因担心被动员引产而躲到乡下，结果被当地计生部门举报，要求我单位配合做工作。这对夫妻已有一女孩，10 岁。我们的工作怎么也做不通。后来实在没办法，只好请当事人的姨妈到她家里才做通。为了表示感谢，我专门请她姨妈吃了一顿饭。饭后 ，我向她请教是如何做通当事人的思想工作的。她说："我外甥女的思想根源是男尊女卑，她认为女人一辈子的最高理想就是生儿子，生育观念变了就想通了。"我醍醐灌顶，认识到转变人的观念仅靠泛泛地读读文件、贴贴标语或搞几场演讲是不行的。一人一事的工作要会解开当事人的心理疙瘩。之后，我先后阅读了《新世纪婚恋与性》（陈一筠）、《婚育观念通论》《女性成长学》（吴娟瑜）等等。在仔细通读的基础上，我把其中与我本职工作联系紧密的章节重复阅读，并把有关理论运用到实践中效果很好。自 2002 年开始，我们单位开展了"为青春引航"主题活动。依据上述著作中的理论观点，结合目标人群的实际需要，我们采用小组讨论、角色扮演、游戏、同伴教育、文艺演出、知识竞赛以及编印宣传手册、设立"大学生生殖健康心理咨询室"和"心理咨询信箱"等多种互动方式，适时、适宜、适当地开展了性与生殖健康宣传和培训活动，在"平等参与、相互尊重、充分民主和友好互助"中，引导和帮助目标人群掌握了必要的知识、态度和技能，为青春引航，为未来指路。经过三年不懈努力，目标人群 100% 地正确了解了关于生殖健康的基本知识，了解和掌握青春期的身心变化，了解了有关艾滋病和性传播疾病的基本知识和紧急避孕知识等等。95% 以上的目标人群树立了正确的性道德和性观念。对有困惑的，能通过心理咨询，给他们以正确的心理疏导。对他们树立健康文明科学的生活方式，起到了积极的推动和促进作用。

四、我希望自己能成为“终身发展观”的实践者

有人问我:“你这么大年龄了，为什么还要学?还要参加考试呢?”归纳起来，主要基于以下四个方面的原因:

首先，为更好地完成我的本职工作而学。我的本职工作是与人打交道的。目前，人的生育意愿和国家的生育政策的距离很大。要想让“不让我超生”的政策转为“我不想超生”的自觉行动，单靠讲大道理是不起作用的。学习“心理学”，可以帮助我在做一人一事的说服工作时，充分考虑到当事人的认知观念、价值观、生活理念和生活方式多元化的实际，有的放矢地开展工作。

其次，为我的健康而学。2006年，我出现了更年期症状，烦躁、冒汗、怀疑自己有病等等。由于我在平时讲课中接触到一些健康教育方面的知识，加上比较系统地学习了洪昭光教授的《让健康伴着你》，受启发很大。按照洪昭光教授的健康箴言去改变自己的生活方式，我顺利地渡过了更年期。现在,《发展心理学》使我认同了老年人适应退休过程的4个阶段：期待期，退休期，适应期，稳定期。我想在我退休后，退休金可以保障我的“老有所养”。“心理学”则能帮我实现“老有所学、老有所乐和老有所为”；助我在思想认识和情感上都能比较冷静而客观地对待退休，提前制定建立新的生活秩序，与退休角色相适应的生活计划。

第三，为家人的健康和亲朋好友的健康而学。无论是娘家、婆家还是我的三口之家，我的情绪直接影响到每一位家人的喜怒哀乐。特别是丈夫和女儿，我是晴天，他们就充满阳光；我要晴转多云，他们就小心翼翼；我要一脸怒气，他们就不敢吭声了。家人的健康和幸福与我自己是否保持良好的心态成正比。“心理学”可以助我和家人享受天伦之乐。对亲朋好友也同样，我可以用我学到的心理学知识和他们聊天、唠嗑，说说家长里短，融洽左邻右舍，共同分享沟通和交流的愉悦，享受美好生活。

第四，为圆我的一个“梦”而学。由于“文革”，我考进重点中学只半个学期就被迫停课了。40多年来，我经常梦到和几名学习好的同学在空荡荡的教室里眼巴巴地等老师上课的场景。以前不知道是什么原因，“心理学”使我明白了：在我的潜意识里，我很想当学生。我的“本我”告诉我听课和考试是一种享受和快乐。因此这次学习考试无论结果怎样，有这个过程我就能得到满足。

总之，我想通过学习和考试，努力使“本我”、“自我”和“超我”之间和谐相处，保持心态平衡，追求一种祥和、健康的晚年生活。

参考文献：

（1）郭念峰.《心理咨询师（基础知识）》。北京：民族出版社，2005年8月第一版。

（2）郭念峰.《心理咨询师（操作技能二级）》。北京：民族出版社，2005年8月第一版。

2008年11月

马钢哺育我成长

钢铁摇篮

导语：2019 年 9 月 19 日，是每一个马钢人（包括马钢离退休职工）十分激动的日子。这一天，中国宝武马钢集团正式重组成立。所有马钢人及其家属与亲朋好友欢呼雀跃，奔走相告。

马钢是中国宝武钢铁集团有限公司控股子公司，拥有 A+H 股上市公司 1 家、新三板上市公司 3 家，具备 2000 万吨钢配套生产规模，在岗员工 4.8 万人。2019 年，马钢集团产钢 1984 万吨，实现营业收入 986 亿元，利润总额 36.5 亿元。

马钢的前身是成立于 1953 年的马鞍山铁厂；1958 年马鞍山钢铁公司成立；1993 年成功实施股份制改制，分立为马钢总公司和马鞍山钢铁股份有限公司；1998 年马钢总公司依法改制为马钢（集团）控股有限公司；2019 年 9 月 19 日，中国宝武与马钢集团重组实施协议正式签约，马钢集团成为中国宝武控股子公司。

2020 年 8 月 19 日，习近平总书记到宝武马钢集团考察，勉励马钢要把握机遇、顺势而上，为长三角一体化发展作出自己的贡献。

面对国内钢铁行业产能过剩和同质化竞争日益加剧的严峻形势，马钢抢抓供给侧结构性改革和长三角一体化发展带来的机遇，坚持结构调整、创新驱动，一步一个脚印，闯出了一条“涅槃重生”之路。

2020 年 10 月 3 日，安徽新闻联播以“中国宝武马钢集团涅槃重生焕新姿”为题，报道了我国特大型钢铁联合企业——中国宝武马钢集团在供给侧结构性改革和长三角一体化发展带来的机遇下，如何“涅槃重生”。

马钢的改革发展史，是中国改革开放的一个缩影，也是英雄的马钢人用钢与火，书写自己，书写属于共和国的辉煌。

马钢的辉煌，凝聚着几代人的心血和汗水，马钢的征程，一个阶段有一个阶段的华彩乐章。

《钢铁摇篮》写于1998年，是马钢前四十年（1958—1998）的奋斗简史。

走进马钢大院宏伟、壮观的档案楼，踏入宽敞明亮的荣誉陈列室，映入眼帘的是一面面庄重的紫红色奖旗，一尊尊闪光的奖杯，一块块晶莹剔透的奖牌和一张张装潢精美的奖状，“马钢真棒！”一批又一批中外来宾竖起了大拇指。

“马钢不光产品好，马钢人的精神风貌更好！”络绎不绝的参观者异口同声地赞叹！

是啊，这数不清的荣誉，是马钢十万职工的骄傲，也是马钢人智慧和汗水的结晶，在这众多的奖励中，最夺目的是二十余块国家级金牌和认证书：

连续十二年保持全国思想政治工作优秀企业称号，全国“五一”劳动奖章获得单位，全国先进基层党组织，全国纪检工作先进单位，全国“讲理想、比贡献”先进集体四连冠，全国教育工作先进单位，全国职工技术教育先进单位，全国读书活动先进集体，全国“老有所为”先进集体，全国爱国卫生先进企业，全国绿化造林先进单位，全国环保先进单位，全国普法教育先进单位，全国民兵工作先进单位，全国计划生育先进集体，全国质量金奖——优质碳素钢系列盘条，马钢车轮轮箍、高速线材、中厚板和焦化产品生产线先后通过1SO9002质量体系认证。

历史是人民创造的。马钢四十年取得的光辉业绩，是一代又一代马钢人艰苦奋斗、默默耕耘的结果；是几代马钢人那炉火般的激情和鲜花般绚丽生活的真实记载。

50 年代，依靠结棚为营、战天斗地的革命精神，托起了新中国的第一代高炉群，也托起了社会主义国营企业的希望。

60 年代，发扬艰苦创业、无私奉献的光荣传统，浇灌出“江南一枝花”，文明生产的艳艳春光洒满大江南北。

70 年代的马钢人，在艰难与曲折中始终高举自力更生的光辉旗帜，力排一切干扰，维系着铁水涛涛、钢花飞溅。

进入改革开放的 80 年代，马钢紧跟时代步伐，锻炼职工队伍，奏响了“全面振兴马钢经济”的主旋律。围绕着经济建设这个中心，面对滚滚而来的市场经济和商品意识大潮，马钢人坚守“物质有度，精神无价”的原则，坚信改革开放、振兴马钢更需要一支任何困难也压不倒、摧不垮的硬骨头队伍。

90 年代，马钢人始终站在深化改革加快发展的最前列，以改革为己任，以参与改革、支持改革为最大贡献。在改制、转制、建立现代企业制度以及劳动人事、社会保险、住房、医疗、下岗分流等改革举措的实施中，马钢人始终以改革发展的大局为重，以国家主人公的高姿态，正确处理国家、集体、个人三者之间的利益关系，坚决参与改革的同时，也承受了新旧体制转换过程中一波又一波的“阵痛”。

四十年来，马钢人既有扬眉吐气的欢欣，也有曲折徘徊的坎坷。回顾 40 年的漫漫风雨，马钢人为新中国钢铁工业崛起所作的贡献将永载史册，马钢人为改革开放所作出的贡献和在经济体制转换过程中所承受的压力与付出的代价同样永载史册。

激情满怀话当年

“我们唱着东方红，当家作主站起来。”一听到这句歌词，我们不禁回到那火红的创业时代。新中国成立后第一代马钢人所付出的辛勤劳动、所创立的赫赫战功是不可磨灭的。

1953年的春天似乎来得特别早，一个往日默默无闻的宁芜铁路中的马鞍山小站，突然热闹起来。一批批肩扛行李卷，操着全国各地方言的人们兴奋地下了火车，给这个当时的中国地图上还找不到“点”的小地方带来了勃勃生机。他们中有刚脱下战袍，从硝烟弥漫的战场转业而来的战士；有从四面八方的大钢厂来的产业工人；有刚刚摆脱了小作坊束缚的手工业者；有意气风发的青年学生，也有满腹经纶的知识分子，而更多的则是大批刚刚获得解放的农民。络绎而来的人们汇成了一股洪流，组成了最初的马钢职工队伍。大家虽然互不相识，语言和生活习惯各异，生活条件也十分艰苦，但都为着建高炉，为着完成第一个五年计划，义无反顾地加入了创业者的行列。在那个热火朝天的时代，刚刚获得翻身解放的马钢人，以极大的政治热情和国家主人翁精神投入新生活的伟大创业中。为了使眼前这片荒山野岭变成火红的钢铁热土，人人眼里闪着献身的渴望，心中翻滚着战斗的豪情。他们以高度的政治觉悟和劳动热情，出色地完成了新中国交给马钢人的第一项任务——1953年9月16日，马钢人炼出第一炉铁水。

50年代，马钢的大批干部还是从农村刚刚走进城市，形势要求迅速挑起重担，组织工人学技术、学文化，引导广大职工把振兴民族工业强烈的愿望和建设马钢的满腔热情与过硬的业务操作本领相结合，为炼优质钢铁先育优质人才。许多领导干部纷纷向技术人员虚心求教，刻苦学习科学文化技术一时形成风气。当时的厂党委书记崔剑晓、连田峻和有关领导倪恒忠、陈礼宽等同志都参加了铁厂举办的文化技术学习班，每次上课都悉心倾听，勤记笔记。

铁厂建设伊始，从华东各地分来了一些工程技术人员。这些满怀信心和工作喜悦的知识分子来到这里不久，便感到有些不安和失望：这里比想象中的环境还要简陋得多！没有一间能够坐下来像样的办公室，没有一间能够属于自已并能勾勒情调的宿舍……崔剑晓知道这情况后，赶紧回去，要老伴挤出自已并不宽敞的住房，然后不由分说地拽住他们，把他们的铺盖和行李带到精心收拾的房间。这些技术人员都感到不安，崔书记却笑呵呵地说："搞钢铁建设，我是外行，平时想请你们这些老师，不仅付不起学费，就是想请也找不到人，现在我们住在一起，遇事能请教，处事好协商，这等好事我何乐而不为？"

于是，这位热诚的书记，便成了他们的"学生"，他们的"总管"。每到夕阳西下，这屋里便亮起了橘黄色的小油灯。灯下，这几位技术人员呷着崔书记泡好的清茶，或是同崔书记娓娓而谈，或是专心致志设计构思。崔书记也就是从这里起步，开始懂得了图纸，懂得了设计，学会了构筑钢铁大厦的宏伟蓝图。

千军万马汇聚在马鞍山麓，欢声笑语惊走了飞鸟走兽，熊熊篝火映红了天空，建设者们开始安营扎寨。当时的金家庄，只有矿内几栋日本人留下的小平房，对于建设大军来说无疑是杯水车薪。于是，创业者们砍毛竹割茅草，自己动手，搭盖起一栋栋茅草棚，这种茅草棚如今即使在偏僻的乡村里也不易寻见了，笔者特不惜笔墨略作描述：用劈开的毛竹片绕上稻草扎成墙壁，屋顶是用芦席和茅草苫盖，再上一层泥巴，一间一般是十八平方米左右，要摆六张高低铺。风吹雨淋，泥巴驳落，屋里不乏水分和光照，以至于建房匆忙未及拔去的豆秧竟然在屋里茁壮生长。一天夜里，一个睡在上铺的工人不小心摔了下来，正待惊呼却安然无恙地着了地，仔细一看，四条床腿早已深陷入地里，下铺已于地面一般齐了。

然而，困难吓不倒马钢人，马钢的垦荒者发出肺腑之言：“苦，怕什么？铁水又不是雨水，不吃苦它能从天上淌下来吗？”就在如此简陋的茅草棚里，飞出一阵阵雄壮的歌声，传出一阵阵自豪的欢笑，诞生出一项项革新成果和合理化建议，培养出一个个能工巧匠。如今，当我们回首马钢四十年前进的轨迹时，当我们探溯马钢精神的本源时，我们又怎么能不对已成为历史遗迹的茅草棚以及它的主人们致以崇高的敬意呢？

“智多星”张德宝，先后革新改造了炼钢转炉水箱防漏技术、铸锭平板小车有极牵引、300 吨压转机的改进等，以杰出的贡献多次被评为市、省和全国劳模，曾当选为市一、二、三届人大代表及全国二届人大代表。

翻砂模范周纪和，地道的马鞍山人，解放前的“放牛娃”。新中国成立后，在马钢这片热土上，怀着一种朴素的阶级感情，凭他对翻砂行当的高超技术，为了“攻关”总是食不甘味，卧不安寝。当年，他曾接到空气锤机座、气缸等三大件造型、浇注的任务。疑、难、大，面对前所未有的困难，他提出“以小拼大”的方法，用 2.5 吨冲天炉和 1.5 吨电炉各自同时熔炼，共同浇注，让小马拉上了大套车。在简陋的厂房里迎接了这三位“钢铁巨人”的降生，为马钢铸造生产的历史写下了不可磨灭、浓重的一笔。1958 年当他入党的时候，激动得热泪盈眶。他始终认为，是党把他从一个放牛娃、小小的“翻砂匠”培养成为一名工人阶级的先锋战士，是党给了他一切。1959 年他光荣地出席了全国群英会。

以张德宝、周纪和等为代表的马钢第一代劳动模范，都具有一种“公字当头、兢兢业业、以国为家、以厂为家、忘我奉献”的崇高革命精神，这种伟大的精神犹如熊熊燃烧的一把把火炬，指明了航程，照亮了后人。在他们身后一批又一批忘我工作，艰苦创业的普通工人加入了先进工作者、劳动积极分子的行列……

炉前工张润生爱打球、好演戏，尤擅长淮北民间花鼓灯。厂领导照顾文体骨干，想替他调换一个较轻松的岗位，他却说：“球我要打，戏我要演，工作我还是要在炉子上干。看着通红的铁水我就舒服，累狠了夜里觉睡得香，明天干活更有劲！”

铁出完了，抬走了。工人刘锡堂和工友们强忍着疲劳，蹲在地下把遗漏下来的豆粒大的碎铁一粒粒地拾起来，仔细地堆放好，日复一日，年复一年，甚至堵铁口用过的干泥也要回收，这种主人翁精神能用普通的价值观去衡量吗?

大雨滂沱，职工业余夜校黄老师打着伞艰难地跋涉在夜幕里。她想：这样的天气，今晚可能不会有人来上课了吧。就在这时，几只手电筒的光束同时来迎接她了。走进教室，她第一眼看到的就是几十双渴求知识的眼睛。

工人小温家中突遭水灾，妻儿老母都跑来马鞍山。小温第二天上班无精打采，被工会主席陈明生一顿狠训，内向的小温有心陈述苦衷，但看看陈主席激怒的脸色也就欲言又止了。不料，他下班刚回到家门口，五岁的女儿就飞奔出来兴奋地嚷道：“爸爸，爸爸，一个姓陈的叔叔给咱们家送来了棉被、棉袄，还有大米呢！”

阜阳籍工人赵成，开资后揣了钱去南京游玩。雇了辆三轮，专往夫子庙、鼓楼等热闹的地方逛。不料乐而忘返，没能赶上回马鞍山的火车，而汽车也早就没了。怎么办? 明天要上白班啊！对一个炼铁工人来说，还有什么比准时走上炉台更重要、更神圣呢！于是，他毅然迈动双腿踏上归程。自南京至马鞍山距离为45公里，比正式马拉松比赛的赛程还要长一点，赵成连跑带走用了八个多小时，这与当今世界级马拉松选手的最好成绩相比简直微不足道，但我敢说这是世界上最伟大的马拉松。因为在它的终点没有金钱，也没有奖杯，只有一个普通工人的普通岗位，只有一个普通工人对党的事业的忠诚！

这，就是我们可亲、可敬、可爱的创业者；这，就是我们老一代的马钢人；这也是我们这支特别能战斗的队伍的传家宝。

文明之花开满枝头

1958年马钢迅速掀起了“大办钢铁”的热潮，大批建设项目上马，马钢处在边生产边建设的状态。到1960年，马钢的固定资产投资完成了2.36亿元，建成了27项骨干工程，奠定了钢铁联合企业的基础。但由于当时“高指标、浮夸风”盛行，1959年又受“反右倾，鼓干劲”的干扰，工程建设比例失调，盲目土法上马的工程无序扩张，导致人员剧增，大批未经培训的农民进入马钢，使职工人数由1957年的1.1万人猛增到6.7万人。大跃进之后又遭三年自然灾害，职工中不少人得了浮肿病。当时的马钢人一肩挑着国营重工业企业生产的重担，一肩又要担起缓解职工生活困难及副业生产重担。因此马钢在50年代后期到60年代初处于十分被动的局面。尽管从1961年起贯彻了党中央提出的“调整、巩固、充实、提高”的八字方针，缩短了基建战线，清理了盲目上马的项目，职工也由1959年的6.7万人精简为2.1万人等等，但由于没有抓住人的因素这个根本，始终未能完全扭转被动局面。职工队伍涣散，劳动纪律松弛，管理无方，70%的主要技术经济指标居全国同类企业中下游；全员劳动生产率平均下降了15.5%。“人常歇、灯常明、水常流、油常漏、物常丢”的情况十分普遍，产量质量全面下降。从1959—1963年，马钢连续亏损1.4亿元，相当于马钢当时全部基建投资的51%，人称丢了半个马钢。

严峻的现实像沉重的包袱，压在马钢人头上，马钢人迫切要求改变现状、重振雄风。

1963年，中央决定马钢由冶金部收回作为直属企业，安徽省委派了丁继哲和孙玉泉同志来到马钢，马钢领导班子首先深入基层，通过深入调研，客观地分析了现状，找到了马钢病根主要是两个方面，一是思想上松、散、懒；二是管理上脏、乱、差。因此，孙玉泉同志多次在各种会议上强调:“突出人的因素，正确处理人、设备、生产三者之间的关系，应当见物又见人。”他曾对一位机动处长这样说:“搞业务工作的，容易只见物不见人，我要的是过细的作风和人的精神面貌，上万人的工厂，这么大个队伍，不培养每个人的严细作风怎么能把这个企业搞好。”依据这个思路，马钢确定了当时的工作目标是：以生产建设为中心，抓好职工队伍思想教育，抓好企业管理，抓好创先进活动，摘掉思想落后、经济亏损两顶帽子。提出的口号是：放下包袱，轻装上阵，团结起来，做好工作，调动一切积极因素，为彻底改变马钢面貌而奋斗。

这是一场战胜自我的挑战，也是马钢职工队伍锤炼自身的硬仗。首先以社会主义教育为内容，狠抓职工思想教育，制定出培养一支政治觉悟高、作风纪律严、能打硬仗的职工队伍。当时全国正开展学毛主席著作、学人民解放军、学大庆和学雷锋活动。每个车间、班组都安排了学习会、出学习专栏，突出强调学以致用、理论联系实际。其次是花大力气开展文明生产活动。当时的公司经理孙玉泉是从部队转业到地方的，他采用部队内务条例来搞企业管理，抓得非常紧，三天一检查，五天一评比，他不分昼夜亲自到车间、仓库、变电所去检查，手里拿个小口袋，发现地上有烟蒂杂物就捡起来交给厂长、主任。正是他的这种严格要求、身体力行的作风，对广大职工尤其是各级领导真正产生了表率效应，对形成马钢职工队伍的四大作风(团结奋斗的作风，敢打敢拼的作风，“三老四严”的作风，谦虚谨慎的作风)，起到了不可磨灭的作用。

60 年代，那真是一段如火如荼的岁月，马钢人以自已独特的豪情壮志与“豁出命来干”的苦干实干精神，创出一个又一个令世人瞩目的奇迹!

焦化厂的陈修谱、陈先邦、李寅年三同志因根治酸漏称为“试剂泵房”三愚公。二钢厂组成了600多人的治渣山突击队，不到一个月搬走万吨大渣山，是名副其实的“新愚公”。这一壮举成了马钢职工锲而不舍、永往直前精神的象征。一钢厂的“五虎闹天车”、动力厂的“一滴水”精神，马钢人在不平凡的岁月创出了不平凡的业绩。

销售处钒渣库孙锡友、吴荣全、郭占田等13名职工，白手起家，用在两里外的出渣线找到的13根废弃的水泥预制板盖起了钒渣库。他们不厌其烦地敲打检验每一炉入库的钒渣，剔出夹杂在里面的金属和二氧化钒、回收装车时丢在路上哪怕豆粒大的钒渣，然后把钢渣分级成堆，码成“一条线”。一年功夫就创造了74万元，为马钢扭亏为盈首立一功。

一钢瓦工班31名工人，一年中13次改革平炉出钢槽的砌筑工艺和分钢舵丝杆操作法，使吨钢砖耗由24公斤降到4.9公斤，一年节约37万元，炉龄由1–2炉最高提高到100多炉。

动力厂陈文华管道组常年风雨无阻转战方圆数十里厂区抢修水泵。安装管道处处精打细算，1963年节约原材料价值9.1万元。

于是，机关也沸腾起来了。经理带头拣破烂，群众说是拣回了艰苦奋斗的传统；厂长带头擦机器，群众说是擦亮了思想。一时间公司领导纷纷下基层蹲点，干部争先恐后到厂矿和工人实行“三同”（同吃同住同劳动），搞“三结合”。有的基层领导索性搬住在工人宿舍，与工人汗流在一起，劲使在一处。

一分耕耘，一分收获。

1964年1月10日。市体育场红旗招展、锣鼓喧天。马钢在这里举行万人庆功大会。虽正值隆冬，寒风凛冽，可此刻人们的心中却荡漾着融融春意。

“马钢已摘掉了亏损的帽子！”

主席台上领导的高亢有力的声音刚落，人群便沸腾了：数不清的帽子抛向空中，好多人被抬了起来，很多人流下了兴奋的眼泪，不少家属、市民也兴高彩烈地拥进体育场……

掌声、欢呼声、鞭炮声不绝于耳，经久不息。

马钢人怎么不兴奋呢？这一年马钢终于扭亏为盈，向国家上交利润 1240 余万元，把五年亏欠的全部补了回来，打了一个漂亮的翻身仗。

从此马钢与马钢人浇灌的“江南一枝花”，从扬子江畔到江淮平原，从长江流域到黄河岸边，红遍皖江，传遍全国。

沧海横流方显本色

“文革”十年，马钢人也饱经风霜。但马钢人的精神在，马钢的传统没有丢。

1967 年的 6 月 21—28 日，短短一周时间内，南山矿、一钢平炉、一轧钢、二钢、二轧钢、一铁厂、烧结厂及机修、耐火厂全部停产。

喧哗的厂区一下子变得异常寂静！马钢人看着冰凉的轧机躺在那里呻吟，心都碎了。

就在这黑云压城的关键时刻，焦化厂的一部分职工以大无畏的英雄气概和马钢人不屈的顽强意志，挺起胸膛，坚守岗位。他们把个人的荣辱名利置之度外。他们只认一个理，焦炉万万不能停，焦化厂是马钢的心脏，心脏一停，不但炉体整个报废，而且生产用气，生活用气全都断绝，后果不堪设想。

首先，大班长杨运春来了，他带着满是油污的手套，坚定地走来了。紧跟着，刘家礼、陈从发、王文明等相继走来了。

“我们与焦炉同在！”

“我们与马钢共命运！”

关闭烟道闸板，察看煤气加减的考克，严格保护中央配电所，在令人窒息的值班室里擦仪表……

他们像爱护自己的眼睛一样，自觉地守卫着工作岗位，守护着马钢的心脏。

当时的厂部调度员是张清波，强烈的主人翁责任感使他创出了一个人独守岗位几十天的不平凡业绩。要知道，那是两派斗争最紧张、也是厂房最无人管的时期。

他知道厂内外形势相当严峻，他置生死于度外，没有离厂，没有离岗。像往常一样，他手持工作手套，头戴安全帽，履行自己的职责，检查各个岗位。他走到32# 供水泵房门前，听见马达轰鸣，他知道没有异常情况。从关心生产、注意安全的角度，他走进泵房对值班人员说："要提高警惕，注意安全啊。"却没有人搭话，他环顾四周才发现没有人，他赶紧折身退到门外喊了几声，仍没有人；他知道人去泵空了。他凝视着眼前的泵房，这是一个要害岗位，这里不能没有人，他毅然决然留下来，一人坚持守岗，一守就是几十天。事后，张清波一人守岗的事迹，成了动乱期间焦化保产最感人的一笔。

透过焦化护炉这个缩影，我们再次深刻地领略到马钢人爱厂如家的高尚情操和不管风吹浪打一心一意工作的高贵品质，这是马钢职工队伍中最宝贵的核心内容。

尽管"文化大革命"给马钢的生产经营和发展带来了严重的影响，但马钢的广大职工还是念念不忘搞生产、求发展。

630 轧钢车间，1970 年 8 月 1 日动工，1971 年年底建成投产。

建设三钢厂，把钢产量搞上去，一直是马钢历届领导和全体职工的夙愿。"文革"中，马钢顶逆风、搏激流，把三钢作为自己的技改项目，自筹资金，使三钢厂先以"二吹一"投产，而后建成"三吹二"，终于使马钢的钢产量突破 100 万吨大关，实现马钢几代人的理想。

1975年4月16日，马钢中板厂建成投产，顺利地轧出了第一块钢板。

同期，动力厂燃气车间第一次试验成功“带煤气接管”新工艺，结束了马钢停气、停产接管的历史。一钢厂平炉试生产10吋小钢锭成功。耐火厂隧道窑第一对烧咀点火，结束了巨型倒焰窑的历史使命。

……

实践告诉我们，即使是“文革”十年动乱期间，马钢职工队伍的工人阶级本色没有丢，马钢人以高度的政治责任感和高昂的生产热情，出色地完成了历史赋予马钢人的重任。

二十年改革二十年歌

1978年开始，马钢跨入了改革开放、全面振兴的新时期。新时期马钢这支队伍最突出的贡献就是始终站在改革开放的最前列，以改革发展为已任，为国有大型企业的转换机制摸石头过河探索了出路，也承受了负担，经受了考验。

1987年3月，马钢向职工出售四千万元建设债券，消息一公布，各家银行门前一条条长龙蜿蜒伸展，第一批面值500元的债券立刻被认购一空，第二批50元面值的也在短短的时间内全部售出。在马钢人的心目中，购买公司的债券，绝不仅仅为12%的利息，而是通过购买自己单位的债券体现马钢人关心企业的盛衰，盼望社会主义国营企业兴旺发达，表达马钢人热爱马钢、建设马钢、誓为马钢发展多作贡献的一片赤胆忠心。

1991年，马钢遭受到历史上罕见的特大暴雨的袭击，生产全线受到影响，部分厂矿车间停产24小时以上，总计损失3600多万元。连天暴雨如注黑云浓厚，内外涝灾交加。马钢职工948户人家进水，近6000名职工和家属受灾，各种交通要道被洪水冲断，马钢生产所需原燃料断档。面对危急情况，马钢人发扬不怕牺牲、连续作战的精神，用自己的血肉之躯筑起了一座不倒的长江护堤。在突如其来、前所未有的灾情面前，马钢党政领导和全体共产党员首先冲在最危险的地方，谱写了一曲团结拼搏、奋勇抗灾的壮歌。

暴雨刚刚停止，马钢人在迅速抢修恢复生产的同时，立即投入“赈灾”活动。马钢职工提出了“身在灾区，心系重灾区”“风雨同舟、情满人间”的口号，大家顾不上自已被淹的家园，争先恐后地向灾区人民捐出一颗颗滚烫的心。仅仅一个星期，马钢就收到职工个人捐款 114 万元，粮油 100 多万斤，衣物 3 万余件，就连远在国外施工的马钢人，也向灾区捐出人民币 1 万元。当满载着十万职工深情厚谊的马钢捐赠车队像长龙一样抵达灾区时，纯朴热情的老区人民落泪了。热泪混合着雨水在每一张感谢的面庞上流淌。

这次捐赠衣物、钱粮大赈灾，是对马钢职工队伍的一次考验。它告诉我们，马钢作为企业，讲求利润与效益，但马钢人更珍惜世界上用钱买不到的东西，那就是爱心和友情。赈灾告诉我们，马钢这支队伍是过得硬的，是有向心力和凝聚力的。广大职工想老区人民所想、急灾区人民所急的先人后已的高尚品德和“紧自己、保国家、援灾区”的崇高精神，再次为马钢的辉煌历史留下浓墨重彩的一笔。

1992 年 11 月，马钢被列入全国第一批股份制规范试点企业。1993 年 9 月 20 日，马钢总公司、马钢股份有限公司正式成立。这是一次历史性机遇，马钢成了冶金行业第一个“吃螃蟹”的，面对全新的机制、崭新的知识，上自总经理下到每一名工人，都投入了前所未有的学习股份制知识的热潮。

参加“中港股份制研讨学习班”的公司两位领导，亲自背回了重 50 斤的学习材料，组织大家学习、消化。

马钢党校开始对科、处级干部进行股份制知识的轮训，教材是自编的，教员就是第一批接触股份制的同志，前后办了20多期，轮训了几千名同志。

宣传部门的同志赶编了《马钢推行股份制问答》的小册子，一下子成了当时的启蒙教材，一次印了3000册还满足不了需要，再次加印3000册。各个厂矿根据这个小册子在职工中开展了有关股份制知识的竞赛或宣讲。

这是一次由10万职工积极参与的股份制“速成”学习，就是从“速成起步”，马钢人终于走出了国门，走向世界。

马钢人的观念是在股份制改制的实践中逐渐转变的。几十年的传统观念和传统习惯与国际接轨的要求相碰撞，理论和实际、情感和理智出现了不和谐音符，不少职工议论纷纷。

有人说：“马钢这些年经济效益一直都好，为什么搞股份制？”有人说：“马钢是马钢人共同创造的，为什么非要劈成两半？”

有的老同志直接找到一把手，激动地说：“这个家不能分啊！我们不能听外国人的话。日子再紧，我们还是一家人，不要把几代人建设的马钢，在你手中分掉了。”

是啊！从理论上讲，谁都拥护改革，但改革一旦涉及到自身利益，安贫乐道、求稳怕乱的思想就会形成阻力，而站到改革的对立面怎么办？面对广大职工复杂而微妙的心态，公司党委把做好改制中的宣传思想工作提在重要位置。公司当时的党政领导语重心长地说：“我们不能让职工别着劲搞改制，要一个一个耐心地回答问题，要尊重他们的感情，弯子不要拐得太急。”改制是一场深刻的变革。这场变革如果没有十万职工的理解和支持，改制就无法进行下去。

各种座谈会、民主生活会，各个类型的调研会，分期分批举办的学习班，不同类型的股份制宣传材料等等，都成了广大职工的“抢手货”。当时，股份制改制的“大本营”设在马钢宾馆，这里几乎夜夜通明。各种各样的会议连轴转，很多同志干脆和衣而卧，打个盹又接着干。在那紧张繁忙的改制岁月里，即使是累倒在地的同志，也往往是到医院打了吊针又急急忙忙赶回来……前五年的账本，几十万字数据，几个房间都盛不下。各种资料，往往使人们从早上8点一直工作到次日凌晨。工作组的人们披星戴月，全体职工竭力支持，终于使中国钢铁"第一股"顺利地登上了国际经济大舞台。

改制不仅仅使马钢筹集到巨额资金，更重要的是使马钢十万职工率先上了市场经济这一课。改制使马钢人的思想观念得到了空前的转变。这次大变革对马钢人的思想观念、市场意识大有提高，在深化改革、转换机制、与国际接轨等方面，无论从深度广度，都提供了培育职工队伍的好契机。

改制成功，只是万里长征刚刚走完第一步，马钢要真正从计划经济转到市场经济的轨道上来，从粗放型经营转到集约型经营的轨道上来，马钢人还需要经受更大的考验，付出更加艰辛的努力。

问渠哪得清如许

十年树木，百年树人。四十年的风风雨雨，马钢职工队伍像大田里的禾苗，沐浴着党的阳光雨露，扎根于马鞍山这片热土，由小到大，由弱到强，不断发展，逐步成长。如今，已由铁厂时的数千人发展到今天拥10万多职工（包括离退休、江东公司）、其中二万多名党员的强大队伍。

如何建设一支思想素质好、技术水平高、作风过硬、纪律严明的高素质队伍，马钢党政领导历来有着完全的默契与清醒的共识，他们反复在各种会议上强调："马钢是一个有着艰苦奋斗优良传统的老企业，在推行市场经济，加快改革开放的新时代，人更需要精神支柱，振兴马钢经济必须有一支任何困难也压不倒、摧不垮的硬骨头队伍！"

百年大计，教育为本。培养这支队伍，需要规划、措施、人员、经费、时间等五保障、五落实。

1991年9月，秋高气爽，气候宜人。中共马钢公司一届四次全会隆重召开，在与会代表热烈的掌声中，一致讨论通过了《马钢公司八五社会主义精神文明建设规划》，总体上绘出了马钢育人育才、强化精神文明建设的美好蓝图。

蓝图变为现实，来自于广大职工的伟大实践。邓小平南巡谈话的春风，又为马钢的精神文明建设注入了勃勃生机。以抓住机遇、加快发展，建立社会主义市场经济为中心，以新型的人际关系、职工思想道德建设为内容，马钢对6万多名青工进行了“脱产轮训”，端正价值观，坚定社会主义信念，继而，马钢又成立了文明市民学校和51所分校，举办骨干培训班，安排三年轮训计划，编写文明市民、文明职工辅导教材、组织职工开展丰富多彩的文明市民文明职工教育文艺晚会，知识竞赛、五分钟演讲和文明教育三字歌咏等活动。有耕耘就有收获。这一年，马钢公司和八个二级厂矿获市“双基”教育先进单位称号，马钢公司内部表彰了29个“双基教育先进集体”。

四十年来，马钢始终把学习先进摆在炼钢育人的重要位置，坚持不懈。无论是50年代的学劳模，60年代学雷锋，还是70年代的学大庆、学解放军，都始终与企业的进步与发展紧密结合。尤其是改革开放以来，马钢坚持开展了一年一度的精神文明建设“双佳”评选活动，以“岗位学雷锋，行业树新风”为主题，不断把职工的思想道德教育引向深处。

1993年3月6日上午8时整，在车轮轮箍厂会堂门口，身着艳丽服装的80多名少先队员手捧鲜花，以热烈的“鼓号曲”迎来了“鼓浪屿好八连”和本市1992年度“双十佳”代表……

在这次报告会上，刚刚上任的党委书记王万宾发表了关于公司精神文明建设的施政纲领，他说：“马钢现在正处于改制和建立市场信念时期，要树立正确的理想、人生观和价值观，努力学习，刻苦钻研，用马克思主义理论和现代化科学文化知识武装自己，立足本职、忠于职守，做一颗永不生锈的螺丝钉。”

党委书记代表公司党政向全体职工发出了“岗位学雷锋，行业树新风”的号召！

这次会议为马钢的精神文明建设插上了翅膀，坚持百年大计、育人为本的道路更加明确。

马钢从1989年开始，先后聘请了雷锋生前所在连指导员欧阳华初、南京路上好八连副连长卢普友、国测一大队英模集体和鼓浪屿好八连代表、焦裕禄的女儿焦守凤、全国学雷锋标兵朱伯儒与张子祥、上海“两桥元勋”朱志豪、张家港人大副主任沙定国、全国劳模徐虎、爱民模范邱娥国、军校毕业扎根基层的模范连长沈方泉等来公司传经送宝。坚持每年都在公司内部命名表彰一批精神文明建设“双佳”集体和个人，至今已有100多个集体、单位和100多名个人受到命名表彰，其中13件事和15名个人先后被选入马鞍山市委、市政府命名的“双十佳”行列。

汤权奇，是马钢历届命名表彰的“双佳”代表之一。从他身上，我们可以看到马钢人的风采，他的事迹，体现着马钢育人育才的成果。

那是在马钢的重点工程，我国第一条H型钢生产线的紧张施工阶段，一封加急电报急急忙忙地递到了汤权奇埋头作业的工地上，他拆开一看，“女儿不幸夭折，速回料后”，不由得两眼一黑，几乎晕倒。工友们一看情况不好，纷纷围过来扶住泪流满面的汤师傅。

一名工友急忙从汤权奇手中抢过电报说：“快！我去请假，你回家收拾。”

“不！……你等等！”汤权奇抹干眼泪，痛苦地阻止了工友。当时，这项重点工程正处在紧张的浇灌混凝土阶段，急待安装几百个螺杆，他是骨干，在个人的痛苦与公司的全局面前，汤权奇毅然选择了后者！他恳切地对知情的工友说：“请替我保密，浇完混凝土，我立刻就请假。”

这就样，连续10天他不下火线，吃住在工地，汗水代替泪水，一直到一号主电室的最后一块天花板完工，汤权奇才匆匆踏上归程。

这是忘我工作的无私奉献！这是社会主义企业的希望所在。马钢10万职工筑起了这座社会主义的钢铁大厦。

像汤权奇一样的先进模范人物是这座钢铁大厦的栋梁。

1982—1998年，马钢树立了100多名标兵，命名、表彰了上千名先进人物；评出省级文明单位3个，市级文明单位42个，公司文明厂矿51个，文明处室49个，文明学校25所，文明班组3652个。

炼钢育人结出了累累硕果。

置身于当今这个日新月异的变革时代，人的思想观念、价值观念和道德观念正在悄然发生变化。

一方面，平等、时间、效益、创新、竞争、利益等许多新观念充实着人们头脑；另一方面，拜金主义、损人利己、唯利是图等腐朽思想也在侵蚀着一些人的心灵。

马钢人如何对待这些问题呢？一位在炼铁炉前干了20年的老工人，代表马钢10万职工，对这个题目交了一份令人满意的答卷。1988年，马钢给二铁厂下了特贡晋级指标，经过研究，厂部和车间决定给马成凯晋升一级工资。老马知道后，主动找到车间领导，诚恳地说：“给我升，我工作可能不会比现在干得更好；让别人升，我会干得更好。”

厂部和车间看他很实在，满足了他的要求。1989年，又一次升特贡，车间领导怕他又推辞，先做他的工作，老马再次诚恳地说：“领导的心意我领了，但我不能升，我是党员，又是支部委员，工作多干一些是应该的。”年轻的车间领导听了老马的话十分感动，眼睛湿润了。他说：“这不是我做老马的工作，而是老马在做我的工作啊！”1990年特贡晋级，马成凯仍然没有接受。

老马家里四口人，爱人在大集体工作，两个孩子上学，家庭经济并不宽裕。

在荣誉和利益面前，他三番五次地让给了别的职工，体现出崇尚的艰苦奋斗、无私奉献的精神，也体现出马钢人的精神风貌，更是新时期共产党员的优秀榜样。

一花独放不是春，万紫千红春满园。从1997年下半年开始，马钢进一步加大了精神文明建设的力度，明确提出了建设一支高素质职工队伍的目标。为了这一目标的实现，马钢从实际需要出发，调整了精神文明建设委员会，由两公司党委书记顾章根同志亲自担任文明委主任。文明委全委会讨论审议的第一件事，就是围绕培养高素质职工队伍的目标，充实和完善马钢精神文明建设“双佳”评比的方法。从1997年开始，马钢一年一度的双十佳评比，对深化“讲理想比贡献，学先进树典型”活动突出了量的概念，突出了先进性，使之更加科学化，制度化。

善于捕捉每一个积极、健康、向上的闪光点，并把这稍纵即逝的闪光点一个一个地连缀成一个覆盖整个钢城的光环，使文明之光不停地在马钢这块热土上闪耀，是马钢几十年炼钢育人的法宝之一。几十年来，马钢始终以职工的敬业爱岗为永恒的标准与基础，先后总结、培养树立了“干一行爱一行”的一线工人典型，“善于钻研，自学成才，有突出贡献”的青工典型，“关键时刻能冲得上”的党员典型，“精打细算严把质量关”的管理干部典型等等。平均每年有千人以上职工受到不同层次、不同类型、不同系统的表彰奖励。

塑造先进群体，浇灌文明之花，是马钢炼钢育人的又一法宝。从1984年开始，马钢紧密围绕生产建设经营，不断适应市场经济发展需要，把企业两个文明建设的方针目标纳入了省、市、公司三级文明单位创建行列，保证了物质精神融为一体，避免了“两张皮”现象，把邓小平关于“两手抓两手硬”的方针落在实处。公司二级单位，都把生产建设、经营销售、党的建设、科技教育、文明卫生、社会创建等各项软硬指标细化为64条标准，归纳为八类项目，制定出总分为200分的文明单位检查评比标准，把创建文明单位作为全面评价一个单位的综合荣誉，也成为炼钢育人的形象体现。到1997年年底，马钢共创建省级文明单位3个，市级文明单位42个，公司文明单位51个。

以人为本，始终是企业改革与发展的核心；物质与精神，永远是人类进步这个天平的两端，失去任何一端，社会都会失去平衡。企业只有抓住“人”这一根本，才能日益兴旺发达。为了保持这一平衡，为了抓住根本，马钢在炼钢育人中，十分注重办实事，丰富企业文化，树立良好的企业形象，不断增强马钢的凝聚力和向心力。

“职工的心，企业的根。”只要一到现场，随处可以看到马钢人爱国爱厂爱岗位、艰苦奋斗无私奉献的生动镜头。

流火的八月，酷暑挡不住马钢人的奉献情，高温阻止不了马钢人在赤日下的鏖战。

1998年8月6日清晨6点20分，与“火炉”南京紧紧相邻的马鞍山就已是骄阳似火，人们挥汗如雨，由机动部、生产部、气体销售分公司、修建工程公司、矿建公司、一铁、二铁、四铁、港务原料厂、三烧、三轧、二钢等参战的马钢三万五制氧机氧管并网工程及有关单位的检修之战打响了。

大高炉球罐区是“主战场”，像这样的“管道对接”处有11个作业点，分布在中板至二轧钢厂区内。工人们顶着近40度的烈日，面对难以忍受的灼烤，身着厚实的工装，在2米多高的机架上艰难地切割着。焊枪冒着熊熊火焰，操作工一边挥汗如雨地割着，一面用手使劲在早已被汗水浸透的工作服上一次又一次地擦去汗水，全然不顾那毒辣的日头，忘我地“手持彩练当空舞”……为了这次三万五制氧机的并网工程，公司保卫部出动了消防人员、经济民警40多人，动用了二辆消防车、三辆汽车，组织了医疗抢险小分队，确保并网工程万无一失。

经过一天的激战，到下午四点钟，11个管道对接主要作业点的焊割任务胜利完成，由于气温太高，焊割难度大持续时间长，从高空焊接完工的操作工已累得说不出一句话来。

如果说，马钢四大工程之一的三万五制氧机的氧管并网及检修仅仅是一朵小小的火花，那么，马钢H型钢厂轧线全线贯通，就是对马钢职工队伍整体素质的又一次大检阅。

1998年7月14日，这是一个令马钢人永远不会忘记的日子，总投资25亿元的H型钢轧线全线贯通。马钢人盼望已久的第一根H型钢产品诞生了。在场的领导和职工万分激动地，不眨眼地看着从加热炉出来的不到10米的坯件，依次顺利穿过开坯机、万能粗轧机组、万能精轧机，被轧成近50米的H型钢，锯切定尺后，进入冷床。H型钢厂轧线首次全线贯通，第一批试轧产品全部合格。顿时，全体人员齐声欢呼，所有参战人员更是充满喜悦、热泪盈眶，他们当即买来一个大蛋糕，共享喜悦，共同庆贺新产品的诞生。

7月27日，马钢首次外发的226×175×16×25毫米H型钢胜利通过了马钢质量检验工一丝不苟的质检；8月6日早晨，在“热烈欢迎各方客户使用H型钢产品”和“以一流产品一流信誉竭诚为客户服务”的醒目条幅下，在彩旗招展的欢乐气氛中，短暂的马钢H型钢首批合格产品外发仪式结束后，四辆满载H型钢产品的平板车披红挂彩，缓缓驶出H型钢厂。至此，马钢的H型厂正式踏上了市场经济的征程。为了这根红钢，为了这个大号的“H”，马钢的建设者们充分发扬一不怕苦、二不怕死的革命精神，排除万难，精心施工，用辛勤的汗水和智慧交出一份火红的答卷。特别是马钢总公司机电安装工程公司以“干重点工程、树奉献样板、创市场信誉、争经济效益”为目标，围绕H型钢等四项重点工程，近千名职工开展了周六义务劳动。一年中，380多名共产党员、70多名共青团员和600多名退伍军人周六义务劳动累计工日58200多个，为重点工程按计划进行作出了奉献。H型钢重点工程，不仅是马鞍山市也是安徽省的一项重点工程，设备安装总量需要600多天。由于50%的进口设备与我方要求的差误，额外增加工作量一倍多。为此，机电公司党政领导组织全体职工开展了以赛质量、赛安全、赛技术、赛工期为主要内容的劳动竞赛。为了重点工程，党政工领导率先垂范，中层干部身先士卒，共产党员吃苦在前，涌现出一大批忘我劳动、无私奉献、顽强拼搏、争创一流的先进典型：有连续20多天日以继夜不下岗的起重工，有以驾驶室为半个家的液压汽吊司机，有克服身体残疾、电气安装挑大梁的中共预备党员。机电安装工程公司上下齐心协力、顽强拼搏，终于确保了重点工程建设。

马钢四大工程建设的成功深刻地告诉人们、告诉历史：马钢的职工队伍是过硬的，有这样一支队伍，什么样的困难都能克服，什么样的难关都可以闯过去！

这正是社会主义国有企业的力量所在！希望所在！

（选自报告文学集《钢铁征程》安徽人民出版社1998年8月出版）

企业盛开文明花
——马钢精神文明“双十佳”评选表彰活动纪实

题记：我经常会遇到不同的人问我的一个相同问题：“你为什么对任何人都看不到缺点？”答案就在32年前的这篇《企业盛开文明花》之中。

我于1984年到马钢党委宣传部，一直从事精神文明建设方面的业务工作。自1989年开始，马钢组织开展了一年一度的精神文明“双十佳”评选活动，从此，每天与如此鲜活的身边人和身边事温情相伴，无比感动。

他们都是平凡的人和事，平凡的人和事却真切地闪耀着“真善美”的光辉。“双十佳”感动车间班组！感动马钢！感动马鞍山！

“双十佳”是看得见摸得着又可敬可学的榜样！

我参与采撷和宣传他们的具体工作十一年，也是向他们学习的十一年。所以，看身边人身边事，潜移默化地养成了随时捕捉“光彩”的思维定式。

为此，特选编32年前这篇原汁原味的《企业盛开文明花》，再次表达对“双十佳”的敬意！

编者按：马钢两公司第二届党代会即将召开。自1989年第一届党代会后至今的十年来，马钢又发生了巨大变化，出现了崭新的面貌。企业生产经营不断发展，改革不断深化，两个文明建设取得长足进步。本篇就是他们在企业精神文明建设方面的成功做法。

自1989年以来，马钢每年都要开展“双十佳”评选，表彰精神文明先进典型，两公司先后已有99个集体和101名个人受到表彰，形成了“讲理想、比贡献、学先进、树典型”和“岗位学雷锋，行业树新风”的先进群体。从公司到各二级单位做到好人好事有人夸，爱岗敬业的新人新事不断涌现，充分展示了马钢人跨入新世纪朝气蓬勃的精神风貌。

1989年，马钢发出了《关于开展马钢首届精神文明建设“双佳”评比活动的通知》，并邀请了雷锋生前所在连指导员欧阳华初作专场报告，结合企业实际树立自己的典型。公司一铁厂干群奋勇抢险，避免了一起高炉严重事故的事迹，被评为马钢首届“双佳”集体后，又以满票被评为马鞍山市第一届精神文明建设“双十佳”。

一石激起千层浪。马钢首届精神文明建设“双佳”评比活动的开展，极大地调动了各二级单位讲理想、比贡献、学先进、树典型的积极性。紧跟着，各系统、各部门、各单位的“双佳”“双十佳”“岗位明星”“十佳青年”“十佳炉机长”“十佳操作能手”等形式多样的先进人物和先进事迹、好人好事评比活动普遍开展，鼓舞和激励了广大职工为马钢的两个文明建设建功立业。

榜样的力量是无穷的。置身于当今这个日新月异的变革时代，马钢人应该具备什么样的思想观念、价值观念和道德观念？被评为第四届马钢精神文明“双十佳”的李荣农，以精湛的医术和高尚的医德为矿山职工服务，回答了这个问题。为了掌握蜂疗医术，他自费买白糖养蜜蜂；为了练就过硬的针灸医术，他冒着生命危险，多次在自己身上探穴位，试针感，经常为了试验把自己的脸和手扎得青一片紫一片，有时肿得很严重，从不声张。终于练就了一根“魔针”，碰到骨伤筋伤之类疑难病症，真能“针”到病除。在北京亚运会上，我国一名著名举重运动员重伤缠身，四处求医不见好转。有人向国家体委推荐了李荣农，他果然不同凡响，两个疗程过去，被许多医院认为无法治愈的这位举重运动员重新站了起来，并取得了优异成绩。李医生名声大振，国家体委多次挽留，被他婉言谢绝。近几年，深圳珠海有关人员闻讯赶来，高薪聘他去特区“挂牌”，他恳切地回答说：“矿山需要我，我不愿意离开矿山职工。”人心比金贵，李荣农，有颗金子般的心，影响和激励着马钢人，尤其是南山矿业公司广大职工认真学技术，立足岗位成才。

职工的心，企业的根。越是困难的时候，越能考验马钢人的勇气和意志；越是关键的时刻，越能体现一个单位的主人翁精神和集体力量。1990 年 12 月 11 日，是一个极平常的冬日。这天，检修工人正在焦化厂一号焦炉煤气管道堵盲板，突然从 2 号焦炉蹿出一股明火，与外溢的煤气碰撞，随着一阵轰鸣，顿时腾起浓烟，现场变成一片火海。如果不能扑灭烈火，不但焦炉、煤气管道和护铁件随时可能塌陷，所有在场人员都有被大火吞噬的危险。在最危急的关头，英雄的马钢人仅仅用了 3 分钟，几百名职工和武警消防官兵，公司和有关部门领导，就齐刷刷地赶到现场，有组织地打响了一场扑救煤气着火的抢险战役。脸被烧红了，感觉不到疼痛；抱水枪的胳膊不能动了，才知道早已麻木，第一梯队筋疲力尽，第二梯队赶紧冲上去，紧接着第三梯队、第四梯队，分批冲到火场最前沿。经过 3 个小时的奋战，烈火终于被扑灭了。英雄的马钢人在烈火的考验面前，向党和人民交了一份合格的答卷，谱写了一曲奋勇抢险的高昂战歌！

物质有度，精神无价。面对市场经济大潮的考验，面对金钱、名利的诱惑，马钢人如何看待？马钢质监中心质量疑异科科长王伟明以其实际行动作出了响亮的回答。一次某乡镇企业在使用马钢的线材拉丝时，以断裂为借口要求赔偿80万元。当她急急忙忙赶去处理时，发现并非是马钢线材质量有问题，而是对方的技术不到位。在这种情况下，她并没有简单地一推了之，而是用自己高超的业务技术，手把手地教对方如何操作如何改进工艺。当用户按她教会的技术拉出高质量的钢丝时，对方非要以高薪聘她为高级专业人才，至少邀请她为该厂的业余指导，但都被她婉言谢绝了。

在马钢“双十佳”先进个人中，还有一个“钢城的党义”的故事。故事的主人公名叫税丕先，四川省泸州人。他1969年插队到了古蔺县，在偏僻的山村里认识了一位普通的农民张镇中。张镇中的父母多病，妻子也长期遭受病痛的折磨，全家人仅靠父亲的退休金度日，不久又因父亲单位倒闭而断了全家人的生活来源。在极其困难的情况下，税丕先一片真挚的爱心，拿出自已身上仅有的20元交给张镇中，使这只濒临倾沉的小船重新扬起生活的风帆。从那时起，不论税丕先参军、提干，还是转业到马钢当了施工队党支部书记，他一直默默无闻地用“党义”的名字给张镇中家中寄钱，直到张镇中家里人无意中向老乡透露，大家才发现了这位令人敬佩的“党义”。税丕先用他那殷殷赤诚之心，谱写出一曲情和义的颂歌。

马钢开展“双十佳”评选活动，以建设一支思想素质好、技术水平高、作风过硬、纪律严明的高素质职工队伍为目标，随着企业改革和发展的实际，适应市场经济发展的需要，这一活动方式和内容得到了不断发展和完善。

如今，马钢公司已有40多家二级单位每年开展名称不一、内容一致的精神文明建设评选活动，成为马钢加强两个文明建设的一条亮丽的风景线。

马钢坚持“以人为本”的经营管理理念，通过广泛深入开展评选“双佳”和“双十佳”活动，进一步改变了企业职工的思想教育由过去的单一的靠理论灌输和政治教育形式，向更多地融入企业文化建设和企业形象塑造的方向发展。因此，马钢坚持深入开展评选“双十佳”活动，对探索开创新形势下企业加强精神文明建设的新路子，有着深刻启示：

启示之一，使企业宣传部门找到了如何加强两个文明建设组织活动的有效途径。“手中有典型，说话有力量”。马钢每年的“双十佳”评选过程，确实能使企业的精神文明建设和思想政治工作更有针对性，收到更理想的效果。充分发挥“双十佳”的典型示范作用，能使职工在市场经济条件下坚守理想、道德、责任、正义等这些珍贵的财富，继承和发扬马钢人艰苦奋斗、无私奉献的优良传统，学有榜样，赶有目标。因为入选“双十佳”的，都是职工身边的平凡人、平凡事，虽然没有多少轰轰烈烈的辉煌业绩，但是，由于闪耀着社会主义荣辱观和价值观的光芒，体现着全心全意为人民服务的宗旨，体现着爱国爱厂爱岗位的马钢情神，就能起到“点亮一盏灯，照亮一大片”的作用。

启示之二，开展评选“双十佳”活动是企业两个文明建设的最佳结合点，很受企业界欢迎。马钢评选活动始终坚持以生产经营建设为中心，把广大职工的理想、信念引导到为企业生存和发展做贡献上来，使职工在岗位上树立远大理想，在工作中坚定信念，以出色的业绩实现自己的人生价值。

在马钢，有的二级单位为振奋职工精神，鼓舞职工斗志，每年由评选一次发展为评选两次。第二炼钢厂为冲出困境，去年先后评选两次，都由厂党政领导亲自为“双佳”代表颁奖。该厂年仅 24 岁的连铸机长陈军去年在一次发生了低温堵流故障中，带领全组人员全力以赴，以过硬的技术，保证了钢水正常出钢铸环。去年年底，2 号机两流铸坯因剪而引发结晶器挂钢被迫停浇。停掉一个流，就等于下一班要减少四分之一的生产能力。陈军边组织生产，边冒着高热浪进行二次引锭，终于在下班前重新恢复了第二次的正常运转，为下一班生产创造了有利条件。正是有大批像陈军这样的"双十佳"典型，不仅干好当班生产，还关心下一班的生产，使第二炼钢厂去年的生产经营全面上了新台阶。陈军本人不但被评为厂里的"双十佳"人物，而且以满票被评为马钢1998年度"双十佳"个人。

启示之三，马钢坚持评选和表彰"双十佳"活动，是适应市场经济发展、建设企业文化、塑造企业形象的重要手段。企业精神文明建设和企业文化、企业形象在内容上是一致的。"双十佳"评比，既是对马钢当年精神文明建设的总结和检阅，又是企业文化和企业形象建设的充分展示。目前，马钢已经形成了评比表彰制度。公司每年评比表彰一次，并和各二级单位开展的"双佳""岗位明星""月评十佳""杰出青年""十大新闻"等精神文明活动融为一体，形成了弘扬马钢精神，塑造马钢形象的良好氛图。在评选中，他们十分注重评选活动的群众性、代表性和时代感。在历届"双佳""双十佳"先进群体代表中，既有为马钢的生存和发展作出无私奉献的工程技术人员、一线工人的典型事迹和个人；也有品德高尚、克己奉公、精通业务、文明服务的岗位明星；还有关心社会与他人、嫉恶如仇、见义勇为、抢险救急、助人为乐、移风易俗，在树立良好的社会主义道德风尚中产生了很大影响的动人事迹与个人。马钢开展评选"双佳"和"双十佳"活动，不搞"终身制"，每年一评，定期表彰，确保评选的典型有时代感，有较强的生命力和活力，使之成为激励马钢人顽强拼搏、奋发向上的强大推动力。

（发表于1999年11月29日《马鞍山日报》头版；
2004年5月以《春风吹来花更艳》为题，
刊登于由安徽人民出版社出版的《春风·芳华》一书）

马钢哺育我成长

我离开马钢五年了。五年来，每当我想起在马钢奋斗的激情岁月，总会有一种难以忘怀的激动。马钢给了我成长的平台。尤其是80年代末，我参加马钢爱国卫生大会战的日日夜夜，更是马钢炼钢育人的真实写照。

1989年初春，马钢开展爱国卫生运动大会战。为了坚决打赢这场硬仗，马钢成立了“精神文明建设指挥部”，将宣传部的精神文明建设、卫生处的爱国卫生和厂容绿化这三个部门的相关业务进行整合，形成“一部两委”指挥部，下设办公室，我被安排在办公室的宣传组，主要任务是编简报。

对我而言，这是一项陌生的任务，却也给了我一个全新的环境，一个全新的学习平台。是马钢的领导和职工对我的“传帮带”，使我这个原本对钢铁、爱国卫生、厂容厂貌等相关业务一无所知的门外汉，不仅学到了专业知识，更重要的是通过参加这场会战，让我对马钢人艰苦奋斗、无私奉献的光荣传统有了更深入的理解和吸收。

我虽然当过语文老师，但毕竟隔行如隔山。再加上刚从黄河流域跨到长江流域，南北方诸多生活习惯有不小的区别，我实际上面临着生活和工作双重适应的问题。从生活上讲，我原先生活的小县城还没有用煤气，我得从最简单的使用煤气的“开和关”学起；在工作中，环境卫生、厂容、道路、路灯、公厕、垃圾、“黄土不见天”、绿化美化等等再普通不过的文字，对我而言，却都是非常陌生甚至神秘的音节。所以，刚开始编印这种专业术语比较强的简报，是马钢的领导和同事手把手、一字一句地教我的。对每一期的头条简讯，都是办公室领导亲自修改并请指挥部领导亲自审核后才打印的。如果遇到上级检查，送到检查组成员手里的简报头条，重要稿件都是办公室领导亲自撰写，因为稿件中的具体数字和厂容厂貌的准确描述与照片，直接关乎阅读简报者对马钢的评分。

那时候，打印设备简陋，唯一的一台“四通”打字机老卡壳，连体打印机还没有普及。所以，简报的内容审定后，我经常为打印之事四处联系，请求八方支援。有一次在上级检查组莅临前夜，领导急需审查简报，谁知“屋破偏逢连阴雨”，办公室所在之地的电闸总线路“跳闸”，四周顿时一片寂静。情急之下，办公室领导果断启用了早已不用但还没有“处理”的旧设备，连夜“油印”简报，确保了“迎检”任务顺利完成。

编写简报的过程，本质上是我这个门外汉向英雄的马钢人学习的过程。

马钢有着辉煌的历史——1963 年 11 月 18 日深夜，第一只国产车轮试轧成功，随着无线电波，中国拥有自己生产的车轮轮毂的消息飞向世界。当年，中央新闻记录电影制片厂把“马钢生产车轮轮毂”同“大庆油田”“万吨水压机”和“原子弹爆炸”作为我国工业战线上的四大喜讯，编排在同一集《新闻简报》中，在全国放映。

车轮轮毂会战结束后，马钢人创造了“三清、四无、五不漏、规格化、一条线”的文明生产经验，以“江南一枝花”享誉全国。

但十年“浩劫”使“江南一枝花”遭受摧残。到 80 年代，在创建全国卫生城市和全国文明城市之初，马钢的厂容厂貌和环境卫生是不尽人意的。为此，马钢以马鞍山市创建国家卫生城市和文明城市为契机，组织开展了既轰轰烈烈又扎扎实实 的“爱国卫生运动”大会战，从最基础的整治“脏乱差”入手。

为了彻底整治“脏乱差”，马钢从公司领导到每一名工人，人人都有“门前三包”的具体指标，人人都有规定的平方之内苍蝇、蚊子、蟑螂的存在数量的考核要求。为了达标，90% 以上的职工都是完成本职岗位的任务后，充分利用业余时间动手完成任务的。无论是刚从钢花飞溅的炉台下来、身穿被铁水烧成网眼工作服的小伙子，还是才从震耳欲聋的矿石粉碎机旁离开的姑娘们，一转身又投入到自己承包的“责任田”中，拖地、冲洗、擦玻璃；拉板车、挥铁锹，清运垃圾……马钢人信奉“艰苦奋斗，无私奉献”，在还没有实施“双休日”的岁月里，每周仅有的一天休息日，大多数职工还是主动放弃，心甘情愿地投入到爱国卫生运动大会战中。

记忆特别深刻的一次，是厂区内鼠患肆虐，成群结队的老鼠在夜里，集体从南楼行进到北楼，“狮子大开口”地咬断了高炉中控室的电缆线。对此，“两部一委”紧急召开专题会议，研究部署了“灭鼠方案”，60 多个单位组织力量在深夜零点统一行动，把当时能用的鼠药、夹板、粘粘板等等所有的手段都用上，从当天晚上 7 点开始，一直到第二天早晨 8 点开始检查验收，大家整整干了一夜，终于让灭鼠任务达标。

有一天，为了更好地落实《马钢厂容绿化发展规划》，办公室领导带着我，踩着窄窄的钢管楼梯，爬上了烧结厂一座炉子的最高顶层。放眼望去，马钢厂区的大部分容貌尽收眼底：有一段未经整治的道路上，废土、废渣、铁屑等固体废弃物随处随地倾倒，汽车、火车等运输中不时抛撒、抢焦炭的人群“奋不顾身”……“断头路”多处断路不断头。厂区内带小孩的，卖食品的来来往往，挑水果担子和拎菜篮子的南来北往，工人自己盖的“家属宿舍”院内鸡鸭猫狗，品种齐全……

面对这一段未经整治的“硬骨头”，怎么办?埋头干!英雄的马钢人发扬“愚公移山”精神，主动放弃了休息日，充分利用业余时间，先从最基础的“门前三包，门内达标”入手，以“三清四无五不漏、规格划一条线”为标准，日以继夜地埋头苦干，垃圾一锹一锹地铲，老鼠洞一个一个地堵，烟头一个一个地捡，终于搬走了渣山；清除了厂区内高压线下的“家属宿舍”；驱散了原一钢厂平炉的黄烟（即群众俗称的“黄龙”）；赶走了弥漫在马钢厂区上空的焦化厂、烧结厂的烟尘，从此，它不再不定时地随着风向刮向市区；收纳并开发了钢锭、钢屑的“再利用”；并把马钢厂区和周边农村相连接的“城乡结合部”，建成了“春有花好夏有荫、秋有果实冬有青”的“花园式”景点。

弹指三十年。经过一代又一代马钢人的辛勤耕耘，如今取而代之的是风景如画、机器如歌的绿色厂区，真正实现了“江南一枝花”常开不谢，常开常新!

五年后，当我再次回到马钢，徜徉在这四季飘香绚丽多彩的“钢城花园”，眼前不禁浮现出自己30年前编写“会战简报”中的稚嫩与生涩……

也就是从那次大会战开始，我的笔墨逐渐与“苍蝇、蚊子、蟑螂、老鼠、现场管理、企业管理、钢渣、铁水、门前三包、门内达标、爱国卫生、厂容环境、生态文明……”等在教师岗位上比较罕见的鲜活词汇文字结下不解之缘。

30多年前那次难以忘怀的大会战，自1989年4月掀起，一直延续到1990年，马钢干部工人参加义务劳动上百万人次，清除20多万吨沉积多年的工业垃圾和废钢渣；结合厂容绿化，植树30多万株，垂直绿化3万多株，栽植绿篱2万多米，种植草皮5万多平方米，清运垃圾61841吨，填平洼地93322平方米，平整场地273538平方米，疏通沟渠207.2公里，拆除违章建筑469间、计7189平方米，回收废钢26741吨，回收其他废旧物资4603吨。

都说数字枯燥，但在我的脑海里，英雄的马钢人用辛勤和汗水浇灌的这些数字，却像一个个美妙的音符，组成一首又一首既波澜壮阔又悦耳动听的交响曲，为光彩夺目、清香四溢的“江南一枝花”弹奏！

哦，不对！想起来了，马钢不仅仅是“江南一枝花”，而是“全国一枝花”！当年，国家卫生城市检查团对马钢的成就给予了高度评价，时任国家爱委会常务副主任张义芳为马钢题词：“马钢爱国卫生好，堪称全国一枝花。”

《马钢爱国卫生运动会战简报》，真实地记录了马钢从“江南一枝花”到“全国一枝花”的每一个脚印，记录了马钢人的每一滴汗水。最重要的是，我从中懂得了有中国特色社会主义企业的本质，学到了有益于自己终身成长的理论与实践。

我学到了马钢人“创造、创业、创新”的企业精神；学到了“艰苦奋斗、无私奉献”光荣传统；学到了工人阶级钢铁般的严明纪律；学到马钢人求真务实、积极向上的阳光心态；学到了马钢人瞄准国际同行先进标准，不畏艰险勇攀高峰的苦干实干行动；学到了国营企业回报社会、扶贫赈灾的拳拳爱心与博大胸怀！

30年前，我从黄河跨到了长江，在这个南北跨越的进程中，马钢给予我学习的机会，给予我用武之地，是平凡而伟大的马钢人给我树立了成长的榜样！退休5年，虽然在“带薪保姆”的柴米油盐中了无痕迹地磨去了青春的激情，但今天回到哺育我的厂区，再次仰望熟悉的大高炉，吮吸着马钢厂区沁人心肺的花草清香，红红的炉火又一次点燃我的青春篝火。重温当年激情燃烧的岁月，重温当年在厂区四处奔波的奋斗时光，不禁浮想联翩，回味无穷！虽是黄昏忆，依然无限美！

感谢马钢，哺育我成长！祝福马钢，明天更辉煌！

2018 年 4 月 18 日
（以《哺育》为题，刊登于 2018 年 7 月 8 日《马钢日报》）；
入选 2018 年 12 月《庆祝马钢成立六十周年文集》）

上海人剪影

（一）

我是 1984 年 3 月，随从部队集体转业的丈夫而调到马鞍山马钢（现为中国宝武马钢）公司的。初到马鞍山，与上海人为邻，邻居间的人情往来，让我见识了上海人的教育理念。

我们住的房子是一梯两户模式。我住二楼，对门是本地人。一楼的两家，分别是北方人与上海人。远亲不如近邻，近邻不如对门，邻居间就是一个大家庭，有事拉开门喊一声就行。一楼的两家更是如此，北方的“特色辣”与上海的“特色甜”经常互换品尝，两家连续多年被评为“五好家庭”和“友好睦邻”。

两家人的变故发生在 1984 的农历除夕。那天下午像往年一样，北方人端了一篦子包好的饺子，敲开对门上海人的门，美滋滋地要送给对门，没想到上海人却反手把门关闭，挽着北方人走到楼外边说:“阿英（化名），侬勿要来我家了，我儿子 7 月 7、8、9 号高考，高考结束侬再来敲门。”北方人没吭声，生气地端着饺子进屋，“砰”的一声，把门重重地关上了。

之后，两家人不再来往。

上海人告诉我:“高考是全家人的大事，本来每年要回上海过年的，因为高考，放弃了回上海过年的计划，年三十和大年初一，都是下一碗馄饨吃，然后照样按计划复习……”

北方人到我家来拉家常：“他们家（指上海人）两口子在江边港务原料厂上班，离家最远，她儿子又和我家儿子同年级不同班，我这么多年照顾她儿子，我们就像一家人一样，怎么会说变就变呢？我实在想不通……”

“她儿子高考……”我话刚开了个头，北方人就很生气地打断了我的话，呛声呛语地说：“考什么考？借口！高考还能大过年？我儿子也高考，大年初一到初三不照样放松三天吗？”

说得也对，在北方人的脑海里，“过年”是天大的事，什么都得给“过年”让步。

但在上海人的心目中，“高考”大于天。

1984年夏季，上海人的儿子考取了清华，不久自费到美国留学，接着成为美籍华人，入选美国科学院院士，定居在硅谷。其父母享受赴美不用签证的待遇。上海人喜气洋洋地辗转于美国、上海和马鞍山三地，过着惬意的日子。

北方人的儿子当年考取的是安徽大学，毕业后分到合肥（那时候大学毕业包分配），后调回马钢。现在四世同堂，北方人依然在马鞍山，整天忙着奔波在儿子、孙子、重孙子重孙女家“包饺子”，享受着辛苦而快乐的日子。

30多年后的一个除夕夜，我们楼里的老邻居们在微信里分别晒出了年夜饭，北方人和大部分邻居除了丰盛的鸡鸭鱼肉，都少不了饺子。远在美国的上海人晒出的是硅谷宽敞漂亮的住宅和带游泳池的院子，客厅的墙壁上一个和蔼的“圣诞老人”在微笑。

两家人在线上恢复了往日的友情。

从此，我从上海人身上学到了“高考大于天”的教育理念。

（二）

2013年10月，我正式退休，到上海来带外孙。外孙上小学之前，每天的必修课是带着他到小区广场上去玩。其间，外孙交了一个比他大3岁的好朋友，这个小哥哥每天带着我外孙骑自行车、骑滑板车；带着外孙捉迷藏玩游戏，两个小孩在广场上跑来跑去，十分友好。当时，我外孙上幼儿园大班，这个小哥哥已经是该上小学二年级了，但他没有上学，依然整天带他的妹妹，当一帮四五岁的小朋友的孩子王。广场上的家长们聚在一起都在议论：这么大的孩子不上学，要被耽误的，很为他惋惜，但没有人劝说。

一个阳光明媚的下午，广场上来了一位推着童车带一个漂亮的小女孩到广场玩的新面孔，她是上海人，刚刚搬来不久，虽然升格为外婆，但看她匀称的身材，白净的面庞，衣着得体，举止优雅，大家不喊她“奶奶”，都喊她“大姐”。她悠哉游哉地推着童车到来时，小哥哥正踩着滑板车在她的童车旁飞驰着擦肩而过……

好险啊！当心点……大家异口同声地惊呼的同时，又七嘴八舌地聊起小哥哥超了年龄不上学的话题。这位“上海大姐”听清楚话题后，迅速把童车停下来，自己一路小跑，急匆匆追上了小哥哥，操着满口上海普通话，很不客气地对小哥哥说：“小帅哥，去，赶快回家把你的家长叫来……”广场顿时鸦雀无声，大家都在想，这个“上海大姐”要找小哥哥的麻烦了。

很快，小哥哥乖乖地和他爸爸妈妈一起来到了“上海大姐”面前，小哥哥的妈妈忙不迭地要道歉，“上海大姐”却打断说：“找你来不是要你道歉的，而是想告诉你，你要想办法赶快让儿子上学。你跟我到我家楼下，我给你一份上海幼升小的招生文件。你儿子卖相这么好，个子长长的，不念书实在可惜了，孩子长大不管做什么，都是要文凭的……”

广场上的人们纷纷投来钦佩的目光。因为对这个小男孩的惋惜，我们都是有想法，没说法。

这位“上海大姐”像犹太人。在一次幼儿园组织的“父母课堂”讲座上，老师给我们讲了一个犹太人的故事。说从大陆移民到以色列的一位妈妈在晾衣服时，她的孩子站在一边看，邻居以色列人立即不客气批评孩子：“你怎么可以看着你妈妈晾衣服而不帮忙呢？赶快动手啊……”批评完孩子又转向妈妈，依然不客气地教训说：“你不可以这样的，要让孩子晾或者你和孩子一起晾……”

（三）

一个细雨濛濛的上午，我独自一人第一次去上海图书馆借书。上图好大好大哦！盯着指示牌，过了几道安检，进入借阅室后，我真觉得自己是“周姥姥进了大观园”，虽然在电脑前操作了无数遍，也在借阅室的走廊里穿梭了无数遍，但就是弄不明白借阅规律，更找不到我想借阅的书。正当我急得额头冒汗、焦急无奈时，一位身穿蓝色工作服的图书管理员轻轻地来到我身边，他手把手地教我电脑操作，轻声细语地告诉我借阅室的陈列布局，帮我在C区找到我要借阅的书。之后，“上海大哥”要我稍等，他快步到服务台给我拿来一摞上海图书馆和全市各区图书馆的相关资料，反复告诉我：拿着上海图书馆的读者证，可以免费到就近图书馆借阅图书，如果一个图书馆借不到你想借的书，可以在其他图书馆查询，只要有时间，还可以参加各个图书馆举办的诸如“朗读者”之类的各项活动等等。

到了午饭时间，这位“蓝色书哥”又亲自领着我到食堂，我跟在“蓝色书哥”后面，吃了一份香喷喷的快餐。

午餐后再次回到二楼社科阅览室，“蓝色书哥”轻轻地在前面引路，领着我一层一层地熟悉图书馆的布局，一间一间地把具体分类讲给我听，然后根据我的需要，告诉我阅览、复印、书架上不同字母代表的不同类别。当我找好我需要的资料复印时，“书哥”把我领到服务台前，专门对服务员说：“她（指我）第一次来这里复印，请多关照。”

令我喜出望外的是，“书哥”得知我在带小孩后，专门领我到“少儿图书室”，亲切地告诉我，小学生可以凭学生证件办理借书证。这可太好了。

第二天，当我带着外孙去上海图书馆办理少儿借书证时，我就如鱼得水，游刃有余了。

也许有人要问：上海作为国际大都市，其美丽、魅力、超前、规范、安全、灵气以及宜居的大美环境你不写，上海人“海纳百川，仁心友爱”的博大胸怀你不写，上海的“红色文化”与“海派文化”的完美融合你不写，为什么偏偏选三个平凡的上海人“上镜”呢？

我的回答是，伟大出自平凡，把平凡做到极致就是伟大。我爱伟大的上海！更爱平凡的上海人！

2019 年 9 月 20 日

“娘家小弟”诗人欧震

2019年11月10日，我在上海斯格铂尔曼大酒店46楼的会议室聆听了来自诗城马鞍山的欧震教授的“中国心·心中国”诗歌创作朗诵专题讲座，不仅受益匪浅，更是浮想联翩……

论辈分，欧震教授是我“娘家”马鞍山的帅哥小弟（今天的流行语该称小帅哥耶）。欧震，1963年生，诗人、词作家，马鞍山人，南京艺术学院客座教授。他创作的《青春中国》，成为近年网络点击率最高的有声文学作品之一，并被国家有关部门列入“中华经典进校园”活动的作品名单；同时，与其姊妹篇《不朽》被一些高等院校编入大学语文教材和播音主持专业的教材。在音乐作品创作（作词）方面，他曾数次获得过文化部等颁发的音乐作品创作奖和安徽省“五个一”工程奖，还著有歌词集《梦中的海》。

虽然马鞍山只是安徽省的地级市，于1958年建的市，原来是当涂县一个只有八户人家的小村庄，但却是个历史悠久、文化深厚的地方。马鞍山名字本就源于一个历史传说，相传楚汉战争时，楚霸王项羽被困垓下，四面楚歌，败退至和县乌江，请渔人将心爱的坐骑乌骓马渡至对岸，后自觉无颜见江东父老，自刎而亡。乌骓马思念主人，翻滚自戕，马鞍落地化为一山，马鞍山由此而得名。早在六朝时期，许多名公巨卿、贤达雅士就流连驻足马鞍山，留下众多古迹和文化遗存。

马鞍山先后获得全国文明城市、国家公共文化服务标准化建设试点城市、全国科技兴市试点城市、皖南国际旅游文化示范区、首批国家信息消费示范城市、中国诗歌之城、全国卫生城市等殊荣。而我所在的马钢早在60年代初就有过一段“北有大庆，南有马钢”的辉煌历史。20世纪60年代因实现“三清、四无、五不漏、一条线、规格化”的文明生产创举，马钢被誉为全国冶金战线的“江南一枝花”。

马鞍山以钢铁建市，本应叫“钢城”。因这里是李白的终老之地，留有“太白墓”，自2008年起，马鞍山遂创立了“李白吟诗节”。到2019年，马鞍山已成功举办了31届“马鞍山中国李白诗歌节”；举办了12届“李白国际户外旅游节”等群众活动。因此，马鞍山同时被称为“诗城”。

我与这位“娘家”小弟的缘分，要追溯到30多年前——

30多年前，我在马钢党委宣传部当干事，当时的《马钢报》属马钢党委宣传部，《马钢报》社招聘编辑记者，欧震以名列前茅的分数被录取。所以，每周一次的政治学习或者召开例会，我们都在一个会议室里见面。我清楚地记得，在当年第一批通过严格考试录用的十名编辑记者中，欧震是“未见其人，先闻其名”，一是听说欧震的考试成绩相当好，二是听说因为欧震是个已有文学作品在报刊发表的“才子”。所以，被录取的新人第一次在会议室和大家见面，逐个作自我介绍时，大家都对欧震充满了希望，希望他用诗一般的妙语连珠，潇洒地一展“才华”。结果却大大出乎我们的意外，轮到欧震发言时，这个身材魁梧、长着浓密络腮胡子的帅哥，竟然腼腆得如同新娘子，自我介绍言简意赅，声音很小。所以，见面会结束后，大家评论说：“欧震更像高仓健……”

不久，这批新人正式上岗，欧震的“才气如泉涌”。当年的《马钢报》一周三刊，隔日抢阅《马钢报》的第四版成了众多马钢人的期待，因为欧震是第四版的编辑，不仅可以欣赏到欧震的原创，还能够分享他所编辑的每一篇美文的喜悦。毫不夸张地说，当年，无论是欧震的阿姨辈，还是同辈，都是这位“帅哥诗人”的“铁粉”。

欧震的才华很快走出马钢、走向全国，凭借着诗作《青春中国》《不朽》《和你一同老去》《稻草人》《诗意中国》《美丽中国》《月光下的中国》《秋天里的中国》……

相对于大多数先喜欢作品进而喜欢作者的“粉丝”而言，我则是先熟悉欧震本人，而后被其作品感染的。20多年后，再次聆听欧震的讲座，真的是倍感亲切，倍受感染！

有人说，欧震的讲座，内容丰满，声情并茂，诗歌创作的精髓如数家常，娓娓道来。有人说，欧震现场朗诵的激情与深情恰到好处，让观众屏声息气之后，爆发出雷鸣般的掌声……

但我对小弟的这场讲座还可以增加我自个的感受、感悟——七个字：“真诚、真爱、真接地气”。

“真诚”是欧震誉满大江南北的基石。我大致统计了一下，欧震在整场讲座中，“真诚”二字至少讲了23次以上。他讲到“诗人”首先是人，人的第一要务是生存，首先要生存下来，才能写诗。他讲到创作要“真诚”，朗诵要“真诚”，诗歌创新与技巧更需要“真诚”。八首写中国的诗歌，“每一首都是写给中国的情诗”，是最“真诚”的情诗，是他“真诚”的写照和奉献。

记忆犹新的，是他当评委的一件小事。30 年前，我们单位组织“走进家庭，贴近幸福”征文演讲比赛，荣获征文三等奖以上的选手有幸到马钢电视台演讲。在众多来稿中，有从网上荡下来的文章，文笔流畅，文辞漂亮；有的作者单位的领导与欧震打招呼，希望给予照顾；还有的是欧震的学生。但不论任何关系，欧震作为评委，他坚定地把是否有“真情实感”作为唯一标准。最终，凡经欧震认可的选手，无论是《征文汇编》还是电视演讲，都得到马钢大多数职工的高度赞赏。正如他在讲座中谈到的，“从来不写标语、口号”。几十年如一日，他是这样做的，也同样以此要求他人。

“真爱”是欧震取之不尽的源泉。他孝敬父母，挚爱家庭，双休日首先安排回家陪伴父母，温馨地享受“妈妈特别乐意给儿子盛饭的感觉”，废寝忘食地完成妈妈的“命题诗”。儿子备战高考，他忘我地陪伴指导。他爱马鞍山，爱马钢。大爱无疆、真爱无边。他怀着满满的爱，把一支饱蘸“真爱”的彩笔触及到祖国的每一个角落，挥洒华夏炎黄 5000 辙的年轮，浓妆淡抹出“如花的中国，如画的中国”。

“用茫茫的夜色作墨 / 用疮痍的土地作纸……/ 哦，中国，我要为你写一首诗 / 用太阳金色的语言 / 用心海浩瀚的蔚蓝 / 哦，中国，我要为你画一幅画 / 用春天百花的色彩 / 用五星红旗的光芒 / 今天，一个大写的中国 / 让人读得光明、读得酣畅 / 今天，一个腾飞的中国 / 更让人读得生动、读得自豪 / 这就是在世界的东方喷薄而出的 / 希望的中国”（《青春中国》）

月有阴晴圆缺，花有盛荣衰败。同样，“如花的中国，如画的中国”自然也有些微飘落的花瓣。对此，欧震这支饱蘸“真爱”的彩笔，描绘出的答案，依然是既铿锵有力，又不乏温婉雅致，充满浓浓的哲学思想。他在讲座中告诉我们：面对社会上的不和谐与生活中的不如意，要做到：“不要抱怨，要去奋斗，一切都会好起来的。”几十年如一日，他就是这样趟过来的，也通过诗歌乐观地告诉现在的年轻人：只要奋斗，只要努力，总会迎来人生的春天。

聆听欧震的讲座，不禁想到了南怀瑾先生的一段话：“中国文化的诗词里，往往都含有哲学思想，而高深的哲学思想也往往以优美的文字来表达，尤其喜欢透过有节奏、有旋律、有音韵美的诗词来陈述。”

我觉得，欧震的讲座是对这段话的高度认同与诠释。因为他在讲座中高度赞赏说：“艾青、余光中的诗有技巧更有真情，所以感动人心；而吉鸿昌、叶挺的诗，不需要技巧，就可以打动人，因为有大爱，因为是发自肺腑的真情实感。”欧震把他的理想信念，把他的奋斗与努力，把他的满腔的大爱以及他对人生的思考，全都融化在“如花的中国，如画的中国”系列创作中了。读他的诗，听他的朗诵，不仅如痴如醉，更多的是享受启迪，分享“真爱”。

“真接地气”是欧震矢志不渝的追求。诗人是浪漫的，但不能为浪漫而浪漫，只有建立在现实基础上的浪漫，才能赢得大众的喜爱，才能广泛流传。欧震正是这样，他把“接地气”作为自己矢志不渝的追求，所以他的诗总是来自现实，高于现实，美于现实。这和他的原生态成长背景紧密相连。从小作为留守儿童，跟着爷爷奶奶在矿山长大，他有着矿山人淳朴和厚道的基因，与他出众的才华融为一体，一步一个脚印、一步一个台阶地在“格子间”一路奋斗过来。他先当工人、再当诗人，当好工人，才写出好诗。毫不夸张地说，如果没有在车间厂房登高爬下的磨练，如果没有在熊熊炉火辉映下洒过水晶汗珠，如果没有在矿难和煤气事故面前的默哀与祈祷，如果没有乘坐绿皮火车与高铁的对比，如果没有麦穗和稻谷金光闪闪的映射，如果如果……少了这些“如果”，或者当年欧震被名牌大学录取，那就可能会添某名校一名“校园诗人”，但绝不会有今天如此受大众喜爱的的红色诗人。因为“真接地气”，他才能坚定不移地赞美劳动，歌颂奋斗！为田野谱曲，为炉火歌唱！被钢水映红的马鞍山，整座城的天空都是红的，钢城马鞍山产业工人男性居多，充满了阳刚之美，男子汉气魄……是激情燃烧的岁月，让他为汗水点赞，为劳动者粗糙又有掌茧的双手翘大拇指！他以“发自内心的主动”，写家门口的船，写北京的月光，赞千年前的“百家争鸣”，更赞今朝的“百花齐放”。他的“接地气”，就是实践，实践出真知，实践出诗人。当然，诗人是需要天赋的，是伟大的实践给天赋提供了最广阔的舞台。

欧震的讲座在雷鸣般的掌声中结束了。我和朋友本来想请这位曾经的同事，娘家的“小弟”饮一杯清茶，话当年“诗情”。无奈他的“粉丝”将他团团围住，忙着合影签名，我俩只好匆匆打个招呼道别。

期待着欧震能在在百忙之中赏光，我和朋友再约“小弟”，或清茶淡香，或轻酌小酒，“忆往昔峥嵘岁月稠”，“也有风雨也有晴”，更有诗情画意“风、雅、颂、赋、比、兴”……

“诗润生态福地　相约智造名城”！“诗城”的基因一脉传承。古有李白，今有欧震。愿诗人欧震教授的诗歌创作朗诵专题讲座继续让我们分享美好。

（《地名古今》2020 年 7 月 1 日推出；以《又遇欧震》为题，
刊登于 2020 年 8 月 5 日《马钢日报》第四版）

新书架上摆旧书

前不久，女儿买了一套新房子。在新房子书房的新书架上，我把两本20年前的旧书摆在了中间的显著位置：一本是《为青春引航——青春健康/预防艾滋病知识宣传教育手册》，另一本是《放飞青春》。外孙好奇地问："外婆，你怎么在新书架上摆旧书呢？"

这是两本旧书，但它不是过去式，因为这两本书的作者当年"正青春"，书的内容是"青春圆舞曲"，围绕着恋爱婚姻家庭的小故事，反映了人类生存生命生活的真谛：生儿育女，儿女情长！

为青春引航

自上个世纪以来，在生殖健康领域，有两个问题越来越成为全球关注的焦点。一个是青少年及未婚青年的生殖健康问题。全球每年有约440万例青少年人工流产，10%的新生儿母亲属青少年，每年至少有1亿性病患者为25岁以下的青少年。另一个是艾滋病问题。自1981年美国发现首例艾滋病以来，在短短的20多年里，全世界已有6000多万人感染艾滋病毒，其中2200多万人已经死亡。联合国艾滋病规划署2003年度报告显示，目前全球艾滋病病毒携带者总数约为4000万，2003年全世界新增艾滋病病例高达500万，并有300万人死亡。事实上，上面两个问题是密切相关的。全世界约12亿10—19岁的青少年中，85%在发展中国家，90%的艾滋病病毒感染者也分布在发展中国家。目前全球4000万艾滋病病毒感染者中，有250万是年龄不足15岁的少年。约有50%的艾滋病和艾滋病病毒感染者为10—24岁的青少年。青少年及未婚青年的生殖健康问题特别是艾滋病问题，正使发展中国家的人口与经济社会发展面临严峻的挑战（文中为2004年数据，摘自当年国家《人口计生委》即现在的卫计委）。

中国是世界上最大的发展中国家。随着改革开放和社会经济的发展，青少年性成熟提前，婚育年龄推迟，人们对婚姻、家庭和性行为的理解和观念急速变化，呈现更加开放和个性化的趋势。然而，在我国绝大部分地区，针对青少年和未婚青年的性与生殖健康的教育与服务尚未全面展开。青少年一方面缺乏性与生殖健康知识，难以获得相关服务，另一方面初次性行为低龄化，从而导致婚前性行为、意外妊娠、性病与艾滋病病毒感染呈上升趋势。

中国计划生育协会多年来一直把青少年及未婚青年生殖健康教育和预防艾滋病知识宣传作为其重要的工作任务，有计划有步骤地在全国组织实施了一系列富有特色的相关项目，受到了广大群众的热烈欢迎和社会的广泛关注。自2002年4月起，在中国计生协的指导下，安徽省计生协在合肥市蜀山区等五个地区和单位，以10—24岁的青少年及未婚青年为目标人群，组织实施了“青春健康友好行动——青少年生殖健康宣传教育”项目，马钢公司是这些项目点中工作开展较为突出的一个。

在大学校园里，数学、文学、外语，天文、地理和宇宙都有人教，但却没有人教大学生怎样谈恋爱，怎样变“早恋”为“早练”。有一名志愿者在“说说心里话”无记名问卷调查中告诉我们：“家里人对女同学打来的电话，不管是谁，总是十分反感，对我接电话总是很不高兴。放下电话，父母总是要用‘脸色’告诉我，快快‘坦白’通话内容，如果不能自圆其说，爸爸妈妈顿时浮想联翩……我真是接也不好，不接也不好。其实，我们在电话里说的都是学校的一些琐事，并不像爸爸妈妈所想的那样。”

20多年前，性教育还是传统教育不敢涉足的领域，大多数父母和这名志愿者的父母一样，在校园和公开场合，一直在小心翼翼地回避“性”这个字眼。一方面年轻人具有获得性与生殖健康知识的强烈愿望；另一方面又羞于公开请教，很多人只好通过上网等非系统渠道来了解这方面的知识。但由于这种渠道缺乏科学性和系统性，往往断章取义，再加上受社会上不良风气的影响，给青少年本人及家庭教育带来很大的困惑，多数家庭特别是独生子女家庭迫切需要寻找在新的历史条件下，引导子女健康愉快地度过青春期的有效途径。为此，马钢计生协以项目拓展为契机，结合企业实际，组织开展了“为青春引航”主题的宣传教育活动，取得了良好的效果。

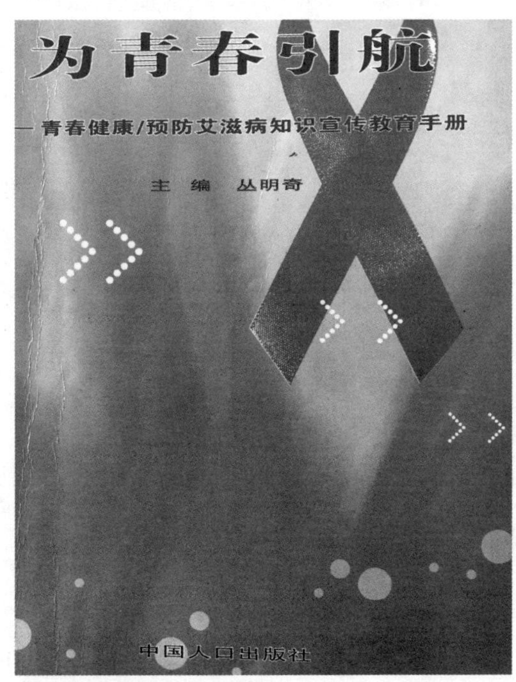

马钢依托安徽冶金科技职业学院（原安徽工业大学马钢职大校区），借鉴国外开展性与生殖健康教育工作的经验，采用PLA（Participatory Learning and Action）方法，以小组讨论、角色扮演、游戏、同伴教育以及文艺演出、知识竞赛等多种参与互动方式，面向大学生和青年职工开展性与生殖健康宣传与培训活动，

在“平等参与、相互尊重、充分民主和友好互动”中，帮助目标人群掌握必要的知识、态度和技能，产生了良好的宣传辐射和引领作用。

“为青春引航”的大脉络内容有三个方面：首先是认识艾滋病的主要传播途径，做到洁身自好。艾滋病虽然是一种不能完全治愈的传染病，但传播途径主要是性传播、血液传播和体液传播，只要树立健康、科学、文明的生活方式，做到洁身自好，自然与“艾滋”绝缘。其次是“青春格言”16个字：“什么季节开什么花，什么年龄办什么事”，引导年青人及时拥抱恋爱婚姻家庭，生儿育女，儿女情长。三是接纳“不完美”，完善心理成长。月有阴晴圆缺，生存、生命、生活的本质并不完美，引导青年接纳不完美。人的生理成长有期限，心理成长却无限期，青春期心态美，决定着终身的幸福与否。

二十多年过去了，我欣喜地看到了这本旧书的现在进行时。除去年（2020年）疫情，我没有和当年的志愿者们“面对面”外，几乎每年都有一次和当年志愿者们的欢聚。在欢声笑语中，他们笑谈各自居住在不同区域的良辰美景；分享定居国外的奇事逸闻，有的信奉“独身主义”，有的选择“丁克”。虽然生活趣味迥异，但大家都异口同声地承认：“为青春引航”是青苹果走向成熟的必然途径。

这本旧书依然可以撰写将来时。

放飞青春

20年前，我在马钢从事人口和计划生育工作。当时的马钢，是我国特大型钢铁联合企业之一，拥有在岗职工7万人，离退休职工3.3万人。作为国营企业，控制计划外生育不是马钢的重点，重点是如何满足包括职工家属在内的每一个家庭幸福之需求（2004年数据）。

当年的马钢，绝大多数是独生子女家庭，这种新家庭模式取代了中国千百年来的传统家庭模式，对传统的家教家风家规提出了新的挑战。如何把社会主义价值观日常化、具体化、形象化、生活化地融入到每一个家庭，使每个家庭、每个人都能感知它、领悟它、内化为精神追求，外化为实际行动，是计生工作面临的新课题。

为此，我们以“婚育新风进万家”为主题，在10万多（含离退休职工）职工中扎扎实实地组织开展了“走进家庭贴近幸福”征文演讲活动。征文以“关注人口的综合素质，建设新型人口文化”为主线，以“家教家风家规”为主要内容，通过交流分享和讲故事的方式方法，真实地阐述了“父爱如山，母爱似水，有山有水的滋润滋养，天使才能展翅飞翔”的家教家风家规新理念。

刘英，马钢南山矿一位普通母亲，其独生女儿六岁开始，她就带着女儿开始学舞蹈，学舞蹈必须去市少年宫，市少年宫离她家（她住在向山，南山矿所在地）20里地。女儿每天晚上放学回家先把作业做好，晚上7：00赶到少年宫，10：00才能回到家。每次女儿在练功房苦练，刘英就在外面苦苦地等三个小时，风雨无阻地坚持了整整八年，女儿终于在2000年考上了安徽艺术学校舞蹈科，毕业后入职南通歌舞团……

“走进家庭贴近幸福”在征文基础上进入演讲阶段，最后在演讲决赛的舞台上，一位好丈夫好父亲的演讲为每个家庭树立了鲜活的榜样。

这位进入决赛的男选手名叫陈关强，他是上海人。马钢在减员分流时的政策很人性化，没有把下岗职工一窝蜂地推到社会上，而是因地制宜地出台了不少优惠政策。其中有一条，就是提前五年退休的，一次性奖励5000元。这项政策很受上海人的欢迎。因为上海知青的子女早在减员分流之前，就都回上海读书，参加中考或高考，需要家长回上海陪伴。这项政策一出，绝大部分上海夫妇至少有一人回上海，为了孩子暂时分居。

陈关强家庭是妈妈回去，爸爸留下。两地分居的夫妇如何创建幸福生活呢？他上台一报题目，就获得全场雷鸣般的掌声。他演讲的题目是：“怕老婆，有什么不好？”他的演讲没有包装，实话实说：作为“留守男士”，家务全包；回到上海，工资奖金全交。天天有人问他：“陈关强，上海人都走光了，你还在这里混什么呢？某某连科长都不要了，回上海陪伴孩子，你……”他在演讲中实话实说：“提前退休，一个月少几百块，我儿子的学费谁来挣？等儿子大学毕业参加工作，我立马退休。”

“走进家庭贴近幸福”征文演讲活动得到了马钢每一个家庭的积极响应。马钢 90% 以上的爸爸妈妈张开嘴，拿起笔，讲出了柴米油盐酱醋茶的动人故事；写出了恋爱婚姻家庭的喜怒哀乐，成长的烦恼，父母的纠结，“隔代陪伴”的快乐与辛苦，提炼出家教家风家规的本质。

丁光海，原马钢职业技术学院副校长，作为养育两个孩子的父亲，他的征文题目是“给孩子一个宽松自由平等的氛围”。20 年前的家教观念，至今走在时代前列，引领家教家训家规之新潮。丁老师不仅家教理念超前，重要的是他的儿女成人成才，他的家庭幸福美满。他的女儿硕士研究生，他儿子博士研究生。儿女的小家庭复制着丁老师的幸福美满，分别在安徽和上海幸福地奋斗。丁老师在文章中写到：“……为了孩子的成长，我注重营造一个有利于孩子求知和成长的场所，现在家中藏书近千，各类图书、杂志、词典随处可见……”

像丁老师一样，马钢的父母们，一手紧握火红的钢钎，一手挥舞精彩的笔墨，潜心洞察儿女的心理，精心培育儿女的品格，努力为孩子营造一种“好雨知时节，当春乃发生”的家教氛围，力求达到“随风潜入夜，润物细无声”的教育效果。

作为“走进家庭贴近幸福”征文演讲活动的组织者，我和我的同事在反复阅读与一次次聆听他们的文章与演讲中，不仅被这些真实、平凡又普通的身边人身边事所感动，而且意识到，这次征文演讲的意义，已远远超出了活动本身，透过家长里短、儿女情长，倡导科学、文明、进步的婚育观念、婚育风尚和婚育习惯，婚育新风溢满钢城。

为此，在马钢领导的积极支持与中国人口出版社的大力帮助下，马钢计生协从数千篇（次）充满真情实感的文章与演讲中，遴选出68篇美文，汇集成《放飞青春》一书，珍藏至今。

“放飞青春”不是“过去式”，而是“现在进行时”与“将来完成时”，把它摆在书橱的显著位置，意味着“正青春”需要引航，“正夕阳”为“正青春”引路。那就是：恋爱婚姻家庭，永远永远都是一首人人必唱的歌、家家必弹的曲……

2021年2月8日

同事同仁　姐妹情深

春节期间，女儿的“闺蜜”一家三口前来女儿家的新房子里玩。无意中“旁听”到许多网络新语：小确幸、小鲜肉、老腊肉、大咖、手游、逆生长、××淘、吐槽……当“闺蜜”两个字灌入我的耳朵时，我禁不住插嘴问道：“小张啊！你们年轻人老讲‘闺蜜’”，书报刊和影视里也老见‘闺蜜’两个字，到底是什么意思呢？”

小张，是女儿读研时的同窗同寝室闺蜜。不仅人长得漂亮，精明能干，而且既热情又耐心，很善于和老年人沟通，她很温柔地告诉我：“就像我妈和您退休前一样，是平时相处得像姐妹一样非常好，有同事也有同学，还有广场舞大妈……”

屋子里的人都笑了。女儿和“闺蜜”两家六个人笑拥着参观卧室去了。而我的眼前却真的浮现出曾经朝夕相处了13年的“同事同仁”，按与时俱进的词汇，我们应该是“资深闺蜜”了。

我的“资深闺蜜”是我退休前的同事同仁：应秀玲、肖剑雪和陶英。

2000年8月，公司提拔我到马钢社会事业部任副经理（副处级），主要分管人口和计划生育工作，从此与三姐妹结缘，度过了13年“家长里短，儿女情长”的美好时光。

应秀玲是上海知青，学医出身，专长妇产科。高挑的身材，白皙的皮肤，齐耳的短发，说话快人快语，做事干练稳重。都说上海人的家务都是男人包揽，应秀玲却是上海人里面的“另类”。她是里里外外一把手，既上得了厅堂，又下得了厨房。她丈夫出过工伤，双方老人均在上海，女儿又小，在精心做好本职工作的同时，倾力“相夫教子”，所有的业余时间都在护理丈夫、带女儿上辅导班当中奔波，没有丝毫参加娱乐活动的时间和空间。

我们在一起同事 13 年，其中有 8 年时间，我和三个“闺蜜”的办公室只隔一堵墙，她们三人在一间大办公室，我的办公室在她们隔壁。我经常到她们办公室开会或是商讨工作。其间总是能听到她女儿生病或是不舒服想让她回家照顾的电话，她却总是简短地告诉女儿，“在第几个抽屉里有药，用温水服药后加床被子睡觉”，或者说:“从冰箱里拿出红糖生姜水来热一热喝完……”随即放下电话继续谈工作。我们办公室离家不远，恰逢不太忙时，一起劝她先回家看看，她总是说:“没关系，让她（女儿）学会自理……”她比我小一岁，但每逢出差，我反而成了她的“小妹”。沿途不光对我无微不至地照顾，还教会我很多保健常识。比如，每天睡觉前按揉涌泉穴可以提高免疫力，就是在武钢的招待所里她教给我的。我学会了以后，不但自己坚持，还教会了我的家人以及我的亲朋好友。

肖剑雪，标准的美女，日常素颜也比化浓妆的名演员赏心悦目。小肖不但长得漂亮，穿衣打扮也时尚端庄，十分得体。更为难得的是，当她身穿工装、身背简易 B 超机、以自己娴熟而精湛的技术，到矿山为女职工做妇科体检时，大家都以为“肖医生”就是一名普通的“邻家女孩”，丝毫看不出她是原马钢党委常委的女儿。她是干部子女，身上却不带半点娇气。作为白衣天使，小肖为人真诚热情，整天笑容可掬，我常常开玩笑:“肖剑雪是我们这一行的形象大使。”

陶英和肖剑雪一样，作为公司领导的女儿，同样“娇骄二气”为零。小陶英是我们“闺蜜组合”中年龄最小的一位。苗条的身材，精致的五官，穿着朴素大方，举止端庄得体。她对工作极其严谨负责，一个人一部电脑，管理着马钢七万多在职职工、三万多离退休职工、二万多集体企业职工、9000多马钢流动人口、农转非人口、买户口人口、挂户人员、待岗下岗人员以及停薪留职人员等等繁缛复杂的人员构成情况，每个月6000多份人口报表的上报与归档，她都做得井然有序。

除了我们这四个人，马钢还有一支由60多个马钢二级单位的女工主任组成的“计划生育工作网络”，也就是平常所称的“人口和计划生育工作队伍”。

一提“计划生育”，我们这一代人马上会想到“超生游击队”。不过马钢的“人口和计划生育队伍”是绝对用不着打“超生游击队”的。相反，我们这支队伍广受欢迎。因为我们把“家长里短儿女情长”演奏成一首又一首甜蜜的交响乐，让人间烟火像明媚的阳光，洒满马钢人的每一个家庭。

林凤玲，原马钢二钢厂风机班班长，她带的班组连续四年被评为“红旗房所”。她是车间里的先进人物，更是广大女性的楷模。从1986年与本厂职工吴运海成亲起，到2000年她的老公公驾鹤归西，14年如一日，她以一颗滚烫的孝心精心服侍重病多年的公公婆婆，谱写了一曲社会主义精神文明的动人赞歌，堪为弘扬中华民族家庭美德的楷模。

以宣传林凤玲的感人事迹为契机，马钢广泛而持久地开展了“五好文明家庭”“好媳妇”“好女婿”“模范丈夫”“贤内助”等丰富多彩的婚育新风进万家活动，从而增强了计划生育工作的感染力和吸引力，让这项社会性的工作为企业发展作出了积极贡献！2003年12月，马钢领导以“全国婚育新风进万家先进集体”的称号，光荣地登上了北京人民大会堂的领奖台。

企业的人口与计划生育工作，虽然与经济效益无直接关系，却和每一个职工的家庭幸福休戚相关。因此，我们始终以“国情国策宣传到人，新婚夫妇祝贺到人，孕期保健关怀到人，婴儿出生看望到人，知情选择指导到人，排忧解难服务到人”为工作目标，上矿山、下车间，温暖服务到家庭。

为了能更好、更贴心地为职工家庭服务，马钢为3万多个家庭建立了“生殖保健档案”，我们多次邀请上海市计划生育委员会专家陆曙民教授作“女性生殖健康”“男性生殖健康”“遗传与优生优育”“预防艾滋病”等专题讲座，并把职工的咨询问题梳理后请陆教授带回上海，百忙之中一一详细解答，其中需要治疗的，陆教授还亲自帮助联系医院到上海治疗。有职工要结婚了，我们送上一份贺信与贺礼；有职工结婚多年没有怀孕，我们要上南京跑上海，下基层找领导，一方面为其求医，一方面请单位领导为其调换岗位，由“三班倒”调整为长白班，方便服中药。这件事听起来容易做起来难，因为流水线岗位，一个萝卜一个坑，调一个“三班倒”的岗位非常困难。所以，当有女工经过调班治疗怀孕生女做满月时，她的婆婆和她一起来办公室邀请我们参加。记得有一个二级单位的女职工经体检发现早期乳腺癌，但她毫无感觉，不以为意。我们到她家里提醒她，并联系她的丈夫，多次与南京和上海的专家联系，咨询治疗方案，最终请南京的专家为她做了手术，至今身体健康。还有为育龄夫妇“晶体婴儿”的成功多次奔波，为患白血病孩子的家庭组织捐款，上合肥找计生委请求“特例政策”等等，每天忙得不亦乐乎。

我们把人口和计划生育工作当作一项甜蜜的事业，“资深闺蜜”与“闺蜜网络”就像蜜蜂酿蜜，在忙忙碌碌中倾心尽力为职工排忧解难。

2003年8月2日晚，马钢机电分公司职工王金刚一家三口有说有笑地走在太阳广场附近。在他们途经新时代洗浴中心外面时，只听得一声爆裂的炸响，凌空的一个大广告牌后，一股滚热的开水倾泄而下，王金刚和他年幼的女儿王清顿时被烫得惨不忍睹。急救时，医院告知小王清烫伤面积达59%，并给她下发了病危通知，而王金刚本人烫伤面积也达到38%。

同年8月18日，《马钢日报》以“让我们倾听生命的呼唤”为题报道了这个不幸的事件。

当天，时任马钢公司总经理顾建国在报纸上批示：“从经理（从明奇，时任马钢副总经理，分管人口和计划生育、扶贫济困等多项工作）：这是一个悲剧，惨得很。作为公司，我想应该给予这个家庭一些赞助，以表示马钢职工对孩子和家人的关爱与援助。是否请您操办一下，从捐款中拿出2—3万元，代表马钢全体职工送去。”

根据顾总经理的批示，我们迅速打报告走程序，打破常规联系扶贫办、公司财务等有关部门，不到4个小时，就把3万元现金送到王金刚妻子的手中。消息传出后，通过“资深闺蜜”与“闺蜜网络”的精细运作，马钢60多个二级单位伸出友爱之手，纷纷发起捐款倡议，一周内相继捐款近10万元，帮助这个家庭渡过难关。

日月如梭。虽然随着时光的流失，我们都离开马钢各自忙活，但因为有计划生育这座“甜蜜的桥梁”，有“同事同仁”共同的价值观支撑，至今我们四人“姐妹情深”。除了去年受疫情影响没有欢聚，几乎每年都要欣喜相逢，无拘无束地畅所欲言。尤其是国家二孩政策放开后，我们一起在饭桌前朗读起70年前的马寅初人口论：

一个少，三个多，两个恰恰好！

恰恰好！恰恰好！现行的生育政策就是好！

2021年3月21日

“领路之恩”难忘怀

遵循着“滴水之恩涌泉相报”的规矩，晚辈对长辈的提携总是心怀一颗感恩感谢的心。我们在电视上，经常会看到和听到很多真挚的获奖感言：有的激动万分千恩万谢；有的慷慨激昂感谢不尽；也有的语调平和却深情款款；还有喜极而泣泣不成声的拱手表达……

但有一种恩情是无法感谢、无以感恩的。那就是人生路上的“领路之恩”。

（一）

我在马钢工作了30年，承蒙我的部门领导、业务领导和分管领导的抬爱，从一名小山城里的普通教师，一步一个脚印地走上了大型国企的中层领导岗位，登上了人民大会堂的领奖台，30年风雨兼程，全靠不同的“领路人”正确导航。

1984年，我从中学教师的岗位转到马钢党委宣传部宣传科当办事员。从清脆的铃声与朗朗的读书声环境，一下子转到了安静的办公室，整天与二级单位、车间班组、矿山矿石、经济效益、安全生产……这些完全陌生的词汇打交道，确实有点摸不着头脑。

有一天，我的科长（后来任二级单位动力厂党委书记）焦其华通知我：“小周，你带上笔记本，跟郭部长去开一个会。”

郭（玉声）部长（后来任马钢纪委书记）是马钢党委宣传部部长。他带着我从四楼走下去，出了马钢机关大院向右拐，沿着大院外的小路走了10分钟左右，到了“新食堂会议室”。

这段小路并不长，平常只要5分钟左右，怎么走这么长时间呢？原来，是郭部长亲自为我这个小“新兵蛋子”指路。郭部长告诉我：马钢机关大院所在地为马鞍山市雨山九区，机关大院的1号楼是党群系统；2号楼是生产经营系统；我们要去的“新食堂会议室”刚刚建成，一楼是职工餐厅，二楼是会议室。为了让我认识位于“新食堂会议室”外面的小巷尽头的职工餐厅售票窗口，郭部长带着我绕了个大圈。

郭部长和我父亲同龄，他虽是领导，却没有我想象中的威严，他是河北人，长得慈眉善目，说话不急不慢，给我一种和蔼可亲的感觉。我跟在他后面“认路”，就像小时候爸爸牵着我的手到“城里街小学”报名时一样，既高兴又好奇。

会议8点半开始，郭部长和我8点10分走进会议室，只有主持会议的一位公司副总坐在圆桌前。副总一边热情地和郭部长打招呼，一边指着我笑着问：“怎么？添丁进口了？”

郭部长微微一笑，不急不慢地回答：“嗯！培养个人……”

从此，郭部长的这个微笑，定格在我的脑海里，不急不慢的5个字，收藏在我的脑海里，携带至今。

年轻时候的我，风风火火，快人快语，性格直爽有余，说话不留余地，发起火来冲动不理智。时任宣传部副部长蒋斯银看在眼里，急在心上。有一天，他把我叫到办公室，语重心长地对我说：“宝玲啊！一句话说得可以让人跳，一句话也可以说得让人笑。”

什么是诲人不倦的“领路人”？啥叫刻骨铭心的教诲？如何做深情款款的“园丁”？

蒋部长的这句话，伴随我终身。

2000年8月，我被提拔到马钢社会事业部，主要从事人口和计划生育工作。没想到刚任职不久，就犯错误。

有一次，安徽省人口计生委发来了举办专题培训班的通知，我没给公司分管领导汇报就安排了机关和二级单位参加培训班的名单。其中包括两名二级单位的正处级领导，捅了大篓子。因为按照公司规定，处级领导外出，是有组织审批程序的。

发现问题后，公司分管社会事业部的丛（明奇）副总经理把我叫到他的办公室，对我进行批评教育。

丛副总经理是组织部长出身，严厉的批评在宽松的氛围中开始。

“宝玲同志，你的胆子也太大了吧？”丛副总经理似乎是在半开玩笑。

“不大呀！我个子这么小，胆子只会小不可能大啊！”丛副总经理一向平易近人，我们经常开玩笑。现在回想起来，我真是“胆大包天”，我确实不知道自己已经犯了大错。

丛副总经理看我实在无知，顿时严肃起来，瞪大眼睛盯着我问:“你知不知道公司处级干部外出的请假制度?”

我傻眼了，也醒悟了!我诚心向丛总表示，马上改错。知错改错是我的强项。

然而，万万没想到，公司主要领导还是同意这两名处级干部参加。当我和他们在开往北京的列车上谈起此事时，他们才告诉我，公司主要领导征求丛总的意见，丛总说:“周宝玲就是想干事情，她事前口头给我汇报过，我同意的……”

什么叫领导艺术?什么叫爱护下属?

无言胜有声!

(二)

马钢作为企业，各项业务工作受马鞍山市相关部门的领导。那时候没有手机和互联网，我在宣传部时，经常跑市委宣传部，认识了时任市委宣传部宣传科长杨果(先后升任市委宣传部长、安徽省文化厅厅长等职)。

杨果不仅是领导，更是我的偶像。她虽然比我小1岁，看上去却更像刚出校门的女大学生。身材高挑，皮肤白皙，五官标致，一双炯炯有神的大眼睛闪耀着聪慧的光芒，她常年留着齐耳的短发，显得干练却不失妩媚。

1985年6月，具体日期记不准了。安徽省委宣传工作会议在安徽合肥钢铁公司召开。杨果科长带着连同我在内的四个人去参加。

我们乘大巴去，那时还没有大桥，去合肥需要过“马和轮渡”。乘轮渡过江，乘客要下车的，我们四人靠在轮渡的栏杆上，一边欣赏着江水的浪花，一边“嘎讪胡”，家长里短，衣食住行……年轻漂亮的女科长，宛如一名和蔼可亲的“邻家妹子”。

到了合钢，按照会务组的安排，杨科长和我住一个房间。除了晚餐和杨科长去参加预备会的时间，我俩依然“家长里短，衣食住行……”聊到深夜。

40多年过去，那次会议的内容已经模糊了，我俩的“夜聊”却记忆犹新。那一夜，杨科长教我的烧菜方法沿用到今天。比如：黄瓜不但可以凉拌，还可以炒鸡蛋、炒虾仁；饺子可以冷冻；荠菜竟可以做饺子馅，都是我这个“北方主妇”闻所未闻的烧菜常识。来马鞍山之前，我不吃鸡，我们家养的老母鸡，都是老了以后无疾而终，实行“土葬”。从那一夜开始，我学会了杀鸡宰鸭。

会议结束后的第三天，杨科长派人给我送来了一个晾水杯，并转达了杨科长的关心：“看你嘴唇干裂，让你常喝水……”

“邻家大妹子”的关怀备至，四季如春，温暖至今。

在“全国文明城市”创建活动中，我认识了马鞍山市精神文明建设办公室主任曹彭年。曹主任当教师出身，我也当过老师，我们俩“三观”一致，共同语言多。为了发起、筹划、组织开展精神文明“双十佳”评比表彰活动，曹主任真是呕心沥血、废寝忘食。

根据《马鞍山市精神文明建设规划》，马鞍山市在每年的3月5日，都要隆重召开“精神文明建设‘双十佳’评比表彰”大会，并邀请全国各地的学雷锋英模标兵举办专场报告会。马钢的活动与此同步。

表彰“双十佳”是指当年度精神文明建设中十件好事与十个人物。这项活动表彰时简单，筹备任务却十分复杂且耗费时间。从全市角度而言，要从每一栋居民楼的每家每户收集筛选，从马钢来说，要从每个班组开始评选。在此基础上，层层评选，层层淘汰。因此，每年自11月底发文通知，到来年的5月底“双十佳”汇编成册，曹主任带领文明办的人不怕疲劳，连续作战，为的是让受表彰的人和事经得起考验。

经过层层筛选，最后确定12件事和12名个人进入候选名单后，市文明办要组织力量登门入户，一一核实。

印象最深的，是对马鞍山市环保局环境监测站的工作现场的核实。

80年代，马钢一钢厂的平炉还没有拆除，在酷暑难捱的夏天，马鞍山市环保局环境监测站的工作人员来到马钢一钢厂，对其烟囱林格曼黑度进行监测。虽然是夜晚，天气依然闷热异常，而监测位置距离炉口只隔一层油毛毡，烤得他们的皮肤像针扎一样疼，火苗裹着浓烟，使人呼吸困难、涕泪同流。在如此恶劣的条件下，大家屏住气，轮换冲上去，硬是坚持了整整一夜，终于测到了完整准确的数据。特别感人的是，到炭黑厂的女同志，巾帼不让须眉，勇敢地爬到几十米高的烟囱上，身背40多斤重的监测仪器，测试口一打开，呛鼻子、令人呕吐的热浪就把她们包围，即使戴上6层厚的口罩也不管用，稍不留神就会中毒。然而她们还是冒着危险，精准操作，按程序把监测枪准确地插进测试孔内，连续坚持了7天，一丝不苟地完成了任务。

“双十佳”评比表彰都在每年的3月5日前后。一切准备工作必须在3月1日前完成，递交市精神文明建设委员会集体讨论。所以每年的春节前后，都是我们加班加点最忙碌的时候，但大家都不会因为过不好春节有半点埋怨，因为我们被“先进的人和事”所感动。

表彰会开过，我们就进入了一年一度的“双十佳先进事迹汇编”阶段，这就不是简单的写个事迹材料的任务，而是要写成人物通讯或者报告文学。

这可累坏了曹彭年主任。曹主任当过语文老师，文字功底过硬，他要一丝不苟地修改每一篇稿子。市文明办的办公地点就在雨山湖边上，每天晚上我绕着雨山湖散步，九十点钟回家时，曹主任办公室的灯还一直亮着。

曹主任不但是个好领导，更是一名好园丁。他不仅精心浇灌自家花园的秧苗，对我这个“园外”的小草也倍加呵护。得知我从北方来，曹主任只要一有时间，就不厌其烦地传授给我当教师与在企业政工部门工作的异同，亲切地告诉我处理各种关系的沟通技巧，系统地介绍马鞍山的前世今生以及当涂县的名胜古迹……

有人说，师傅领进门，修行在各人。但对我而言，却正相反。我是“随夫进了门，全靠师傅带”。无论是直接领导还是业务上的领导，都对我的成长倾注了满满的“传帮带”，我唯有以勤奋工作、诚实做人来回报。

这些事过去几十年了，但我思念的心、感恩的情始终萦绕于怀，飞书传四方，诚祝“领路人”身体健康，全家幸福!

2021 年 3 月 5 日

马钢的“上海美女”

我自20世纪80年代初到了马钢之后，就和“上海美女”缔结了不解之缘。我的左邻右舍有“上海美女”；我的同事是“上海美女”。我在马钢工作与“上海美女”朝夕相处，深感敬佩，我竖双手大拇指为她们点赞! 在我的心目中，她们是“上海美女”，更是“刚毅美女”。

上海女子爱美，也会美，即使都穿着工装排成整齐的队列，你也一眼就能看出哪个是上海女工。因为她们会把工装稍做修剪，显得更合体，更有曲线；或者在领口处衬一条短的、方的、色彩斑斓的小丝巾，给庄重的工装添一抹亮色；抑或在不影响安全的前提下，别一枚小小的发卡……总之，上海女工会因地制宜地“美”得优雅、“美”得协调。

也许会有人问:“上海女人爱美且会美众所周知啊……”言下之意，这不是浪费笔墨吗? 当然不是! “上海美女”不仅有“自然美”的优美基因，更有着浸染着马钢人“艰苦奋斗无私奉献”精神的“刚毅之美”!

（一）

1958年6月底的一个上午，上海所有正在上课的学生，都在各自学校的操场集合，听取校长的动员，号召每一个志在报效祖国的学生，到社会主义建设最需要的地方去……

真的是打起背包就出发!

7月3日，一列火车把上海数千名热血沸腾的中学生带到了极其简陋的金家庄小站，没有候车室，学生们直接登上一辆满是灰尘的大卡车，驶往驻地——陶庄。

现在的陶庄早已被马钢雄伟壮观的新厂房所替换，但回望1958年的陶庄——上海学生的驻地，却是在一片荒芜的农田里，用芦席搭建的100多间宿舍。每一间芦席棚挤住十几个人，席子就铺在尚未平整的土块上。喝水在塘里挑，洗衣服蹲在塘边的跳板上，洗澡怎么办?男生直接下塘，女生选择10米开外的小水塘，男生背对水塘围成一个圈担任警戒。

面对如此艰苦的环境，这批从小娇生惯养的学生也仅仅是有过短暂的迷惘与困惑，随即挺直了腰杆，眼里闪动着献身祖国的渴望，心头翻卷着战斗的激情，义无反顾地加入了创业者的行列……

从上海来的这批十五六岁的学生，成了马钢第一代在钢铁战线冲锋陷阵的战士!他们与来自祖国四面八方的创业者一起，创作出马钢气吞山河的力作。

其中，曹冰玉、孙自珍是这批上海学生中“上海美女”。不!在我的眼里，她俩是上海来的“刚毅美女”。

曹冰玉，看似文静安于现状，其实从进厂的第一天起，她就有自己追梦的目标。刚开始她学的是钳工，兢兢业业做好每一天的工作之余，孜孜不倦地坚持在业余大学苦读。终于把她手中的钳工小铁锤变成了笔杆子，她也从老虎钳的工作台转到了厂部宣传科、马钢公司机关党委宣传科科长。不久，调入马钢公司档案室。

1989年，公司交给曹冰玉一项艰巨的任务，根据国家、冶金部和安徽省文件要求，企业升级达标国家一级才能给职工升工资，其中档案管理达国家一级标准是刚性条件，而档案管理达一级的关键是必须建一栋“档案楼”。10月20日开工，11月2日叫暂停。原因是“档案楼”建设的噪音影响公司大院办公，有关部门考虑是否改址。曹冰玉心急如焚，每天早出晚归、披星戴月地多次与相关部门和施工队协商，最后决定噪音大的活晚上干，白天不准有噪音。终于以最快的速度、最好的质量，保证了1990年11月交付使用，11月30日马钢顺利通过了马钢档案管理晋升国家一级水平考评。

1993年改制，马钢的档案工作发挥了无可替代的凭证和依据作用，相继组织了12名档案人员、分成3个小组，历经一个多月完成了750卷档案立卷任务，为“中国钢铁第一股”的顺利发行作出了积极贡献。

1996年9月，作为马钢的代表，曹冰玉光荣地出席了在北京亚运村国际会议中心举行的第十三届国际档案大会。

（二）

孙自珍，1958年从上海来的年龄最小的学生，当年15岁，还是个孩子，进厂后在厂长办公室工作。3年秘书工作的同时，上了3年马钢职工业余大学的夜校。还未满20岁，她被调去当小学教师。

在学生时代，她有过美好的梦，但不是憧憬教师的梦。年少时她爱读苏联的文学作品，其中包括马雅可夫斯基的诗、马卡连柯的自传。当初不过是浏览欣赏。一当上教师，那些熟悉的语言又在她耳畔震响:“教书育人，是崇高而神圣的职责！”这话催生了她新的梦境。然而，正当她日渐成了小朋友所爱戴的老师时，因声带劳损嗓音嘶哑，梦断讲坛。

从事教学研究工作后，她开始在教学研究的田园里辛勤耕耘。

早期，马钢仅有8所子弟小学，随着生源的骤增，师资显然应接不暇。于是从各方面选拔从教人员。老师队伍的日益扩大，并不意味着教学质量会水涨船高。孙自珍当过教师，深谙老师自身的学识关系到对下一代的培养，况且有的老师巧于循循善诱，有的耐心引导稍逊一筹。教育家马卡连柯曾说:“有真才实学，有工作能力，孩子们就会对他表现出最大的敬意和爱戴……” 自她担任小学教研室主任后，时任马钢党委书记王万宾曾对她说:“企业不要把教育当作一个包袱，一定要在人财物上舍得投入。没有播种就没有收获。”这一真知灼见，使她意识到自己肩上的责任。她知道教育永远没有一个定论、一个模式。若要求教师有创造性试验，她怎能没有创造性思维。只有教师不断在专业和德操上有升华，才能名师出高徒。只有甘愿为教师的升华雪中送炭，老师的教学质量才会锦上添花。她被一种神圣而严峻的使命感所驾驭，想方设法穿针引线：为了提高中小学教师的业务水准，扩大他们的视野，拓展信息渠道，多次去上海向明中学、建平中学，请特级教师来马钢讲课；她叩开了华东师大的门，请来全国著名的教授叶兰，还有诸位学者、专家，从教学示范、教学理论、教学科研诸多方面对马钢的中小学教师进行系统的素质培训。她一次又一次促成本地教师去上海有教学特色的学校观摩学习或定期培训。她始终鼓励老师在教改中大胆尝试。

马钢的普通教育，被省、市和冶金系统多次评为先进单位。马钢教委的领导对孙自珍为此所作的贡献赞赏有加。原市教委主任陈桂生曾这样评价她:“她业务娴熟，对任何新的教学模式特别敏感并易于吸收；她当过教师，深知提高教师素质是百年大计，一刻也不能松懈。”

虽然她已从当年马钢教委办公室主任的位置上退下来多年了，但只要一说起以往走过的路，她就情不自禁地告诉人们:“马钢的教育事业如旭日东升，如诗如梦，已构建有 26 所中小学校、马钢技师学院、安徽冶金学院的教学体系……这一系列成绩的取得，是马钢历届领导重视的结果。是马钢教委众多领导和教师队伍共同努力取得的成果。”

如今，随着改革的不断深入，马钢的中小学已全部归属马鞍山教委，马钢技师学院和安徽冶金学院合并重组为安徽职业技术学院。

（三）

难忘1990年，是马钢波澜起伏、大潮迭起的一年；是马钢走出困境、攀上高峰的不平凡的一年。1990年，马钢人通过奋力拼搏，共获得十块国家级奖牌。

金光闪闪的奖牌背后，是马钢人汗珠闪闪的佐证。这一年值得点赞的人和事太多太多。回忆起来，首先跳入脑海的，还是“上海美女”的“刚毅与坚韧”。

1990年2月，马钢的经理办公会讨论决定了一项新的任务：面对当时“三角债”的困境，决定开展“清欠大战”。从各单位抽调百余人组成不同的“清欠小组”，奔赴全国各地“清欠”。

所谓“清欠”，就是组织力量去讨还用户单位所欠的货款。如果说用户是“上帝”，就是去向“上帝”讨债，其难度可想而知。“清欠小组”确实是“走千山万水，想千方百计，说千言万语，吃千辛万苦”。

其中，“二珍一兰”清欠小组就很有代表性。

这个小组由金雪珍、郝秀珍和戴景兰组成。金雪珍和戴景兰是上海人。金雪珍当年52岁，戴景兰是上海老三届下放知青。

1990年3月12日，金雪珍和郝秀珍到达兰州，气候不适应，流鼻血。她俩住在四个人一间的旅馆，每天每人5元，连黑白电视机也没有。

第二天一早，她俩就到欠款单位去了。保安一看介绍信，坚决不给开门。她俩在门外转悠了两天，毫无办法。后来发现，这家工厂因为修下水道，工人从里面挖了穿过围墙的一条沟，通到马路上，她俩就从沟里爬进去。没想到爬进去以后的“坎”更多，找到财务科，财务科推给厂长，厂长推给经济师，经济师“实话实说”：“我一天接待十几个催款的，国家不解决三角债，我们没钱给你们……”

“二珍”缠住欠债人不放，经济师回家吃饭，她俩就到食堂买点饭菜，吃完就到其办公室门口“蹲守”，经济师一进办公室，就继续“缠”。

“我们一去，就知道青海有震情，后来果真地震了。兰州有震，去办事的外地人都慌忙离开了，我俩坚持没走，我们商量，既然来了，就得把事情办妥了再回去，不能给马钢丢人。”

另一位女同志戴景兰，上海老三届下放知青。在总结会上，她用上海普通话娓娓道来：“派我和金雪珍去甘肃、青海、宁夏催款，我们从10月16日到12月20日，共67天，从深秋到隆冬，大西北冷，我们带了两大包衣服。知道这是公司对我们的重托，为完成5亿5。但那些欠款单位，也要完成利税。到哪个单位，都有几个单位去催款，僧多粥少。我们就到处游说，宣传我们的困难，对他们讲，你们不还钱，我拿什么生产？生产不出来，拿什么给你们？人家同情我们女同志，跑大老远的，央求他们。

“宁夏银川石嘴山钢厂欠我们130万，是个重点户。他们在历史上从不欠账。我们就从感情上和他们融洽关系，他们看到我们待人热诚，为企业办事热诚，便到银行一下子汇来130万，其中有30万还是贷款。所以我们体会到，办事讲艺术性很重要。

“有一家纺织机械厂，欠8万元，还5万。临走，财务处长跟我开玩笑：“你俩位，能不能调我们厂，帮我们催催款？

“跑坏了几双鞋，催来了32万欠款。等我们到家，听说5亿快完成了，真打心眼里高兴。也有人问我们别的单位催款人都发财了，你们有没有提成？我们没有。如果按千分之一奖励，我们能拿3000元，可我们只拿了一百元补助。路过北京，到长城跑了一趟，8元车费还是自己出的。在我们的报销单里，没有旅游凭证。

“马钢是我们的家，我们是当作自己的事办，出差在外两个多月，有时催款有希望了，回到宿舍，我和金大姐就抱在一起，高兴得直掉泪……”

这就是“上海美女”，马钢人点赞为“刚毅美女”！

（这是一篇文摘，文中的人和事，摘自曹致佐“追梦的年代”《马钢史志2008特刊》；贾梦雷“马钢，1990”《 大地星座》，安徽文艺出版社，1991年11月出版）

2021年3月8日

一堂生动的党课

题记：作为一名有着46年党龄的老党员，我曾参加过无数次党课，记忆犹深的，是我即将办理退休手续前的一次党课。在热烈庆贺中国共产党建党100周年之际，特重温这次党课，以保持皓首初心的美好。

2013年，按照党中央统一部署，马钢开展了“党的群众路线教育实践活动”，我作为“改非（‘非领导职务’）”人员，参加了“马钢党的群众路线教育实践活动”巡视组活动。

10月25日下午，时任马钢党委书记的高海建同志到第三钢轧总厂参加“党的群众路线教育实践活动专题民主生活会”。他在会上要求大家不搞形式，不走过场，真刀真枪，务求实效，在马钢营造出“风清气正，公正公平”氛围，助推马钢健康发展……要求广大党员要与职工尤其是基层一线职工交朋友，了解他们的所思所想所盼；对职工提出的意见和建议要认真梳理，逐条提出整改意见……

与会人员一致认为，高书记的讲话话实实在在，情真意切，无论是对马钢的主题教育活动，还是对我们退休职工，都是一堂生动的党课。

于是，就有了这篇“党课笔记”。这是一篇“非任务”稿件，刊登在2013年11月6日《马钢日报》头版。

10月25日下午(2013年),我有幸参加了三钢轧总厂党的群众路线教育实践活动专题民主生活会。高海建(时任马钢集团公司党委书记)书记参加会议,并作了点评和讲话。他的点评与讲话紧紧围绕“坚持终身学习,加强自身修养”展开,实事求是、联系实际,开展批评简明扼要、一语中的,可以说是一堂生动的党课。高书记的讲话不仅对三钢轧总厂,而且对公司所有的管理人员和员工,都有着很强的针对性、指导性和可操作性。

一、以党的群众路线教育实践活动为契机,努力营造良好的企业文化。高书记说:“这次党的群众路线教育实践活动是一次十分难得的政治机遇和学习机遇。一个人要永远注重自己的学习。要坚持学习,不断给自己充充电。很多事情想通了,什么都美好,想不通什么都烦。一个人改变世界很难,但要改变自己。比如,职工的情绪和积极性要靠当领导的去感染、去引导。如果自己不学习,不能也不会用正能量去感染职工,任其负面信息像水一样流淌,是不行的。”高书记要求领导干部要以身作则,率先垂范,用自己的激情去感染、去团结干部职工营造“风清气正公正公平”的氛围,并提出具体要求。他说:“什么叫优秀?比别人忙个不停,就是优秀。要深入下去,有具体行动。”会上,高书记要求三钢轧领导班子成员以半年为限,重新穿起工作服,选一个班组(好的差的都选,不要只选好的),跟班作业,总结经验,全面提升自己的领导能力。高书记在民主生活会的整个过程中,多次提到韩国浦项的企业文化,就是企业职工人人都像一团火。希望各单位努力加强思想政治工作,增强马钢凝聚力。他说:“思想工作是所有人的事,要通过行之有效的方法,使每一名职工的努力得到回报,个人得到公平。”

二、以党的群众路线教育实践活动为动力,打造降本增效升级版需要当领导的敢于担当和树立强烈的责任心。在开展批评这个环节上，针对“武断”一词，高书记说:“在特殊情况下，武断是个特点，不完全是缺点，要看具体场合。比如在紧急关头，必须敢于拍板，迅速决策。”在会议的整个过程中，高书记对“担当和责任”这两个名词提了20次以上。他说:“不敢于担当，永远没出息。要不断扩大知识能力。一个人要干一两件终身难忘的事。特别是在专业方面，学材料的要扩大炼钢方面的知识，学专业的要学习党群工作方面的知识，全面提升自己分析问题和解决问题的能力。公司将来一定大力提拔年轻干部，年轻干部一定要加强学习，在生产一线积累经验，增加知识储备，在火热的实践中迅速成长。”

三、借党的群众路线教育实践活动之东风，推动马钢企业管理迈上新台阶。高书记反复强调:“现场管理要一抓到底，巩固非常重要。解决质量问题要首先解决设备问题。这件事一定要抓到底。要分档次、有计划。先解决什么，后解决什么，紧紧围绕降本增效的目的，沉下去，倾听职工的意见，把工作做到最好。日清日结要高度重视，要动员成千上万的人都能做到。根据各自生产经营和职工要求，适当适度地开展职工文体活动，满足职工的精神文化需求，对调动职工的积极性，激发职工的热情和激情，增强职工的凝聚力很有效。该花的钱要花，关键是满足职工的需要。”

高书记的讲话让人听得进、记得住、可操作。对公司两级领导班子以这次群众路线教育实践活动为契机，带领全体职工走出困境、再创辉煌有着很强的指导性和感染力。对广大党员牢固树立正确的人生观、世界观和价值观，加强党性修养，坚定理想信念，有着很强的现实意义。高书记一直在问在座的各位领导:“你怎么过?”他说:“要树立正确的幸福感。幸福感包括精神和物质两个方面。要认真考虑，我该怎么过?心态好很关键，遇到问题想得通，处理问题拿得起，放得下，把自己的幸福与马钢的命运紧密地联系在一起，实事求是地规划好自己的人生，就会获得幸福。”

这番颇有哲理的讲话给人启示：必须树立正确的人生观、世界观和价值观，党性修养、阳光心态是需要终身学习、终身修炼的。作为一名党员，任何时候都要激情满怀，奋发有为，要守得住清贫，耐得住寂寞，经得起考验，抗得住诱惑。要像雷锋那样，工作上和高水平的同志比，生活上与低水平的同志比，这样才能时刻保持艰苦奋斗的本色，才能无愧于共产党员的光荣称号！

2021 年 3 月 23 日

唱支“心歌”给党听
——我当上“女处干”的心理路程

每年的“三八”妇女节，马钢离退休中心总要安排我们原马钢公司的“女处干”和女高级工程师集中活动一次，或开个座谈会，或到公司的新单位参观学习。将近20名60岁以上的老姐老妹欢聚一堂，分享中国宝武马钢集团的新成就，回望我们在马钢成长为公司中层领导的奋斗历程，大家会不约而同地说一句心里话：是党的培养、组织的关怀给了我们曾经的“风光”。也许有人认为这是一句“官话”，但我可以肯定地回答：这绝不是“官话”，而是从心底流出的一首“心歌”。

今年是中国共产党华诞100周年。在这喜庆的日子里，作为党的女儿，一名有着46年党龄的老共产党员，我要献给党的礼物，是向党说句心里话，唱支“心歌”给党听，我把党来比老师。

领导像老师，老师是“园丁”。十年树木，百年树人。马钢宣传部的领导对我的培养，真是“呕心沥血”。

当年的通讯手段远不如现在，上传下达全靠我们在机关与基层之间上下奔波，联系沟通。为了开展工作，我自作主张把60多个二级单位按照一、二、三厂区和矿山、后勤等系统分为6个片，建立了例会制度，分片轮庄，互动繁忙。这种运作一直很顺利，但有一次却捅了“大篓子”。

那次例会快结束时，按照惯例，东道主单位的宣传科长拿着一张“就餐申请表”到厂长办公室请签字。哪想到之前厂里刚刚出了安全事故，厂长正在火急火燎地安排抢救事宜。一看宣传科长递过去的“就餐申请表”，顿时发了大火：“乱弹琴……你们宣传科搞什么鬼，尽捣乱……”

这本来是一个工作上的巧合失误，不知为什么传到公司党委领导的耳朵里就成了“周宝玲带着二级单位的宣传科长大吃大喝……”

大吃大喝可不是一般的小事。按照规定，一旦属实，不仅连累到宣传部的声誉，也关系到我的“提拔”。

国营企业培养干部有一套科学而严谨的操作程序。其中，有几条“硬杠子”是先决条件。一是“参加公司的“青年干部培训班”。二是科级岗位年限。三是采用无记名投票的方式进行群众评议。“青干班”我参加的是第四期，科级干部我已当了9年。

而我犯的这个错误正好在群众评议无记名投票前夕。

现在想来，我真的是给领导出了一个大难题，惹了大麻烦。难能可贵的是，领导处理这件“突发事件”的高超能力。领导连续采取了三项具体措施，阻断了事态的发酵。一方面“恨铁不成钢”，对我进行了严肃的批评教育。二是本着“犯了错误，改了就是好同志”的宗旨，指定由我牵头，组织力量梳理宣传网络的活动事宜，建立健全规章制度、进一步完善宣传工作例会制度，重申“除矿山外，严禁在二级单位就餐”的条款，从根本上杜绝此类情况的发生。三是领导亲自向公司党委书记汇报事情的来龙去脉，承担领导责任并为我开脱：“周宝玲主要是想干事，她干实事，只是考虑问题不周到……”因为当时参加例会的有矿山来的同志，按照规定是经厂长批准，可以在食堂就餐的。

事情虽然过去了，但我却在马钢相关领导的心目中留下了“不靠谱”的印象。

当年，我们党群系统在一个办公楼，党委领导在三楼，我们宣传部在四层顶楼。进进出出经常和领导碰面。有一次正好和党委书记一同走出大楼，就一起聊天。正值减员分流阶段，我就随意问了一句：“××书记，如果我们单位考评下来，我被‘尾数下岗’的话，请您帮我找个单位好吗？”

××书记没有马上回答，和我走了一段路，似乎经过了认真考虑才说：“……你家小石（我老伴石千柱）可以考虑……”

我明白了自己在领导眼里的印象。

晚上回到家，我把白天的场景聊给“小石”听，他也沉默了好长时间才说了一句话：“你不适应在机关……”

老公说的一点也不错。我在机关很忙，但总是“忙忙碌碌犯错，风风火火闯祸”。

有一次，我到同科室一名男同事家中看望他生病的儿子，其间，我和他的妻子相互聊天很愉快，妻子了解到我是山西人，她也看出来我很热情。后来，他们夫妇离婚了，不久，这名男同事就和一名外地女士谈起了恋爱。同事的前妻没打听到详情，一听前夫和“外来妹”谈婚论嫁，马上就联想到我是山西人，一味认定是我给同事当“红娘”，就委托她的弟弟气呼呼地闯到办公室来找我“算账”，在机关大楼造成了不良影响。

我真是“哑巴吃黄连，有苦说不出”。我当时还兼着宣传部的工会委员，这件事还必须由我来牵头处理，“解铃还须系铃人”。

无奈之下，我找到领导“诉苦”。领导虽然出生于六十年代，比我年轻将近十岁，但他不愧是“年轻的老干部”，在仔细地听完我的“冤情”后，并没有纠结于这件事的前因后果，却是“语重心长”地说：“周宝玲，做什么事都要有个度，你热情是优点，但需要掌握‘分寸’。一旦失去‘分寸’，任何事情都会适得其反、南辕北辙。事情的来龙去脉你自己最清楚，去把这件事处理好。”

领导的话对我真是醍醐灌顶，受益终身。之后，我冒着酷暑到我同事前妻的弟弟所在的单位，详详细细地“细说原委”，我和同事的“前妻”握手言和。

从我最终被提拔的结果看，那两次“失误”并没有影响到我的“选票”。但这只是我当上“女处干”的一个方面，更重要的原因，则是宣传部领导对我的“学习提携”，引导我在马钢上大学、当“新生”。

马钢是国企。国营企业犹如一所综合大学，“炼钢育人”是马钢的一贯宗旨。我始终把在马钢工作看作是在马钢上大学。在这座火红的熔炉里，我把自己当作“新生”，“零起点”接受来自全国四面八方的老师们的面授，“零距离”聆听来自清华、北大、哈工大以及来自海外名校的“大师们”的教诲。我在马钢工作三十年，等于上了三十年大学，三十年的“必修课”“选修课”无数，我的各级领导如同老师，为“学生”付出了大量的心血和汗水。

马钢对“全员培训”抓得很紧，定期采取“请进来走出去”的方法，每年都要举办好几次不同类型的专题培训班。有一次请上海复旦大学一位教授讲《心理学》，是通知副处以上干部听的。宣传部领导事先得知其中有“性格决定命运”的章节，就专门向马钢教培中心申请，为我争取到一个编外名额，让我去听课。

不听不知道，一听“脑震荡”。教授的观点颠覆了我的理念，开启了我“改变自己”的心理路程。我一直以为“江山易改，秉性难移”，总觉得天生马大哈，改不了的。但教授却在PPT上用大号字体赫然醒目地写道：“每个人的性格都有先天遗传的部分，但更多的是通过后天培养而成，性格是可以通过修养而改变或是完善的……”

从此，我一步一步、一点一点地学会了处理各种纷繁复杂的事情时，做到不急不躁，井然有序。特别是在适当的场合、适当的时间，面对适当的对象，说适当的话。不仅没有再发生类似的“失误”，而且即使面对职工群众受人煽动集体上访等局面，也能做到“沉着冷静，妥善处理”。自己的职场生涯渐入佳境。从前认识我的人都说:“周宝玲的性格与以前判若两人。”

现在看来，这堂课成了我“改变自己”的新起点，也理解了领导有的放矢地指引我改变“大错误不犯，小错误不断”的马大哈性格。

2000 年，我已经 48 岁。按照相关政策，超过 45 岁就属于“根据需要适当放宽年龄”之列。而且，接近天命之年，多多少少我也有些“自知之明”：不说别的，就我这个小家庭而言，我的老伴当年已经是副处级了，两个人同享马钢的“恩惠”，可能吗?

所以，在提拔我的问题上，是有争议的。是单位领导不辞辛苦，多次找公司党委汇报，光大我的优点，淡化我的弱势，甚至为我的“失误”背锅，终于把我“推”进了“女处干”的行列。

所以说，我能当上“女处干”是党的培养、组织的关怀、领导的提携。不是官话，也并非客气，是心里话，是唱给党的“心歌”。

我特别喜爱荣获诺贝尔奖的屠呦呦，我对她在颁奖大会上的《获奖致辞》感同身受。

“……感谢完父亲，我想感谢中国的一位伟人——毛泽东……在感谢四个人的同时，我还要感谢当年从事 523 抗疟研究的中医科学院团队全体成员，感谢全国 523 项目单位的通力协作。”

作为伟大的科学家，屠呦呦举世瞩目的辉煌成就与我这个小小“女处干”的成长轨迹而言，似乎风马牛不相及。但她的“颁奖致辞”中的“感恩”深情却和我的“心歌”有着共同之处，那就是“党的光辉照我心”。

添加一句，“党的光辉暖终身”。如今已到古稀之年的我，早已关闭了“过去式”的门窗。是党，是这个美好的时代，再次给我打开了“早早早，上学堂”的校门，校内校外、线上线下的老年大学、金色学堂，随处可见，随时可学。

人到古稀当学生。想想哪朝哪代，哪国哪地，能有如此“颐养天年”的美妙与惬意呢?

大恩不言谢! 大恩无以回报! 作为一名有着46年党龄的老党员，千言万语汇成九个字：

听党的话，跟着老师走!

这九个字，是我唱给党的“心歌”，也是恭贺建党100年的“生日歌”！

“心歌”由心而生，发自心底。作为一名普通的老共产党员的心声，愿与晚辈共勉。

写于2021年3月23日(当晚中宣部发布《庆祝建党100年标识》)

高山流水　知音长鸣

那是去年3月30日的夜晚，新冠肺炎最严重的阶段，每天足不出户。因为眼睛不太好，我一般都是晚上家人入睡以后，才能看微信。那天晚上刚打开手机，一个噩耗顿时让我双腿发软，在客厅里发呆，又呆呆地跌坐在椅子上，泪水顺着脸颊无声地淌……因为手机上有一条令我十分意外又悲伤的微信内容：我在马钢工作时期的同事黄佩雯（老伴也熟悉）猝然去世。

如此失控，我和她是“闺蜜”吗？不是！我们两人曾经是马钢党委宣传部的同事，但她在统战科，我在文明办，具体工作交集很少。是“老乡”吗？也不是。她是上海人，我是北方人，饮食起居和生活习惯差异很大。

既不是“闺蜜”，也不是“老乡”，那么是什么让我像失去亲人一样悲痛伤心、彻夜难眠呢？

是“知音”。黄佩雯是我的“知音”！“知音”之缘，缘不可断。

“码字”知音

30多年前（1984年），我俩前后脚进了马钢（安徽省马鞍山市）党委宣传部。佩雯从马钢二级单位汽运公司秘书科调来，分到统战科；我随当基建工程兵的丈夫集体转业从山西教师岗位上调来，分到宣传科（文明办）。

佩雯是上海人，她身材苗条，身高适中，皮肤白皙，戴着眼镜，常年留着齐耳的短发，行为举止有着上海女性固有的优雅大方与得体。我很崇拜她，不仅崇拜她的优雅大方，更崇拜她的“码字功力”。

我们那时候的基本工作任务是“写材料”，起草通知、年度工作计划和总结。佩雯是从上海冶金专科毕业（“文革”之前的中专）分配到马钢的，文字功底深厚，写得一手漂亮的钢笔字。每当我那歪七扭八的文稿和她那漂亮整洁的文稿呈现在部长办公桌上时，我总感到自惭形秽。

20 世纪 80 年代，是个年轻人拼“文凭”的年代，当时的“文凭”有点像今天的“证书”。我虽然没有多少“墨水”，但有大学（工农兵学员）文凭，所以不用拼。佩雯是中专，她就拼“自考本科”中文系。为此，我俩在空余时间，谈得最多的话题大多是“词汇、语法、古汉语、唐诗宋词、明清小说……”有时谈到兴头上，禁不住大声朗读，她笑我“前后鼻音分不清”，我说她“上海普通话‘dtl（得特勒）’一个音”。

“自考”是非常艰难的，其中的酸甜苦辣只有“自考者”自知。不知熬过了多少不眠之夜，佩雯终于以非常优秀的成绩（每门课都在 85 分以上）拿到了本科文凭。

宣传部全体同仁都向她投去钦佩的目光。

拿到汉语言文学中文系的自考本科文凭，更让她的“官样文章”越做越好，不久被提拔为马钢统战科科长。

2018 年 12 月 10 日，我把自己在老年大学的习作《妈妈的“平定砂锅”孝养恩》（《地名古今》推出）发到“马上春秋缘”微信群，得到了大家的肯定，我非常开心。

“马上春秋缘”微信群是由佩雯、焦其华（原马钢党委宣传部宣传科长，后任马钢动力党委书记）和张履康（原安徽职业技术学院副院长，退休后任上海老年科技大学副校长）发起的一个小群，群友清一色的原马钢宣传系统的同仁。同仁们都是“码字”出身，我很愿意听取“同仁同行”的意见和建议，尤其在意佩雯评语的“含金量”。

佩雯果然“一切如故”。她看了之后不但发微信，还打电话和我说：“宝玲，你的写作水平提高了很多啊！上老年大学还真有用……”

没有客套，没有前铺后续，一针见血地点出了我当年的“拙与差”。

育儿知音

80年代中期，我和佩雯都是年轻妈妈。那个年代，“早教”的名词都还没普及。在我们们老家，大多数孩子都是“爬煤堆”长大，谁家孩子能上个幼儿园就是不得了的大事，更谈不到什么才艺辅导班。但佩雯很懂“早教”，她反复宣传、鼓动和感染我们宣传部的7个（4男3女）大一岁小一岁的小朋友，全部参加了游泳班培训、手风琴、小提琴等辅导班，较早地融入了“早教”行列。佩雯是“称职妈妈”的楷模。她的儿子比我女儿大一岁，她儿子从小就是“学霸”，初中三年在重点中学重点班里，老师允许他可以不交作业，因为他学的各门课程均已远远超出教材，高中就被复旦附中录取，依然是“霸主”，高中阶段参加国际数学竞赛就获得一万美金的奖励（我不知道名次），复旦大学毕业后赴美国留学，之后被聘为“終身教授”。

儿子出类拔萃了，佩雯又把精力全部放在关心指导其他孩子们身上。她在马鞍山的上海老乡很多，老乡中几乎每个孩子的中考、高考以及入职婚育，她都给予耐心细心的帮助指导，对我们部里的同事的孩子，更是不遗余力，诲人不倦。

1999 年夏季，我女儿高考。在从填报志愿一直到收取录取通知书的过程中，一波三折，佩雯全程帮忙，全程指导。

首先，我听从佩雯的意见，没有参与女儿填报志愿。所以女儿填了一个班主任认为她“不想好了”的志愿，就是没有梯次，不填报保底志愿（马鞍山有安徽工业大学，当年马钢是理事单位，考生只要达到本科线，至少可以走读），还不服从调剂。我十分担心但终究坚持没有吭气。结果第一批次的录取名单在《皖江晚报》刊登了，没有我女儿的名字，第二、第三批次也刊登了，我女儿还是“榜上无名”。鉴于女儿的志愿填报情况，我们真以为“完了”，我和女儿抱头痛哭。晚上老公回来，我们开始商量“复读”事宜。

佩雯特别关心我女儿的录取进程。第二天一上班，她急切地到我办公室，坚定地劝我：“按你女儿的分数，到‘山东财经’应该没问题，你去学校看一下，是不是投递有差错……”

“哎！报纸是按照招生办的名单刊登的，报上没有姓名，我跑去找谁啊？肯定没戏了，你帮我看看有关复读班的消息吧……”

因为没有听从佩雯的建议去学校，我只能在七上八下、寝食难安的日子里“煎熬”。

“煎熬”了4天，我女儿同学的爸爸突然打来电话，说他把“中国海洋大学”录取女儿的通知书代取回来了。原来，女儿是随第一批次录取的，录取通知书早就发到学校了，录取名单刊登却是在最后。

接电话的时候，佩雯正在我办公室。我呆住了，不敢相信自己的耳朵。她却一下子蹦起来了，她比我还兴奋，还高兴！拽着我飞也似地朝女儿同学爸爸的办公楼跑去……

鉴于佩雯的儿子非常优秀，我经常向她“请教”，我俩聊天的大多话题也都与“教育”相关。

有一天，佩雯推荐我读一读黎巴嫩诗人纪伯伦的《致我们终将远离的子女》：

你的儿女，其实不是你的儿女。
他们是生命对于自身的渴望。
他们借助你来到这个世界，却非因你而来，
他们在你身旁，却并不属于你。
你可以给予他们的是你的爱，却并不是你的想法，
因为他们有自己的思想。
你可以庇护的是他们的身体，却并不是他们的灵魂，
因为他们的灵魂属于明天，
属于你做梦也无法到达的明天。
你可以拼尽全力，变得像他们一样，
却不要让他们变得像你一样。
因为生命不会后退，也不在过去停留。
你是弓，儿女是从你那里射出的箭，
弓箭手望着未来之路上的箭靶，
他用尽力气将你拉开，使他的箭射得又快又远。
怀着快乐的心情，在弓箭手的手中弯曲吧，
因为他爱一路飞翔的箭，
也爱无比稳定的弓。

佩雯对此践行得非常好。我也跟在她身后亦步亦趋。

“洋泾浜”知音

我们这一代人都是独生子女父母，佩雯是儿子，我是女儿。我经常对佩雯说：“你生儿子好。我生下女儿，身边的朋友和同学们都说‘周宝玲完了’……”

佩雯绝不这样认为。她说：“都什么年代了，你还这样认为。我们上海人早就改变观念了，男孩女孩都一样……”

2006年3月，我女儿从上海财大研究生毕业，只花了一块五毛钱，就领到了上海人的户口本。我不想让她再上集体户，再加上当时政策不限购，就想给她在上海买房子。

没想到一下子引来多数人的极力反对。反对的理由主要是：我生的是女儿，女儿出嫁男方总要买房子。有个好朋友好心好意找到我家，非常诚恳地劝我："……咱们在中国，中国的国情就是这样，哪有生女儿还买房子的，你绝不能给女儿买房子。现在外边的人都说你疯啦。"老家的亲朋好友也纷纷劝我不要买。

拿不定主意，我一如既往地给佩雯打电话，寻求"知音"。

我有足够的理由相信，她会支持我"买房"的决定。

大约是在2000年上半年，佩雯从上海探亲回到马钢，就急急忙忙地到我办公室告诉我："宝玲，现在上海闵行开发区出了个政策，10万元一套80平米左右的房子，还给蓝印户口，包车免费到上海闵行看房，怎么样？我给你报名，等你女儿毕业了，就让她到上海找工作……"

后来，虽然这件事因为老公不同意而搁浅，但佩雯在买房问题上"男女平等"的观念铭刻在心。

果然，我在电话里说了一半，她就急切地打断我的啰嗦，斩钉截铁地表明态度："你不用说了，我明白。没有什么好犹豫的，赶快买。上海的房价永远只涨不降。你看中的地段好，又是学区房，学区房什么概念，你现在不懂，上海人都懂。退一万步说，你女儿找的对象不在上海，你可以卖啊！你就一个女儿，她将来找的婆家有房子，你和老石（我老公）住进去养老不就得了，赶快买。"

"知音"就是"知音"，懂我者，黄佩雯也！

放下电话我就去交定金了。

2006年买的这套房子，外孙可以入福山幼儿园、福山外国语小学、建平西初中。而且，2006年的政策还不限购，女儿刚出校门不能贷款，我和老公因帮她贷款都添加了姓名。如今真像佩雯说的，我和老伴在此养老了。

“缘分”这个名词说来比较神秘，看不见摸不着。但在日常生活中又很平凡，常常“不期而遇”。

当年我和佩雯都在马钢党委宣传部编辑过《马钢政工周讯》，我俩编辑，交文印室的桑爱琴打印，我们仨一块装订，每周日下午分发到60多个马钢二级单位的信箱。我们仨也因此结成了“钢城金兰”。后来因为马钢改制、重组等各种原因，我们仨“失联”。

等有了微信，我们在不同微信群的朋友圈里才了解到，我们仨都在上海养老。佩雯不用说了，她是美国、上海两地跑；桑爱琴的出生地在上海，所以她女儿在上海成家后，她和老伴也在上海买了房子，在上海养老。

很快，我们仨约在静安寺见面。20多年后，我们仨在笑声中拥抱了。

佩雯基本上没变，从背后看，苗条的身材俨然是个20多岁的“窈窕淑女”，面对面时，依然是白皙的皮肤，面带微笑，透过镜片，依然是眼睛清澈、闪烁着智慧而柔和的光芒。

吃过午餐，桑爱琴接外孙先行离开。佩雯陪着我，围着“上海展览中心”漫步多圈，佩雯一边走一边指着“上海展览中心”对面的一个小区告诉我：“老张（佩雯的老伴张工，老五届南京大学高材生）家就在×栋楼×号×××室，现在这套房子里挂着××人的户口，没等到拆迁。不过，2000年世博会时，政府对小区外围实施了装饰，也挺好。”

也就是这次午后漫步，我从佩雯口中了解到，“上海展览中心”原名“中苏友好大厦”，是50年代上海市建造的首座大型建筑，与北京展览馆一样，同属俄罗斯古典主义建筑风格。她还告诉我诸如哈同花园、愚园路、“洋泾浜界河”、法租界与公租界的界路爱多亚路、中正东路……

她的声音不高不低，语速不紧不慢，边走边指，我听得入神，漫步惬意，仿佛进入到一座“室外讲坛”，我对静安寺的前世今生分外入迷。

佩雯的娘家与婆婆家只隔一条小路，就在婆婆家对面，她专门领着我走到路边，指给我她当年放学回家的弄堂位置，以及告诉我在弄堂里“跳格子”“跳橡皮筋”和男孩子“拍洋画”的欢乐场景。

也是在那次散步中，我知道了她们家是长寿家族，她外婆享年106岁，她爸妈都90多岁了，与她和老公同住，夫妻俩精心孝养。我非常羡慕地说：“你们家是长寿家族，长寿基因你肯定传承，所以你的身体这样好。”

马钢每年组织我们体检，黄佩雯是我们同龄人中，各项指标都正常的少数人之一，平时连高血压都没有。

这么健康的一个人，怎么会猝然离开我们呢！想不通，泪水淌……实在是让人难以接受，接受不了。

远在天堂的佩雯，你能回答我吗？

2021年4月4日（清明节）

时尚外婆银发美

“妈娘”与外孙共同成长

2011年4月15日，我的外孙豆豆出生了。从此，打乱了我的退休生活计划，走上了一个崭新的工作岗位。根据专家最新定义，这个新的工作岗位叫作“高质量的陪伴”。为了更好地“陪伴”，我多次参加了“家政班”“烹饪班”“月嫂班”和“育婴师”的上岗培训，从“零起步”逐渐地入了门，深切地感受到什么叫作“共同成长”！陪伴之余，我把一些零零碎碎的心得体会断断续续地记录下来，既可以不断地回味陪伴外孙的快乐，也使自己的退休生活过出另一道美丽的风景线。

准确地说，“妈娘”这个称谓是外孙的创造。我是山西人，按我们本地的称谓，外孙把外婆称为“姥娘”。我外孙10个月学会喊“爸妈以后”，一直到15个月学会喊“爷爷”，紧跟着会喊“奶奶”。教他喊“姥娘”的过程中，大概“姥”字太难学，于是他就把会喊的“妈”和“娘”结合在一起，“妈娘”“妈娘”地喊个不停。仔细想来也有道理，“妈妈的娘”。我们也就不再纠正他，就让他咿咿呀呀“妈娘妈娘”地喊习惯了。从豆豆15个月开始长到到25个月大，这个除了我们自己家人，别人听不懂的称谓，被他称呼了将近一年。

豆豆是典型的“隔代抚养”。“豆豆的外婆”是我的身份，“全职奶妈”则是我的角色。一开始，我对这个角色的扮演是茫然的，每天做的只是传统的“看护”——吃喝拉撒睡。根本不懂、更没有时间和精力去接触“早教”，豆豆完全是自然成长。他胆子很小，每天带他到广场上去玩，他总是怯生生地什么玩具都不敢尝试，遇到别的小朋友和他打招呼，他总是害羞地躲在我的身后，拽着我的衣角要回家。

我急切地向同龄小朋友的爸爸妈妈、爷爷奶奶以及外公外婆咨询求教。不问不知道，一问吓一跳。我太落伍了。原来，大部分年轻的爸爸妈妈从怀孕开始，就在各种“早教”机构开始系统学习，这在我当妈妈的年代是闻所未闻的“时尚”。

为了上“早教”班，我首先到多个“早教”机构和“托班”（不到入幼儿园年龄之前的幼托机构）咨询比较，最后选中了“金宝贝”早教机构。金宝贝主要设育乐、音乐、艺术三大板块的课程，通过独有的教具、乐器和音乐，让孩子感受旋律和节奏，帮助宝宝发展视觉、听觉和触觉能力，从而适应环境，快乐成长。

但在决定上不上“金宝贝”的问题上，家里人抱着观望甚至有些怀疑的态度，因为传统观念认为，对婴幼儿进行科学的早期教育是“无稽之谈”，孩子太小，啥也不懂，大人只要管好他的吃喝拉撒睡，到了3岁以后给他上一个好的幼儿园，让他快乐就行了，至于受教育，那是上小学以后的事情。

当时，社会舆论对“早教”的认识还不普及。当我从“马鞍山金宝贝早教中心”咨询出来时，好几个抱着小孩的阿姨迎上来对我说：“你千万不要上当，都是骗钱的……”搞得我也有些疑惑。

所以，当我把马鞍山4家早教机构的咨询情况和家里人商量时，全家人最后采取了一个折中的办法，先报最少的28节课“试读”，觉得好就续报，觉得不好就不上。

豆豆上“金宝贝”的第一堂课，10分钟不到就哭着被我抱出教室了，原因是他什么都不会。

在“金宝贝”上课就是玩，但这个“玩”不是家里的随便玩，而是“玩”学习。教室里的木地板上铺着海绵垫，老师与抱着小朋友的家长围成一个圈，40 分钟时间里做五到六个游戏。有唱歌、手工、搭积木、站起来跳转圈舞蹈等等，形式多样，每一个游戏都是老师先把游戏的玩具发给大家，然后采取开火车的方法，一个接一个按老师的方法做一遍。那堂课的游戏是要求每个小朋友按老师教的节奏敲铃铛。豆豆从来没见过这阵势，更不懂“节奏”是什么，再加上胆子小，拿着小敲棒，连没节奏乱敲也敲不响，哭了。

我把他抱出教室，辅导老师迅速赶过来，笑眯眯地从我怀里把他抱过去，轻声慢语地哄、手指比手指地教，10 多分钟后，他不哭了，辅导老师就亲自领着他，大手牵小手地把他牵到小朋友的队伍里……

“金宝贝”育乐课的最后一个游戏是“举高高”，就是家长把自己的“宝贝”高高地举三次，孩子们最喜欢这个游戏。这个游戏要家长的两只胳膊有力气，爸爸妈妈带着上课是没有问题的。对我而言，却有些吃力，一是豆豆比同龄小朋友偏高偏重，二是我个子矮，胳膊力量不够。于是，每到这个环节，“金宝贝”的老师总是满面笑容地把豆豆从我怀里接过去，高高地把他举起来，然后欢快地回到我的怀抱。

“金宝贝”把自尊自信、诚信正直、文明礼貌、团结友爱、勇敢进取、共赢共享、爱与规矩、行为约束等多种良好素质因子渗透在 200 多种游戏中，通过生动活泼的音乐、绘画以及肢体活动，引导宝宝在游戏中成长，在游戏中养成好习惯。

“金宝贝”对孩子们的良好素质的养成不仅融合在课内游戏中，课外也一样。在游戏外也一以贯之。

记得报名不久，大约是上第三堂课那一次，我带豆豆在预备室低头换鞋子（进门先换上拖鞋才可入园，大人小孩都一样），不知为什么，豆豆和另一个小男孩发生纠纷，两个小男孩的本能就是肢体接触，气呼呼地互相抓住对方的手和衣服不放，同时又喊又叫还哭。我们两个大人同时问“怎么回事……”话还没说完，两位指导老师飞也似的赶过来，快速地一人抱起一个分别离开。待小朋友冷静下来之后，才让我们4人围在一起，重复游戏规则：“小朋友之间有了矛盾，可以找老师解决，但绝不准动手，记住了，动手是取消‘明星宝宝’评比资格的……家长也有规则，就是一旦发现小朋友之间有矛盾，首先要把双方先抱离现场，平静后再问原委，一定不能当场争辩，这是原则。”

豆豆来“金宝贝”已经快两年了，小孩子玩耍，小别扭经常有，但再也没有发生过肢体冲突。

我会牢牢记住这个游戏规则的，不论发生多么大的事情，抱离，二冷静，再梳理解决。

自从开始跟着豆豆上课，我逐渐感悟到，最应该坚持上课的是我。每天一到“金宝贝”，每一位老师包括阿姨，时刻对豆豆和全体小朋友露出的真诚微笑和暖言温语；每一节课上，老师挥汗如雨的神态，生动活泼的游戏示范，不光对豆豆、更对我是极好的培训，就像那次“抱离”，把小孩子的“毛病”消灭在萌芽状态。“金宝贝”老师们的爱心、真心、耐心和热心，影响并感染着我，让我这60多岁的老人“返老还童”，再次享受童年的快乐和童心的纯真与美丽！

“金宝贝”有一项评比奖励制度。在小朋友的上课次数、课堂表现和日常行为习惯单项计分的基础上，每个月依据总分评选一名“明星宝贝”，然后为“明星宝贝”照一张“全家福”，制作在一个大相框里作为奖励。每一个小朋友天天关注着“光荣榜”，都想在“光荣榜”上看到自己的姓名和“全家福”。

昨天上午11点，是豆豆的艺术课。按照规则，照例是自己涂鸦。与往日不同，一上课豆豆就问老师：“今天画什么呀？”当老师回答说想画什么就画什么时，豆豆一口气画了大大小小11辆车。在场的老师和同课堂的小朋友及家长都很惊讶！当我问他都是些什么车时，豆豆用稚嫩的声音炫耀地回答：“拖拉机、挖土机、大吊车、小吊车、还有轿车…”他才31个月，两周岁半多一点，从自己的构图、握笔到整张大白纸的布局，都令人感到欣喜！这真的是得益于“金宝贝”。

豆豆上艺术课的时间比较晚。按规定，小朋友2周岁就可以上艺术课。但因为豆豆是跟着我和奶奶在马鞍山和上海两地跑，当今年7月份从上海回到马鞍山时，他28个月大才上艺术课。刚上第一节艺术课时，我和所有的家长一样，看他连笔都不会拿，就自己代劳，而且不停地在旁边指指点点。结果一节课下来，我比豆豆还累，他还不知从何入手。课后，指导老师亲切地告诉我：“宝宝画的时候，家长只要在他身边摸摸底，看就行了，不要代他画，更不要给他定框框。”

我听了老师的话，慢慢地学会控制自己。不但在课堂上这样，豆豆在家里的墙上、床单上乱涂乱画的时候，我也只是看，自己不再“指点”了。现在5个月过去了，豆豆的每次艺术课都有他自己的想法。串珠子，做面团，用手乱涂乱抹，他都完成得比较好。

由于11辆车画得好，豆豆的课堂表现拿了高分，再加上其他项目的得分加权平均，今天，豆豆终于登上了“明星宝贝”的领奖台，而我也以“明星宝贝”家长的身份，在颁奖会上发言！

今天是个好日子！期待“妈娘”与外孙在今后的好日子里共同成长！

2013年11月29日

从今开始“天天读”

今天的话题，是收到豆豆上竹园幼儿园的录取通知书。全家人既高兴又有点遗憾。

如果按照往年的按学区划分，豆豆应该到“福山幼儿园”上学，而且，一开始预报名，我们按户口所在地也应该是在“福山幼儿园”入读，没想到豆豆的“运气”不好，偏偏遇到今年的情况特殊。

主要原因是我们这个大院同龄孩子太多了，福山幼儿园的规模满足不了。那就把我们院子里的20多个适龄儿童全部划到“竹园幼儿园”入读。为此。很多家长多次到教育部门“讨说法”，有关部门解释说:“幼儿园划分不会影响升小学的学区划分”，家长才在疑惑中接收了“入园”通知书。

不管怎么样，豆豆要开始新生活了。全家人还是很兴奋的。尤其是我，马上要肩负起接送豆豆上幼儿园的任务，迫切需要相应的基本基础知识，一切都得从头学起。

为了更好地与豆豆尽快适应幼儿园的生活，我和年轻的幼儿教师成为好朋友，找她“话聊”，向她学习。为了能够“天天读”，我特把与幼儿教师的对话制成卡片，压在玻璃板底下，“照章”带豆豆上幼儿园。

外婆（以下简称“婆”）：美女好！非常抱歉！耽误你宝贵的时间。今天主要是请你帮助我缓解一下我自己的焦虑情绪。9月1日我外孙要上幼儿园了，他不紧张，我倒有些忐忑，该怎么办呢？

幼儿教师（以下简称“师”）：阿姨好！您这种心理很正常。幼儿园是一个小型社会，到了年龄上幼儿园是孩子逐步脱离家长走向社会的过渡。不仅您紧张，您的外孙上幼儿园的第一天肯定会哭的，95% 以上的小朋友上幼儿园的前三天都会哭，不要紧的，大约一周以后就适应了。您和外孙从现在起就要做好准备。

婆：具体怎么做呢？

师：首先，您要详细地了解一下外孙上的幼儿园的一日生活规律，从现在起，家庭与幼儿园的作息时间基本一致，按时起床、午睡、进餐，缩短幼儿园与家庭之间的差距，提前教会宝宝进餐、入厕、穿脱衣服、喝水、洗手、蹲坑，帮助宝宝作好充分准备。幼儿园开学之前，会开一次家长会，发给家长一份详尽的通知，需要家长配合的具体要求都在通知里，您尽管放心好了。

婆：听你这样一说，我感觉踏实多了。能说说具体的案例吗？

师：哈哈！那可太多了。就说我哥家女儿娟娟吧。我哥嫂经常出差，娟娟是由我妈带大的。我又是干这一行的。上幼儿园前一年，就让我妈按照上幼儿园的要求，提前适应。比如，早上自然醒来，我妈先笑，用愉快的情绪感染娟娟，把娟娟交给老师，愉快地说“再见”，然后马上离开。我妈从来不在娟娟面前表示留恋，或者偷看。这样，娟娟完全被幼儿园生活所吸引，高高兴兴，很配合。每天一早起来，就吵着闹着要早早去幼儿园，玩她最喜欢的玩具。

不过，有的家长没有提前做功课，宝宝的适应期就要长一些。有的小朋友要哭两个星期，也有的小朋友不会自己吃饭，老师要喂饭一个月才能教会。也有极个别的大哭大闹，不吃不喝，对老师有防范。我们耗费的精力要大一些。

婆：我要向你妈妈学习。

师：我妈妈是严格按照幼儿园的规章制度做的，您会比我妈做得更好。你看（她拿出一张她们幼儿园的规定读给我听），（1）准时接孩子，不可以迟到；（2）不要流露出过多的思念，要让孩子感觉到，家长信任幼儿园；（3）信任老师，与老师交流宝宝在园情况；（4）带宝宝在幼儿园里玩一会儿。

婆：（接过规定边看边说）哦！还有“切忌”：千万不要和孩子这样说：

“有没有人欺负你？”

“你吃饱了吗？”

“宝贝，让你受委屈了……”

“如果你明天上幼儿园，我就给……”

“我们明天不上幼儿园”

“明天第一个接你……”

哦！那这都是忌语啦？

师：对的。忌语万万不能说，不仅您不能说，请告诉全家人都不能说。同时，家长须做到：（1）提醒宝宝多喝水、吃水果；（2）聊一聊老师和小朋友；（3）玩过什么玩具，做过什么事情；（4）幼儿园什么东西好吃？若孩子不愿意提，可不必强求；（5）晚上早一些入睡。

婆：真的很全面，太感谢啦。

师：谢谢阿姨夸奖。我这里有一本《陪着孩子慢慢来》送给您，是专门讲宝宝如何适应幼儿园生活的。其中一篇《入园十忌》，请您重点看看，很实用。祝您和外孙入园愉快。

婆：好的好的。多谢多谢。从今天开始，我一定坚持天天学习，照着去做，尽快适应接送豆豆上幼儿园的新生活。

回到家里，我把《入园十忌》打印出来，贴到墙上。

一忌：一味妥协，今天送，明天不送。

二忌：孩子哭，我也哭。

三忌:“我在外面等你”“我去给你拿好吃的来”。

四忌:“再哭，再哭就不接你了。”

五忌：孩子哭了，我多和孩子呆一会就好了。

六忌:“不许哭！”

七忌：躲在窗子外面看一看。

八忌:“有小朋友打你吗？”“老师凶你吗？”

九忌：在家一定要好好补。

十忌：休息的时候无节制。

哦，金科玉律。我要从今开始“天天读”。

2014 年 6 月 20 日

我们都很棒

根据“金宝贝”马鞍山早教中心“天才宝贝”班的教学安排，今天上午8：00—12：00点是户外教学——爬采石三台阁。昨天晚上看天气预报，今天有中雨，因此给外孙准备了雨衣、雨伞、替换衣服等一大堆东西，塞满了双肩包。清晨6点半起来烧早饭，推开纱窗看外面，地上湿漉漉的。正在担心今天的课外教学是否可以进行时，我的外孙豆豆已经一反常态地醒来了。说他一反常态，是因为每天早晨醒来后，总要喊我在床上陪他玩，磨磨蹭蹭地搞到9点半才起床。可今天真乖，早早起床，一睁眼就说：“今天爬山，我要自已穿衣服……”8点半不到，我们打车到了集合地——采石公园大门外。老师先进行点名分组，然后通过举牌子回答问题的游戏方式，让每个小朋友记住了爬山的注意事项，接着公布活动方案，并给每个小朋友发了第一张目标牌——太白楼。老师“出发”的口令还没落地，丁雄、阳阳和豆豆三个稍大一点的小男孩就飞一样地跑到前面去了，让我们家长追也追不上。在太白楼第一个目的地，老师带领大家做了几个游戏并稍事休息，发给每个小朋友一个锦囊和第二张目标卡，告诉大家，锦囊必须等爬到三台阁顶上，才可以打开。小朋友们兴奋不已，带着神秘，怀着向往，不知疲倦地往上爬。

这几天老是下雨，爬山的台阶长满了青苔，我们大人都觉得比较滑，但小朋友们不怕，争先恐后地往上跑。尤其是几个小女孩，刚刚三周岁或三周岁多一点，一个比一个勇敢。爬到中途加油补给站——怀谢亭时，家长都累了，孩子们却依然活蹦乱跳。大家高兴地分享着与老师和家长给大家搬上来的矿泉水和饼干、点心和糖果。老师在这个环节设计了一个非常巧妙的、一举三得的游戏，就是发给每个小朋友一根小擀面杖，游戏名称是互助棒，一是要求小朋友用这根互助棒牵着家长的手，共同攀登三台阁顶峰。二是教会小朋友用这根互助棒随时清除爬山路上的障碍，三是非常累的时候，小朋友可以用这根互助棒作支撑，停下来稍作休息。

从补给点再往三台阁爬，路就比较陡了，也比较窄了，我们家长都担心小家伙摔跤，想牵着他们（她们）的小手爬上去，没想到没有一个小朋友要我们牵，他们（她们）一个个你超我、我超你地陆续爬到三台阁广场。

在三台阁广场的一个休息台前，早已等在那里的老师叫大家排好队，解开锦囊，拿出里边的宝物。这时才明白，每个小朋友的锦囊袋装的是一张三台阁全景图的一部分，所有小朋友的卡片拼起来，是一幅精美的三台阁全景图。大家在全景图前照了相留了影。孩子们把锦囊中的宝物交给老师的同时，还领到了一份可爱的礼物。豆豆领到的是一张他自己最喜欢的小汽车拼图，兴高采烈地跑到我身边，把礼物举得老高老高地向我展示。我一边亲吻一边夸赞他：你真棒！你的同学们真棒！

这是我们全体登山者的肺腑之言：我们都很棒！

我们都很棒——点赞马鞍山“金宝贝”中心这个团队非常棒！为了今天的“爬山”活动，“金宝贝”团队从几个月前就开始策划、筹备、踩点、一直忙碌到昨天晚上9点，老师还在药店为小朋友们购买爬山必备的药品。抱也抱不动的整箱的矿泉水、游戏道具、补给点心、游戏奖品、相机，以及垃圾袋等等，都是老师们和小朋友家长们一步一个台阶气喘吁吁地搬上山的。团队对这次活动的策划非常棒！整个活动过程把游戏和“天才宝贝”的学习内容巧妙地结合起来，把孩子们的兴趣和安全自我保护方法融为一体，把登高望远的辛苦和半山腰的休息合理恰当地安排，环环紧扣，张弛有序，使小朋友们从头到尾充满了欢笑……尤其是在怀谢亭暂作休息时，除了给小朋友打气鼓劲外，老师专门强调“互助棒”的使用方法，爬山途中，如果有人掉队时，可以用“互助棒”拉对方一把，也可以以家庭为单位，一家人同时紧握“互助棒”，团结起来一起爬山。策划这样的游戏，既避免了小朋友自己乱跑，又让孩子们学会了团结友爱、互相帮助的美好品德。优优小朋友的外公外婆是本地人，对采石很熟，夫妻二人给大家当了义务导游和交通指挥，他们还给我们详细地介绍了有关采石的兴衰史，使大家了解了很多过去所不知道的采石历史。

我们都很棒——点赞小朋友的爸爸妈妈们特别棒！目前在我国大陆，当爸妈是唯一一种不需要上岗证就能升格为家长的职业，也是目前国内大学尚未开设的专业。适龄男女到了法定年龄就可以结婚生小孩当父母，但怎样当一名合格的爸爸妈妈，却是已经当爸妈或即将当爸妈的年轻一代最渴望学习和掌握的能力。在这方面，马鞍山“金宝贝”早教中心会员家长很幸运。“金宝贝”早教中心专门为会员家庭开办了“父母学堂”，定期讲课。今天这堂户外课，实际上是“天才宝贝”和“父母学堂”课的综合拓展。在爬山过程中，小朋友的爸爸争先恐后地帮助老师往山上搬矿泉水。在补给站和游戏活动中，12个家庭和老师们组成了一个充满了友爱互助的大家庭，地上的垃圾家家争着抢着捡起来投入垃圾箱。在三台阁的望远镜前，大家排队观看长江时，你让我，我让你，呈现出的是大家庭“温良恭俭让”的温馨氛围。这个望远镜一人次需要投一枚1元硬币，丁雄妈妈一下子拿出来一大把硬币，给每个小朋友发了一枚，孩子们感谢声悦耳不绝。“分享”二字大大地留在了雄伟壮观的三台阁，深深地印在了每个小朋友和家长的心窝里。从小看大7岁看老，良好的美德教育使幼儿受益终身。

我们都很棒——点赞今天参加爬山的12名小朋友们最棒！。孩子们特别棒！这些小家伙平时都是家里的“金宝贝”，爬山之类的活动比较少。尤其是豆豆，平时走路说不定还要撒娇让抱抱。但今天的表现实在出乎我的意料。在他的同学们的影响下，他一路高歌猛进。嘴里还不停地喊丁雄：“老雄！老雄！”丁雄也连续回喊豆豆：“老豆老豆……”他们的嗓音又高又亮，喊得周围的人不由得哈哈大笑。中午12点结束，我们和丁雄一同打车到知味轩，丁雄妈妈为他们两个好朋友买了同样丰盛的午餐，吃完饭已经下午1点了，我们都困极了，两个小伙伴依然不想分开。要不是丁雄的妈妈急着回去给她的女儿喂奶，他们两个恐怕还要玩下去。让我更想不到的是，我们回到家已经下午1点20分了，我觉得下午4点的“天才宝贝”课是无论如何上不成了，就给“金宝贝”打电话请了假，想让豆豆下午美美地睡一觉，上午实在太累了！但仅仅睡到三点一刻，他就醒来了。睁开眼就说：“我要上课。”收拾好来到“天才宝贝”一看，哇！太棒了！上午参加爬山、下午有课的孩子都来了。真的是老师说的：“孩子不累，是大人累。”

采石的空气好风景美，大家在活动过程中学会了在大自然中发现美，学会了在攀登中体会舒展和愉悦的心境。孩子的欢笑就是家庭的幸福。爬山让我们衷心地感觉到：生活真美好！

2015年7月19日

我要早早去幼儿园

每天早晨7点，我要先打开CD机，有时放音乐，有时放英语，目的是让豆豆开始准备起床。因为他晚上睡得很晚，担心早晨起不来，我就边放音乐边给他按摩涌泉穴，在他迷迷糊糊中给他穿好衣服，抱一会儿再起床。

今天早晨却出乎我的意料。当我刚刚摸到他的脚底涌泉穴时，豆豆突然"噌"地一下爬起来，跳下床，把我一下搞愣住了，当我反应过来问他："你怎么了？"他连跑带跳地窜到客厅，大声说："我要刷牙、洗脸，上幼儿园。"当他把一切都搞定，才刚到7点20分，我和姥爷本想让他再玩一会儿，没想到他却吵着非要早早就去。我好奇地问："你这么早去干什么呀？"他很认真地回答我说："我去得早可以和栾融慧玩呀，还可以看书。"我和姥爷顿时明白了，老师教育有方，豆豆开始有上进心了，也开始建立良好的生活习惯了。

真是意外的惊喜。豆豆是2011年4月15日出生的，到今天整整4岁5个月，因为一直是让他自然睡、自然醒，没有进行作息时间的训练，所以他的作息时间很不好，总是晚睡晚起。我们担心睡眠不足，小班期间一直让他上半天，在幼儿园吃过午饭就接回来，下午3点左右午睡，5点左右起床，晚上要到11点到12点才睡。今年开学上中班了，不能再这样下去，就让他上全天，在幼儿园午睡。但全家人一直吊着一颗心，担心他适应不了幼儿园的作息时间。

没想到才十几天，豆豆就把作息时间调过来了。这几天晚上 10 点多就睡了，早晨 7 点也能起来。但绝没想到今天会这么迅速，而且固执地坚持自己刷牙、洗脸、穿衣服。突然间打破了我 4 年半的规定动作，还真让我有点不适应。面对他自己刷好牙、穿好衣服，自己坐在桌子上吃汤圆时，我竟然一下子变得手足无措。

真是非常非常感谢竹园幼儿园中 4 班的两位老师和阿姨，感谢全班的小朋友，在老师耐心细致的教导下，在小朋友们的快乐陪伴下，豆豆真的长大了。

2015 年 9 月 16 日

为幼儿教师点赞

今天，春光明媚，春意盎然。上午9点半，竹园幼儿园中四班的小朋友们吃过点心后，在陈老师、陆老师和罗老师的带领下，兴致勃勃地走出大门，前往竹园社区观察体验。我和马新童的奶奶有幸参加了这次难忘的观察活动，感受颇深，受益匪浅。最深刻的是，作为家长，我们更深切地体验到了幼儿教师的辛苦和不易。

中四班教室外，是干净整洁的塑胶活动操场。陈老师和陆老师让全体小朋友两人一对两人一对牵好手，排好队，陈老师牵着最前面一对小朋友的手领队，大家整齐地跟着走出大门。

观察活动的第一站是竹园理发店，漂亮的老板娘让出店门前的空地，热情地欢迎小朋友的到来。陈老师详细地介绍理发店的格局、设备以及工作流程。陈老师讲解完毕，大家齐声谢过店老板后，紧跟着陈老师来到了离理发店不远处的小超市观察，同学们非常开心，争先恐后地簇拥着陈老师，听老师的观察内容。紧接着，陈老师又带领大家观察了姹紫嫣红的鲜花店、鳞次栉比的小区建筑。大家牵着手排着队，穿过了熙熙攘攘的菜市场，观察并回答了高高矮矮的楼顶上的避雷针及相关问题。认识了花园里的凉亭建筑形状。你争我抢地回答了长方形、正方形、圆形、三角形等各种形状知识。看到了花瓣的组成、树叶的形状。大家还走到了马路边的公交车站，陈老师教大家学习识别斑马线、红绿灯、排队等车等生活技能与生活常识。尤其是到了竹园小学的大门前，陈老师给大家指着大门上的钟，再次让小朋友们辨别钟的形状组成时，全体同学都踮起了脚，伸长了脖子仰起脸，大声地喊着“三角形、圆形，圆形、三角形……”那个开心，那个兴奋，那个欢呼跃雀，真把我和马新童的奶奶也带回了60年前。最后，全班弟弟（男孩）一组，妹妹（女孩）一组，陆老师给大家拍照时，个个兴高采烈，纷纷摆出不同的姿势，露出了甜蜜的微笑……

这是竹园幼儿园中四班学生的一次户外观察活动。时间不长不短，路程不远不近。但就在这不长不短一个半小时内，我们看到了幼儿的难带程度与幼儿教师的耐心与艰辛。

我们都知道，中四班陈老师身体欠佳，陆老师身怀六甲，小罗老师又刚来中四班不久。而中班的孩子们正处在成长的第一个叛逆期……因此，我们看到的是这样的画面：

一路上，车水马龙，人流量大，孩子们小，小朋友们总是瞅机会就往路中间跳，松开手嬉戏，牵起手哈哈，总想着前奔后跑，尽情要闹。

一路上，迎面时不时会驶来汽车、摩托车、电瓶车，老师们再三招呼大家往路边靠，但小朋友特别是小男孩，总是偷着乐着想往路中间穿。

一路上，原来牵好手的好朋友一个要玩，一个要跑，于是分手牵手再分手的现状此起彼伏，老师们拽着这个，那个想溜，拉住那个这个又趁机“逃脱”。

一路上，孩子们笑个不停，闹个不停。

因此，一路上三位老师只能不眨眼地盯，不停嘴地说，不住手地往边上拉。同时，无论是讲解还是维持秩序，陈老师要不停地说话，陆老师挺着大肚子，一边不停地维持秩序，一边双手不停地拍照。小罗老师一路上几乎就没有伸直腰，一直在弯着腰往路两边拢抱小朋友。

幼儿教师太辛苦！太不容易了！想想平时在家里，我们是六个成人围着一个小朋友，爷爷背，奶奶抱，外公外婆搂着唱，爸爸妈妈看着无奈地笑。往往是六个成人直喊累得受不了。而幼儿教师却是每天从早到晚，两三个老师教着 30 多个小朋友。一个孩子一样性格，一个孩子一种成长背景，说轻了不听，说重了家长又不快活。要想把孩子培养成懂规矩、有礼貌、健康阳光的小朋友，幼儿教师真的是日日苦口婆心，天天殚心竭虑。

时代不同了，诱惑又太多，面对过度的电子产口发展，家长很无奈，只好把孩子健康成长的重担托付给幼儿教师。作为这次美好的观察活动的参与家长，我们体验到了幼儿教师的辛苦和难处，却帮不上忙。只能通过这点笨拙的文字，真诚地向幼儿教师道一声：

老师，辛苦了！我们为您点赞！再点赞！

2016 年 4 月 1 日

参加“亲子搭建”活动有感

今天上午，风和日丽，阳光灿烂，竹园幼儿园布置得绚丽多彩，院中间的大屏幕上，循环播放着“竹园幼儿园亲子搭建活动”的大标题，处处营造出一派欢乐祥和的氛围。我和我的外孙——中四班陈健豪小朋友有幸参加了这次亲子搭建活动，受益匪浅，感触颇深。

9点半，“竹园幼儿园亲子搭建活动”正式开始，顿时吸引着全体参加活动的小朋友、家长还有老师的目光。游戏大约由30多对亲子队组成，有父女队、父子队、有爸爸妈妈和儿子或女儿组成的队，大家都面带笑容，认真动手，同场竞技，欢乐多多。经过1个多小时的搭建，一幅幅生动精彩的作品呈现在展台上。

我怀着激动的心情一一参观，真是品种齐全、主题突出、琳琅满目、五彩缤纷，令人目不暇接。有上海地标性城市建筑东方明珠、有世博会中国馆、有各种各样的交通工具，也有栩栩如生的各种动物造型，还有鲜艳欲滴的各种花草树木，真是应有尽有，争奇斗艳。这些作品充分展现了孩子们无限的聪明才智和很强的动手能力，也进一步展示出竹园幼儿园从小培养孩子们的创新思维与动手能力的办园宗旨。

我的外孙陈健豪搭的是迪士尼乐园，没有模式，完全靠他自己的想象，结合他自己玩过的、非常快乐的记忆，搭建成他心目中的“迪士尼乐园”。据他自己介绍，他搭的这个建筑中，有两幢迪士尼主题楼，两幢楼中间是游乐大广场，广场上搭出滑梯、跷跷板、玩具飞机、客车、卡车，卡车上还装着玩具小人，广场四周是盛开的鲜花、整齐的栏杆……用他那天真的、有限的想象诠释着他幼小的心目中的“迪士尼”。

搭建是竹园幼儿园的特色，是为孩子们成长设计的有益游戏，对幼儿的全面发展有着明显和潜在的影响。一是搭建游戏符合幼儿的心理特点，解决幼儿渴望参加成人的生活却经验能力有限之间的矛盾。二是搭建游戏符合幼儿的行为特点，发展了眼、手、脑等器官协调并用的功能，促进视觉、触觉、想象力和创造力的发展，有利于培养幼儿的观察和思考的兴趣。三是搭建游戏有利于幼儿的认知发展，搭建运用到形状、对称、重复、比例等美学原理，创作的过程容易激发出艺术灵感，可以获得力平衡、数概念等早期朴素的科学经验，为将来的认知学习做好某些铺垫。四是提高融入社会的能力，特别是亲子搭建，需要与家长两人甚至三人共同完成，在游戏中培养了小朋友互相合作和交流沟通的能力。

我为自己的外孙有幸在竹园幼儿园成长感到自豪。同时，十分感谢竹园幼儿园为孩子们的成长设计出良好的平台。尤其感谢中四班的陈老师给了我和陈健豪这样好的机会，使我学到了很多与外孙共同成长的知识。

感谢幼儿园！感谢辛勤的老师！

2016年5月18日

阅读助我颐养天年

我是山西人，出生于1953年。回顾64年的成长历程，是“阅读”哺育了我。因为受时代变革的制约，像我这样50年代出生的人，正规系统的学校教育仅仅6年。我出生的小县城虽然“文革”风暴到得比较晚，“停课闹革命”也比较晚，但考上重点初中后，只读了半个学期，就赶上全国“停课闹革命”，参加“文革大串联”。所学到的书本知识非常非常少。那么，我们这一代被称为“无所不能的一代”，暂时抛开书本知识不说，其生存与生活所需要的常识、胆识、见识又从哪里来的呢？是“阅读”。是持之以恒的“阅读”伴随着我从北走到南，再从南转到东，归宿在这温婉甜美的黄浦江畔。

32岁以前，我的“阅读”是满怀激情的阅读。阅读的主题是“毛泽东思想”。阅读的内容主要是《钢铁是怎样练成的》《青春之歌》《苦菜花》《小二黑结婚》《红岩》等革命书籍。学习的榜样是雷锋、王杰、欧阳海，江姐、保尔、刘胡兰。我和千千万万热血青年一样，畅饮着巨浪滔天的黄河水，度过了“激情燃烧的岁月”。1975年，我当上了工农兵学员，在山西大学校园里，继续阅读“将无产阶级文化大革命进行到底”的报刊杂志，老师给我们补的却是高中的基础课程。

1984年，我随转业到安徽省马鞍山市的丈夫调动到马钢工作。

紧跟着时代变革的步伐，我的“阅读”习惯没有变，阅读的主题和内容也随时代发生了很大的变化。阅读的主题变成了邓小平理论、内容也都与“改革开放、观念转变”“与时俱进、创建和谐”等有关。人到中年的我，畅饮着胸怀博大的长江水，品味着“下海经商，洋插队，个体户，万元户，市场经济，只生一个好”的峥嵘岁月，“阅读”由当年的“激情燃烧”慢慢磨成了“温情脉脉”。

俗话说，什么年龄办什么事，什么季节开什么花。退休以来，我阅读的主题都与“老年”二字密不可分，老化、衰老、老来俏、老还童、老顽童等等。阅读的内容也都以“老年心态平衡与健康”有关。作为老年人，客观上总是与“老化”和“衰老”这两个词汇形影不离的，那么，如何才能让自己和这两个离不开的词汇和谐相处，让自己的老年生活过得相对愉快一点呢？我选择了“老年心理学”。

“老年心理学”告诉我，世界上有两种截然不同的老年心理发展的观念。一种是传统的“老年丧失期”观点；另一种是“毕生发展观”观点。前者认为，人到了老年只有衰退，没有发展。人到了老年，其“身心健康”“经济基础”“社会角色”和“生活价值”相继丧失是老年丧失期的基本特征。另一种是“毕生发展观”，有四个方面的理论阐述：一是认为人的心理发展贯穿人的一生，人的心理发展和行为变化从胚胎形成到衰老的整个一生都在发展。二是人的心理发展的方向、形式和速率各有不同。人的感知出现最早，成熟最早，衰退也比较早。人的抽象逻辑思维较晚开始发展，随着年龄的增长不断发展并继续增强。三是人的心理发展过程既有增长也有衰退。四是人的心理发展受多重因素的影响，不同的因素对个体不同时期影响强度有非常大的区别：生理成熟因素对儿童影响强度最大；社会文化因素对人的成长成熟期影响强度最大；而人的性格、智力、命运、时代背景以及个体所遭遇的非规范非正常性事件等，对老年人的影响强度是最大的。

了解了上述有关“老年”的不同理论，我选择了“毕生发展观”这样的养老理念。何况身边有个生命刚刚开始的小外孙，我的养老理念对小外孙的成长至关重要。

于是，除了每天的必修课——买菜烧饭陪伴外孙之外，我积极主动地选择了适合自己的老年大学的学习课程。在这个充满欢乐与笑声的环境里，学会学不会什么都不重要，学到什么学不到什么也不在意，在意的是老年大学给了我联系老朋友、结识新朋友的平台，给了我走出家门呼吸新鲜空气的美好空间，也培育了我和同龄人抱团开心的甜美情趣。大家都是同龄人，每天做的都是差不多同样的事，共同语言多，相互沟通愉悦，心情自然就会好。

总之，是“阅读”给了我让自己的老年生活过得滋润一点、惬意一点、丰满一点的目标，是老年大学给了我实现这个目标的平台和用武之地。因此，我爱“阅读”，我爱老年大学。

2016 年 11 月 2 日

学习弄堂游戏 融入上海文化 学做新上海人

元月10日上午，我有幸在竹园幼儿园大四班参加了学习上海弄堂游戏的活动，当时的气温虽然比较低，但我却感觉非常温暖。因为我的女儿一家作为新上海人，需要融入上海文化，而融入上海文化的最好契入点，就是教小孩子学习上海的弄堂游戏。

上世纪五六十年代的上海家庭，父母大多是双职工，子女有三五个，父母对子女一般采取“放羊”战术，弄堂就成了孩子们活动的场所、游戏的天地。弄堂里的孩子们经常聚集到弄堂的空地上，玩一些道具简单、规则简单的游戏，如“踢毽子”“跳房子”“挑绷绷”“刮片子”“扯铃子”“跳皮筋”“抽陀子”“丢手绢”等游戏，这些弄堂游戏也成了一代老上海人美好的回忆。

现在没有弄堂了，大四班的老师就想出这个很有创意的办法，利用幼儿园现有条件，教小朋友玩“弄堂游戏”。我和小朋友的“跳房子”在楼道里进行。这个游戏简单易学，小朋友无论单脚跳还是双脚跳，都很兴奋，聚精会神地盯着各自的“房子”，总是想赢。玩“挑绷绷”是个益智游戏，我用一根长带子，穿在自己一只手的食指、中指和无名指上，然后教小朋友想办法再从我的手指上挑到他们自己的手指上，孩子们总是一边笑一边穿，可总也穿不上去，可爱极了。

“跳皮筋”和“丢手绢”这两个游戏是要配儿歌的。男孩女孩围成一个大圆圈，我在跳，我在圈外跑着“丢手绢”，小朋友们在欢快地背诵着新儿歌:“说上海，道上海，上海城，真正美，东方明珠电视塔，高耸入云多雄伟，把四方信息传过来，浦东开发区彩旗飘，豪华宾馆楼房高，笑迎八方游客到，南浦杨浦斜拉桥，连接浦东和浦西，这两条彩带在空中飘，上海上海天天变，变得越来越美好……

快乐的时光总是过得很快。弄堂游戏结束了，可我的开心和快乐却刚刚开始——

每一代人都有自己的童年记忆，也许从物质生活条件来讲，我们这一代人远远比不上我们的孙辈，但童年游戏带给我们简单而淳朴的快乐，为我们涂上了一层明亮的底色，她不仅映照在我们人生的道路上，更是滋养了我们终身的幸福。

感谢陈老师和陆老师把我带回了美好的童年，更感谢两位老师带着小天使学习弄堂游戏，体验上海文化，让小朋友们的幼儿园生活充满阳光，茁壮成长! 这个创意无论对老上海人和新上海人的子女而言，不仅收益满满，而且会给小朋友们留下非常甜蜜的记忆。

2017 年 1 月 12 日

不远千里三叩首

今天上午从山西回来，下午接豆豆放学。一见到我，豆豆先问："太太（我婆婆）入土了吗？"一句话让我回到了今年这个特殊的国庆假期。

10月1日凌晨3点，我搭老乡的的车子回山西，路上太堵了，直到晚上10点多，我们才挪到徐州。我在车上正睡得迷迷糊糊，突然被一阵急促的手机铃声惊醒，耳边传来老伴低沉的声音："妈妈走了，就刚才……"

晴天霹雷，让我好半天脑子里一片空白，任凭手机在耳边"嘟嘟嘟……"，仿佛僵化了，还是身旁的老乡帮我把手机拿开的。

车子在拥堵不堪的高速公路上还不如蜗牛，蜗牛虽慢但不停，被堵的车却停滞不前。直到10月2日凌晨4点半才到家，当即投入到婆婆后事的忙碌中。

我老伴是婆婆的大儿子，婆婆突然离别，老伴与女儿一家却远在千里之外的安徽马鞍山。国庆期间，飞机票根本买不到，只好自驾车往回赶。但是回山西带不带豆豆这件事上，我是极其担心的。

豆豆6周岁半，刚上小学一年级，从马鞍山到老家，将近1200公里，节日期间堵车严重，也不是非要回去不可。到底带不带呢？一下子想到我在老年大学《国学》班上老师讲的"……事死如事生；事亡如事存"。长辈已经往生了，我们还要把他们当作活着一样看待；婆婆已经远行了，我们还要当婆婆存在一样，心中还要和婆婆有感应，这是大孝。

所以，当女儿电话里告诉我要带豆豆赶回来祭拜“太太”时，我就开始琢磨怎样以此为契机，对豆豆进行“孝”的教育。

老伴带着女儿一家三口，10月2日一早出发，路上歇了一晚，于3号晚上才赶到老家县城。当晚在县城休息。4号一早从县城回到婆婆家。

婆婆的灵堂设在院子里，宽大的院子摆满了前来吊唁的亲朋好友和乡亲们送来的鲜花、绢花花圈，灵堂正中是婆婆慈祥和蔼的遗像，遗像两旁挂着两个儿子儿媳两个女儿女婿送的长长的挽联，紧挨着是婆婆的第三代送的鲜花花圈与挽联……

上小学2个月的豆豆，第一次经历这样的场面，十分好奇地问这问那。前来吊唁的人太多，接待完一波又一波，我不便详细解释，只是笼统地告诉他：“这是悼念亲人的一种仪式，你先跟着妈妈去给太太上香，等太太入土为安，我回上海后再慢慢说给你听……”

这不，我上午刚回来，一见面他就迫不及待地问我。

豆豆是婆婆的第四代，2015年春节，我们带豆豆回去看望老人，婆婆欢喜不已，一把将豆豆抱在怀里，用老人家粗糙的双手抚摸豆豆细嫩的脸庞，后来豆豆悄悄地告诉我：“太太的手有点扎……”于是，我和豆豆的“路聊”就从这里开始。

“还记得太太‘扎’你的脸吗？”我搂着豆豆，边走边问。

“记得记得，当然记得，太太抱着我，亲我，还送了我一个红包。”豆豆仰起脸，很神气地回答我。

孔子有一句话，叫作“祭如在”。这个“在”就是说，你要亲自在那里，不能打个电话说我不能回来，你们替我祭拜一下，那是没有用的。吊唁更是如此。女儿一家三口，开车1200公里，赶回山西为婆婆上香叩首，很清楚地告诉婆婆：您的孙女孙女婿和重孙子心中有您，您就活着！

我很认真地回答豆豆："你记得太太，太太会一辈子护佑你，护佑你们全家的。"

"为什么？"豆豆又一次仰头，把我搂他的手从肩膀上挪开，极其好奇地问。

"还记得你爸妈带着你给太太上香、磕头、烧五色纸吗？"

"嗯。"

我给他详细地说完他们一家人给婆婆上香的"感应"。

我们老家的吊唁程序有个步骤，第一步在院子里设的灵堂上香跪拜，面对遗像说说心里话，表示哀悼。第二步要到"遗体间"，是按风俗规矩把装殓好的遗体停在生前居住的屋子里，直系亲属每天 24 小时守灵，并且根据寿龄和生辰八字，确定停放的时间。我婆婆寿龄 86，在当地是高寿，一共在家里停放 7 天。

女儿一家三口是第五天给婆婆上香的。上香叩首后，紧接着是烧五色纸。据说烧纸这个环节是最有"感应"的一道程序，我们守灵的直系孝子披麻戴孝，跪在"遗体"前，给前来吊唁的人回礼感谢，同时要看"五色纸"燃烧，瞬时燃烧为灰烬的，说明逝者心情愉悦完全接纳，也有燃烧不完的，被视为往生者没有接受，或者与前来吊唁者不太融洽。这种说法，当然毫无根据。一方面是因为乡下人见识浅陋；另一方面，是因为巨大的悲痛压迫了人的理性而使之陷入近乎于痴的状态。

我婆婆生前与人为善，在村子里口碑甚好，周边邻居都来吊唁烧纸，没有燃烧不顺的情况。但说来也怪，10 月 5 日那天，前来吊唁烧纸的几十起，就属女儿一家三口的"五色纸"燃烧得最快最旺最彻底，女儿的火柴一点就燃，火柴棒还没燃到一半，"五色纸"瞬间燃成灰烬，在屋子里飞舞成花。"遗体间"的人惊诧不已，异口同声地说："婆婆最喜欢孙女一家啊！"

都说"隔代亲"。婆婆和我女儿是"骨子里的亲又亲"。

我和女儿沟通不了的很多问题，婆婆的一句话会"立竿见影"。

我女儿2009年结的婚，直到2011年才生下豆豆。期间，我很着急，多次催促无效，此话题免谈。我婆婆比我还急，但她比我有方法。2010年春节，我带女儿女婿回婆婆家度假，婆婆和女儿单独聊天，不知道祖孙俩聊的什么，山西回来，女儿就告诉我："妈妈，我要备孕了……"我问她，怎么这么快就想通了？她说："奶奶劝我生，我听奶奶的。"

孙女一家大老远赶回来为她送行，也许婆婆在天之灵是有"感应"的。

"感应"是什么？就是"只要你心中有他的存在，他就存在；你心中没有他的存在，他就不存在。"这是没有办法用科学证明的，也不是全都客观的。

豆豆的学校离家只有5分钟的路程，其间路过一家小超市，有三张桌子六条凳子，豆豆进去买了一个饭团，我俩坐下来一直聊，直到我把这个"五色纸"的现场细节详细地讲完，豆豆意犹未尽，继续发问："外婆，'入土为安'是什么意思呢？"

这又是一件没有办法科学证明的事。

我们家乡的习俗，出殡要请"风水先生"看日子。婆婆的出殡日子定在10月7日，之前几天连续大到暴雨。我们是土葬，祖坟在半山腰的良田，一下雨，空行都异常艰难，何况要在泥烂的土路上抬棺往上爬。出殡前一夜，还要在院子里给婆婆上供（相当于南方的做法事），真是急煞人。

从下雨开始，全家人急得吃不下饭，睡不着觉，大家不是不停地翻手机看天气预报的详情，就是反复商议预备方案，往最坏处考虑如何按时辰出殡，按时辰"入土为安"。

令所有人惊奇的是，出殡前一天下午，先是小雨，紧接着雨停了，晚饭是“开锅拉面”，全村邻居们都来，晚餐后开始“上供”，乐队弹奏着婆婆生前喜欢的山西梆子，专职上供人员化妆成婆婆的侍女佣人，把八碟八碗以及婆婆生前吃穿用的东西，扭着秧歌舞步，经跪拜的直系孝子双手举过头顶后，一一供在灵堂前的供桌上。

整个过程将近3个小时，三个小时天公作美。“上供”一结束，瓢泼大雨从天而降。

从天而降的瓢泼大雨直泄，泄得全家人心慌意乱，一夜没合眼，天一亮赶快和总管商量好，采用备用方案，一切仪式取消，只要“入土为安”。

谁都没想到，又是一个更大的奇迹。上午11点，瓢泼大雨戛然而止。总管抓住时机，提前启动入棺仪式，高声通知隔壁大院的大灶提前炒菜蒸馒头，抓住暴雨暂停的机会，有序完成婆婆出殡的整个仪式。

婆婆的出殡仪式很隆重，洋鼓洋号，中式乐队，引魂幡，路祭（在村中的主要路口停棺烧纸祭奠）和谢孝的程序全部实施，出殡过程隆重有序。

在坟头，又是一番祭奠仪式，直到把婆婆安然“入土”。惊奇的是，天公好像卡着钟表似的，我们一回到家，瓢泼大雨又从天而泄……

村里人都说，善德的婆婆生前一心为儿女，不给儿女半点负担。走了，也依然为子孙留福，不让暴雨给儿孙半点麻烦。

我的话很多，小超市的顾客进来出去好几拨，豆豆还在凳子上听得津津有味。虽然今天推迟了写作业的时间，但我认为非常值得。

台湾师范大学曾仕强教授说得好：“孝敬不是天生的，需要教育和灌输，需要从儿童开始……”

孝文化作为中华文化的一部分，需要一代又一代人承上启下，不断发扬光大。今天有机会给他讲讲“孝文化”，是希望外孙在中华优秀传统文化的氛围中健康成长。

期待豆豆在成长中践行“百善孝为先”的传统美德。

（参考：1.曾仕强：《长安家风》，第八集：“扫墓要带第二代去”；2.曾仕强：《孝就是道》，第一讲，P2。）

2017 年 10 月 13 日

“早教”遐思

人老了，很难被感动，但3年前的那个星期日我还是被感动了；人老了，很难因为某件事情而思绪万千，但那天我确实是浮想联翩……

那是2015年元月25日，是个星期天，下午2点半，我和老伴带着外孙从安徽马鞍山到南京雨花台郁金香路19号的“金宝贝”早教中心去“访课”。所谓“访课”，就是“金宝贝”早教中心的会员，可以在全国任何一座城市的中心去免费上一堂课。鉴于马鞍山到南京雨花台只有40公里，我们选择了南京，“访课”时间是下午4点半。

当天下着小雨，天气阴沉沉的，能见度很低，老伴已年过花甲，开车技术也不敢恭维，过立交桥时走错了路，找到南京雨花台郁金香路19号时，已经是下午4点15分了。我们急匆匆地赶到前台，顿时傻了眼。原来，因为天气原因，当天下午这个中心不安排“访课”。我们虽然大老远地冒雨赶来，但按照规定，会员达不到2名以上是不能开课的。

正当我们带着遗憾准备离开时，中心的指导师Nancy老师笑盈盈地走了过来。她看着我们焦急失望的表情，听我说明情况后，和蔼地说：“奶奶您先别着急，容我再和排课老师商量商量。”说完，她就朝排课老师走去了。

我焦急地低头看着手腕上的表，既充满希望又不敢奢望。不料仅仅过了5分钟，Nancy老师和一位黑人老师并排走了过来，亲切地告诉我们:“排课老师同意由我和这位菲律宾来的老师为宝宝破例上课……”

我们真是惊喜万分，赶快吩咐外孙换鞋进了教室。这堂课的内容是针对2岁半的儿童开的，叫第7阶段的艺术课，是两位老师指导小朋友独立制作“一本书”。

这是一堂破例的课，也是一堂特殊的课。上课期间，不时有家长从教室的大玻璃窗朝里瞧，一边瞧一边问:“怎么一个小孩还开课?”“哎!快来看看，2号教室里‘2对1’哦!”我只好反复给大家解释“是从外地来访课”“是从外地来访课”……

“访课”不到一个小时就结束了，但我的思绪则刚刚开始。我想到了“曾子杀猪”的故事。“曾子杀猪”的核心内容是对孩子要讲“诚信”，而今天这堂破例的课，就是对“诚信”教育的一种最好的诠释。

我又想到了“早教”。刚开始决定送外孙上“早教”班的时候，家里人是抱着观望甚至有些怀疑的态度的，因为传统观念认为，对婴幼儿进行科学的早期教育是“无稽之谈”，孩子太小，啥也不懂，大人只要管好他的吃喝拉撒睡，到了3岁以后给他上一个好幼儿园，让他快乐就行了，至于受教育，那是上小学以后的事了。

其实不然，像今天“破例访课”，收获岂止仅仅是外孙制作了一本书。三年来，我带着外孙有时候在上海的“金宝贝中心”，有时候在马鞍山的“金宝贝中心”，总共上了将近200节课，每节课都是收获满满，惊喜连连。我外孙天生胆小，刚进“金宝贝”教室的时候，10分钟不到就开始哭，见了老师会低着头钻到我身后，课堂上别的小朋友都在欢快地唱啊跳啊，他只是默默地站在墙边看。是老师笑眯眯地从我怀里把他抱过去，轻声慢语地哄、手指比手指地教，大手牵小手地把他牵到小朋友的队伍里，逐渐成长为“明星宝贝”（“金宝贝”中心的一种评比奖励）。他们把自尊自信、诚信正直、文明礼貌、团结友爱、勇敢进取、共赢共享、爱与规矩、行为约束等多种良好素质因子渗透在200多种游戏中，通过生动活泼的音乐、绘画以及肢体活动，引导宝宝在游戏中成长，在游戏中养成好习惯。

“好习惯”惠及终身。《读者》杂志2015年第三期里，刊登了张艺谋导演（魏君子整理）回忆高仓健在云南拍戏收工的一事，就是“好习惯”的典范。

在云南拍戏时，张艺谋导演有一天在下午6点时对高仓健说：“您先回去”。但到晚上9点收工时，副导演慌慌张张地跑到张导跟前说：“导演，高仓健没走！”为什么没走？出事了？不是。高仓健认为：导演和全体工作人员都在这儿工作，他不能走。副导演让他到工作现场来休息，现场有椅子有水。高仓健说怕打搅。当时已经70多岁的人了，就在山地的一个拐角下默默地站了3个小时，看大家工作，不打搅。直到全体工作人员上汽车准备返回驻地，高仓健远远地给全体人员鞠躬，鞠完躬才回去。

文章对这件事是这样点评的：“工作一天了，让他先回去，这算什么？全世界的演员都会觉得天经地义，而高仓健觉得不可以，因为导演还在工作，工作人员还在工作。好多这样的小事情，都不是装的，高仓健的习惯就是这样，这就是‘士’。”

高仓健的行为，源于幼年，得益于日本的“早教”日本的“早教”，教的是习惯，塑造的是性格。

一位在日本带孙子孙女的朋友告诉我，日本的宝宝上幼儿园的第一课，就是要求宝宝学会三件事：一是不要去干扰别人，二是遇事要在预约前5—10分钟到达，三是不能随地大小便。日本的家庭从宝宝出生开始就是用这三个原则来约束孩子的。因此，日本小孩在成人后，普遍表现得彬彬有理，温婉优雅。这样的“早教”同样体现在他们的各种幼教读物和影视儿童作品中。凡有宝宝的家庭都非常喜爱的“巧虎”是其突出的代表。

日本的家庭和社会一致认为：孩子不能娇生惯养，独自上学是学会独立的第一步。如果学校离家很近，幼儿园的小朋友也会自己走路上学。即便是接送孩子，书包也要自己拿，日本皇室的小公主也不例外。在日本的课堂上，1–2 年级开设生活课，教给学生基础的日常生活常识；3–6 年级开设社会课，教给学生日本社会的风土人情；5–6 年级开设家庭课、社会课，教学生缝补衣服和做饭等技巧。

日本的小学生在学校吃午饭，同学们自己搬运、分配食物，自己收拾餐具、自己给垃圾分类。甚至烧饭用到的一部分蔬菜，也是同学们自己种植的。

俗话说，从小看大，七岁看老，习惯成自然。“早教”不需要太多的道理，不可用教训的口气，发现小朋友不按规矩约束自己，长者蹲下来或跪下来，保持与宝宝一样高，和颜悦色地，眉对眉、眼对眼地沟通、示范，直到孩子破涕为笑，愉悦地接受约束为止。

早教，习惯，性格，成人，成长，“有余力，则学文”……从那个难忘的星期天开始，直到今天，我似乎才开始理解“真善美”“仁义礼智信，温良恭俭让”的“早教”起点应该在哪里。

2018 年 8 月

自主管理的胜利

今天，豆豆做了4页“计算小超市”，全对，100%的正确率，他高兴得从座位上跳了起来，我也朝他竖起了大拇指。为什么这个很平常的正确率会让我们祖孙这么高兴呢?

因为这是豆豆“自我管理”的胜利!

从上学到现在，计算一直是豆豆的弱项，不管是在学校，还是在课外上辅导班，几乎每次大小测验或考试，他都会因为计算而失分，一道应用题，前头几步都做对了，但在最后一步计算时他会搞错，或者竖式计算正确，等号上答案写错，令人惋惜不已。

今天完成的“计算小超市”，是课外辅导班“学而思”的作业，他尤其马虎。上这个辅导班两年半了，不是不做，就是做了也错题多多。

现在因为抗击新冠肺炎，全国统一推迟开学时间，利用这个机会，我们有意训练他的计算细心，每天安排完成4页的计算，全部正确有奖励，晚上加10分钟电视。不料，他不买账，而是提了一个让我非常吃惊的条件——关门写作业。

上学以来，我都是陪在豆豆身边写作业的，看他写字姿势不对，及时提醒；觉得他口渴了，端一杯水给他放在写字台上……一直感觉很正常，怎么也没想到他会认为是我在他身边，影响了他的正确率。所以很委婉地要把我“请出”门外。

不仅如此，豆豆同时要求我们：“我把书房门锁上，你们进来要敲门。”我猛地恍然大悟：豆豆长大了，他要独立！他要自主！

细想起来，类似的呼声早有迹象，但在处理孩子的“诉求”上，我的方法不如女儿。

记得豆豆二年级时，他妈妈给他报过一个学期的钢琴课，豆豆觉得报班多很累，他没有正面反抗，而是连续 4 次在钢琴老师来家里上课前，在一张张 A4 纸上写上大大的“我很累！”三个字，分别贴到了每个房间的门上。“知儿莫如母”，我女儿果断地给他儿子退掉了钢琴课。

这本来是豆豆“自主管理”的一个很好的信号，我却只是一笑而过，导致他的计算一错再错。

我践行“隔代陪伴”。总认为“陪伴”在外孙身边就是最好的“教育”，从上学开始，只要放学回到家，就形影不离地陪伴在外孙身边，哪怕什么也不做，什么也不说，只是静静地陪在他身边，就是给他最大最好的“爱”。其间，豆豆曾反复提出来自己在书房写作业，但我却总是担心他在房间里玩，在房里开小差，在写字台前发呆……只有守在他身边，他才能专心。

今天，这四页“计算小超市”100% 的正确率，让我懂得了：寸步不离地盯在孩子身边，那不叫陪伴，而是“监视”。就像握拳一样，把手握紧，里面什么也没有，把手放开，你得到的是一切。

2020 年 2 月 12 日

绝不能“失信”

今天体育锻炼的项目是玩足球。到烧饭的时候，我让他自己玩。他爬在地上，闷闷不乐地自言自语“……曾子杀猪”。

我和姥爷都愣了，想了老半天才明白，是我们错了，错在“失信”。

男孩子天生喜欢“疯玩”。前几天，“空中课堂”的体育课讲了足球项目，他高兴地手舞足蹈地说：“姥爷给我买个足球吧，我要到楼下去玩……”我们答应得很爽快。

足球买回来了，但是因为这几天疫情加剧，楼下广场和公园里几乎没人，考虑到安全问题，忽视了我们之前满口答应他：“买来足球，姥爷姥娘陪你下楼去踢……”说这话时，绝对没想到疫情如此严重，前些日子对孩子的承诺，我俩忘得一干二净。所以，现在孩子想让我们陪着下楼去玩，却成了我们让他自己玩，他当然不高兴了。

“隔代教育”，最应该做到的是守信，今天我们确实错大了。

于是，我俩老老实实向孩子认错：“对不起！今天真的是外公外婆错了，我们忘了说过的话了。不过，这几天新冠肺炎太厉害，我们小区有从国外回来的隔离人员，小区要求我们不要出门。你看这样行吗？等到能回学校上课，让爸爸陪你到大广场踢球，可以吗？”豆豆破涕为笑。

还有一次失误，我也诚恳地向孩子道歉。

那是一个周一的上午 9 点，老师通过微信发来批评，说豆豆没有参加升旗仪式。这可真的是我的失误。

3 月 2 日“空中课堂”启动仪式上，他们学校大队部有要求，每周一早上 8：15 穿校服戴红领巾进入班主任课堂，但我操作电脑卡壳，大队部的安排没有收到，导致豆豆没有按时参加升旗仪式。

我和姥爷认真地向老师做了检讨，说明情况，并诚恳地向外孙道歉:“对不起，请原谅! ”

因为操作电脑失误，曾经多次给豆豆造成不必要的麻烦。2018 年 8 月 31 日晚上，由于我没有把暑假作业打印完整，豆豆补写词语到凌晨 2 点，写字写到手指发僵; 2019 年 5 月，因我的操作失误导致豆豆失去了一次考试的机会；很多次因电脑卡壳导致豆豆的作业打印不出来……

太多的操作失误，教训惨痛!

今年上半年，由于新冠肺炎，都是“线上上课”。毫无疑问，“线上上课”最基本的要求就是操作电脑。孩子的爸爸妈妈在家办公还好，操作电脑不用我们操心。但他们正常上班之后，我要不能熟练地操作电脑，豆豆就等于“停课”。所以，三个月的“空中课堂”，我不仅“进修”了三个月的三年级课程，而且，练习了三个月的电脑操作。现在，基本上能满足学校正常的“电子作业”接收打印。

都说“隔代教育”需要不断地学习新知识和新观念，我在实践中深深体会到：还要添加“不断地学习新技能、新知识”。

2020 年 3 月 29 日

王维可以回家吗?

今天的语文课，老师讲的是《九月九日忆山东兄弟》，不愧是名师，老师把这首怀念兄弟、亲人的名作，诠释得非常详细，并且借助于“空中课堂”，图文并茂，把我也吸引到电视机前，津津有味地聆听。

老师结合图片，重点讲解了“九月九日”“山东”“异客”“倍”“遥知”和“茱萸”等6个重点词句后，又把整首诗的大意翻译了两遍，然后给大家5分钟的时间巩固后，要求大家复述。

我也要求豆豆复述一遍，不料他却答非所问:“外婆，王维可以回家啊!重阳节放假，不放假也可以请假回家啊!干吗不回家而要想家人呢……”

还真把我问住了。看他也在全神贯注地听老师讲课，看到屏幕上，有的同学复述得非常完整。而豆豆为什么答非所问呢?想必他平时在校听课也是如此，今天他的软肋给我们发现了。虽然他两眼聚精会神地盯着屏幕（黑板），跟着老师的指挥棒转，但他的思维并没有与老师的思维共振，而是按照自己的思路理解这首诗。从大的方面考虑，也不能说他不对，毕竟，他思考的还是这首诗，没有胡思乱想开小差。但这样的听课方式错过了老师的精彩讲解，假如“复述”应试，是肯定拿不到分的。

怎么做才能既保护了豆豆的想象性思维，又可以与老师的思维频率保持一致呢?这大概就是“辅导”的任务。

于是,我再次详细地“复述”了老师重点讲的6个词语,补充说:“……唐朝那时候,交通极其不方便,没有汽车、没有轮船、没有公路,爬再高的山,涉再深的水,也是靠两只脚,至多骑毛驴和独木舟。更没有‘假期’”一说。还有,古代老百姓在重阳节都有登高插茱萸的习俗,为了辟邪去灾。”

讲到这里,老师的课堂内容都“复述”完了,但豆豆依然很出神地听着,我便趁热打铁补充道:“哦!还有个民间传说,一般教科书上不写的,你想听吗?”

“想听想听……”豆豆急切地说。

“你知道吗?传说这首诗是王维17岁时写的,这么小的年纪就背井离乡,能不想家吗……所以每逢佳节倍思亲,就成了千古名句。”

晚上,完成“复述课文”的作业上传,老师批改评为“优”。

2020年3月31日

家务劳动是必修课

2017年，女儿在唐镇“浦发檀府”买了一套新房子，“檀府”小区环境很好，全家每逢双休日或寒暑假就过去“度假”。今年因为疫情，全家人自正月初六从马鞍山回到“檀府”，就一直在这个美丽的花园里，度过了这个不寻常的“鼠年春天”。

初春，小区花园一片郁郁葱葱，各种各样的树枝上长出了崭新的翠绿，挂满了晶莹的珍珠。

仲春，和煦的春风吹拂，温暖的阳光照耀，树枝上冒出了密密麻麻的花蕾。过了十几天，一棵棵树上的花朵竞相绽放，五颜六色，红的火热、白的纯美、粉的娇艳，黄色的花朵则散发出“皇家”的威严与华贵，整个花园万紫千红。因为疫情，大家戴口罩散步，却依然挡不住醇香的芬芳沁人肺腑。

暮春时分，初夏已经来临，树上的花朵凋谢，开始为秋天孕育硕果，各种叫不出名称的小花像五彩缤纷的巨幅地毯，点缀着绿篱环绕的花园，以美丽轻盈的蝴蝶为首领的各种昆虫在花丛里翩翩起舞，活蹦乱跳的孩童笑着唱着展臂扑打，太阳公公像和蔼的菩萨，满脸笑容慈爱地抚摸着小区花园……

在这美丽而祥和的花园式居室里的4个多月期间，印象最深的是让豆豆参与的一次家务劳动。

女儿买的“檀府”这套房子有两个卫生间，客厅这个卫生间带着一个外阳台，安装着地暖和空调的外机。这块面积不小，有将近8平方米。我们请工匠从这个卫生间开了一道门，再把这块空间铺上木地板，就增加了一个半露天储藏室。

楼下邻居把原来精装修的“六屉橱柜”拆下来准备扔掉，如果摆在家里的储藏室，正好可以收纳物品。

豆豆听到我俩商量此事，蹦蹦跳跳地跑过来大声叫：“六屉橱，六屉橱！我来搬，我来搬！”

“六屉橱”还真是个“庞然大物”，需要让豆豆添一把劲，参与家务劳动。

吃过午饭，我们祖孙三人开始“战斗”。先把运输这个“六屉橱”的障碍物移走，打开通道，将椅子、衣架、门垫等都收到一边，再用“八四”消毒液把“六屉橱”里里外外擦了一遍，然后我和姥爷慢慢拖着“六屉橱”移动，豆豆在后面使劲推，移到卫生间门口时，竖着进不去，我们仨又打量着这个“庞然大物”，反复琢磨，上下比划，费尽九牛二虎之力，终于把这个“庞然大物”运到了卫生间外边的晒台上……

哇塞！可以收纳好多好多可留可弃的物件，等于增加了房屋的使用面积，好开心啊！更开心的是，豆豆参与了家务劳动，为家庭建设作出了贡献！

2020年7月6日

祖孙买书记

上海的教育逐渐与国际接轨。特别是语文，从小学一年级开始就有阅读的要求。按照规定，小学一二年级不布置笔头作业，不考试，但每天都有阅读30分钟的要求，先是阅读带拼音的绘本，随着识字量的加大，老师要求有明确的阅读书目，所以，定期到商城路“东方书城”和福州路“上海书城”去买书，是豆豆的一大乐事。

看到我俩拎着两袋子很重的书在公交车站等车，有人劝我们说:“现在网上购书又快又省力，干吗这么累呢？”还有人说:“买一台阅读平板电脑，随时可以阅读，既不伤眼睛还特方便。”

是啊！为什么呢？

《为什么看过的电子书容易忘》（［美］什洛莫·贝纳茨、乔纳·莱勒，石磊译，2020年12期《读者》）给出了答案。

这一代电子书的液晶屏幕使读书过于舒适了，不需要太动脑，最终的结果是我们不能充分消化屏幕上的文字。轻松进，容易出，让事情变得很容易并不总是好事。有时，人们在处理稍有难度的事情时，反而会记得更牢。可见，认知困难是一件好事。

使文本更难读（研究人员称之为“不流畅”），实际上可以加强长时记忆。多项研究表明，增加不流畅度会使受试者更仔细地处理信息，相对于仅仅阅读文本，他们会被迫去思考，快速运转的大脑会变得慢下来。

不流畅的感觉不再是一种不便或者烦扰，它实际上是一种重要的心理信号，告诉我们要慢下来，专注一点，提醒我们要更多地思考。因此，类似“吸烟有害健康”的警告应该用难读的字体，以引起注意和思考。

可见，看电子书会损坏记忆，阅读不加思考，等于白看。今后，要让孩子多多阅读文本，引发他思考，对他积累知识有好处。

不仅如此，因为疫情，从今年（2020年）3月2号到6月2号，豆豆他们都是上的网课，这是不得已而为之的办法。网课已经影响到孩子们的眼睛，课外阅读再用电子设备，那不是雪上加霜吗？况且，小学生正在身体发育阶段，眼睛和身体各个器官一样，12岁以前，都还在发育阶段，所以12岁以前使用电子设备阅读是弊大于利的。

经常领着他逛书店，不仅有利于坚持纸质阅读，还可以学到很多社会知识。更重要的是，给孩子来一个氛围熏陶，即让他置身于书的海洋，与书亲密接触，渐渐产生爱书之心。

在一个阳光明媚的周日上午，我带豆豆到福州路的上海书城去买书。在那里，他选他的，我选我的，我很快选好了自己要买的书，主要是四年级（上）的辅导材料。豆豆可不一样了。他在进门的楼梯上就贴着我的耳朵说：“李老师让我们在假期里少打游戏少看电视，要博览群书……”话没说完，到了门口，他抢先量了体温，就飞也似的跑进去了。

我抱着自己买好的书，站在书柜边上等他。

只见他上上下下多次，把有少儿书籍的柜台全部浏览了一遍，然后选一本自己喜欢的，坐在地板上阅读起来……

一个多小时过去了，他还在读，我还在等，几次走到他跟前想喊他回家，但一看到他和十几个小朋友一起坐在地上，捧着自己喜欢的书，读得那样津津有味，我就停止了脚步，悄悄地在外面继续等候。

一直等到下午2点37分，他终于看好了。我俩快速到一楼去结账。哇！一共选了29本，1066元。这么多书，太重了。我俩正发愁时，漂亮的收银员告诉我们，满388元可以免费邮寄。

多么周到的服务，真是喜出望外！

办好邮寄手续，一身轻松。豆豆喊："外婆。肚子饿扁了……"我俩高高兴兴地去找饭店。

2020年7月10日

理想教育在童年

傍晚，带豆豆跳绳回来的路上，他把两只手握成喇叭状扒在我的耳边，很神秘地小声说：“阿婆，告诉你个秘密，要替我保密哦……”

“什么事？这么神秘？挨老师批评了？”我的心一下子揪了起来，担心他在学校犯了什么事，不想让爸爸妈妈知道。

“Nou！Nou！Nou！不是学校的事。”

“那是什么呢？”我好奇地问。心想，除了学校的事，还会有什么事让豆豆如此神秘而严肃呢？

豆豆继续在我耳边悄悄地却坚定地告诉我：“我长大了绝不干两件事，抽烟和喝酒……”

顿时欣喜。他有自主意识了，朦朦胧胧地想到长大后成为什么样的人？

“外婆很开心的啦……这是非常棒的理想。”紧接着我又追问：“除了不抽烟喝酒，你长大还想干什么呢？”

这下子打开了他的话匣子，并把手从我耳边挪到我的肩膀上，搂着我的脖子轻松地回答我：“这个嘛，我要想一想……”

高我将近一头的外孙搂着我，很安静地走了十几步，然后非常认真地告诉我：“陆老师说她的学生考上了北大，我也考北大……当兵？当武警？能做软件吗？我想做软件。要么画画……哎呀！不知道。”

我说：“好啊！你舅舅在郑州解放军电子工程大学当教授，就是做软件的……外甥像舅舅哦……”

这一路愉快的聊天，使我想起了美籍华人高燕定先生的一段话：“在中国，由于高考的压力，学生和家长一起跟着指挥棒转，家家户户只求拼过高考，届时凭着分数在几天时间内选择专业，把孩子送进大学，糊里糊涂塞进一个专业，糊里糊涂地锁定他们的人生，哪里谈得上什么人生设计。”

高先生说“人生设计在童年”，我认为“理想”教育也在童年。

2020 年 7 月 17 日

人丁兴旺的温馨小区

最近，天天带豆豆到楼下跳绳，不经意间发现，“浦发檀府”这个花园一样的小区更像一个“妇幼保健小区”。每次在豆豆跳绳短短不到一小时里，总有二三十个大大小小的男孩女孩在眼前跑来跑去，笑着跳着不亦乐乎！这还不算超过10岁的小朋友，不用大人带。这些虎头虎脑的小帅哥和漂漂亮亮的小美女的身前身后，至少跟着一位老人（爷爷奶奶或外公外婆）或是年轻的妈妈或是保姆。白日里孩子们的爸爸都上班，所以带孩子在小区里玩的爸爸比较少。除了孩子们和林荫道上的老人，还有悠闲散步的孕妇，挺着大肚子，骄傲地踱步……

有一个16个月大的小美女，一路小跑到豆豆跟前，对豆豆的跳绳非常感兴趣。我看她实在想和豆豆玩，就把包里的另一副绳子给她玩，令我和豆豆惊奇的是，才16个月大，她竟然会用一手抓一个跳绳的手柄，晃着双手，两只小脚一踮一踮地动起来，好看极了！豆豆随即用我的手机拍了视频……

这个小美女天生的模仿能力超强！小小的个子，超萌的神态，一下子引来了大大小小男男女女二十多个小朋友，都想“抢”绳子跃跃欲试。豆豆来劲了，自己不跳了，兴高采烈地给小朋友们当起了“教练”，广场一片欢声笑语。

我陶醉于这如花似锦的小区，芬芳四溢的花园式长廊，满面笑容的老人小孩群体；即使刮风下雨，大家在这个有廊棚的亭台花园式广场上，依然载歌载舞，闲庭信步。

而在此时，“地球村”正遭受着历史上前所未有的“新冠肺炎”之肆虐，人类活动受限，世界经济下滑，只有我国在党和政府的坚强领导下，众志成城，共克时艰，伟大的白衣天使筑起了封堵“新冠”的钢铁长城，争得岁月静好！

我庆幸自己赶上了“盛世年华”，由衷地赞美伟大的祖国，赞美伟大的人民，竖大拇指为中国共产党点赞！

2020 年 7 月 20 日

奋斗等于幸福

今天姥爷开车带我们回马鞍山。早上 8 点从唐镇出发，车子过了苏州不久，就开始下大暴雨，到茅山服务区，雨虽然停了，但因为疫情，我们还是不敢买服务区的饭菜，简单地吃了点自己带的鸡蛋和面包等，稍作休息又赶路，下午 2 点就回到马鞍山了。

刚回到中央花园（我家），豆豆就迫不及待地要去奶奶家。

今年，爷爷奶奶搬进了新房子。奶奶家的新房位于马鞍山采石公园旁边的滨江花园。新建的小区绿树环绕，鲜花盛开，楼与楼的间距宽，房屋高大，尽管是炎热的暑天，进到奶奶家像是进了天然氧吧，不开空调也凉风习习，舒适得很。豆豆刚进屋就一跳三丈高，连声喊："真舒服……真舒服……"

为了给亲家一个惊喜，我是到服务区才给亲家母打的电话。想不到一得到消息，远在马鞍山南山矿（离家 32 里地）上班的爷爷已经骑着助动车忙不迭地赶回家里，为孙子忙活……真是"可怜天下祖辈心啊"！

我们是下午 5 点多到奶奶家的。豆豆拉着他的行李箱，带着送给爷爷奶奶的礼物，飞快地跑上三楼，欢快地大声喊："爷爷奶奶快开门……爷爷奶奶快开门……"

一见面，爷爷和孙子先来个大拥抱，随后豆豆就跟着爷爷到他的房间去了。奶奶家的新房子高大、明亮、宽敞，收拾得窗明几净，豆豆惊喜地望着奶奶给他选的窗帘布，竟然是他最喜欢的“王者游戏”图案，童趣盎然，童心满满，他一下高兴地跳了起来，连声喊：“我喜欢！我喜欢！给奶奶点赞！”

刚吃过晚饭，豆豆就急忙催我和姥爷回中央花园我们的家，我明白，他要摆脱我们的“监管”，在爷爷奶奶家可以尽情享乐暑假，完全放松……

都说“4+2+1”家庭的孩子难带，“隔代教养”的最大问题是极易对孙辈溺爱，不利于孩子的成长。但豆豆的爷爷奶奶却不是这样。

爷爷原单位是大集体，早早买断，直到退休年龄才有了养老金；奶奶属于拆迁安置工，拿最低的退休金，所以，爷爷直到现在还在打工，奶奶在给人家做缝纫一直到我女儿怀孕。

爷爷的勤劳辛苦，奶奶的勤俭持家，“润雨细无声”般地滋养着豆豆的成长。每逢节假日到奶奶家，豆豆得到的，不仅是丰美的物质营养，更多的是“奋斗等于幸福”的生活真谛。

豆豆告诉我：“奶奶每天早晨天不亮就起床，先给爷爷烧好中午带的饭菜，然后把两室一厅的房子里里外外、上上下下擦洗一遍。7点钟，准时喊我起床，洗漱完带我跑步，去一个有点远的早点铺去吃我最喜欢的锅贴，然后散步回家。上午写好作业看电视，下午4点以后下楼跳绳。”

“爷爷对我要求可严了，有一次跳到700的时候，我已经满头大汗，请求爷爷说：‘今天就不再跳了吧’爷爷说，不行，一定要跳够1000……这是毅力锻炼！”

不仅如此，奶奶对豆豆的暑假作业也抓得很紧，我每天布置的作业都完成得很好。爷爷奶奶像当年对儿子的教育一样，良好的生活习惯，“真善美”的优秀品质，融化在“过日子”的分分秒秒，良好性格的养成贯穿在日常生活的点点滴滴中。

爷爷奶奶的奋斗、勤劳、节俭、善良、厚道、智慧和进取的生活态度，使豆豆从小就明白了一个道理：生活就是奋斗，奋斗等于幸福！

2020 年 7 月 23 日

请向奶奶学烧饭

豆豆是在马鞍山妇幼保健院出生的。我女儿休了四个月产假，就回上海上班。豆豆由奶奶和我一起带大。1–3岁，我们把上海与马鞍山家里卧室的床，都加宽到一米九，豆豆睡中间，奶奶和我睡两边。所以，一有机会，豆豆吵着闹着要回马鞍山。这个暑假因为疫情，曾经想让奶奶来上海，他不干，非要回奶奶家。

只要回到奶奶家，奶奶会每天变着花样给他烧饭菜。红烧肉、番茄炖牛腩、芹菜炒干子、肉末茄子、清蒸桂鱼、老鸭汤、老母鸡汤……每一顿饭菜都色香味俱全，看着都让人流口水。

在上海，每天是我烧饭。我是北方人，不太会烧南方菜。虽然也用的和奶奶同样的食材、同样的调料，不知为什么，烧出来的味道就是不如奶奶烧的香，而且千篇一律。想不到豆豆在这个假期帮我解决了这个难题。

有一天，朋友约我小聚。中午只有奶奶和豆豆在家吃饭。他一边吃着香喷喷的肉末茄子，一边很随意地和奶奶聊天说："奶奶，我外婆在上海也烧这个菜……"

"是吗？那谁烧的好吃呢？"奶奶微笑着问他。

"当然是奶奶烧的好吃啊！让我外婆跟你学烧菜吧……"

接着停顿了好半天，豆豆又吞吞吐吐地说："我来和外婆说……"

小孩子说话纯净又天真，心里怎么想嘴上怎么说，却总能说到点子上。其实，同样的意思豆豆在上海也向我表达过多次，我也正有意趁暑假在奶奶家，跟亲家母学两手。

次日一早，我和亲家母在厨房里，从早餐开始，我当“学徒工”，卓有成效。回到上海，当我把一盘香喷喷的“番茄炖牛肉”端到桌子上，豆豆夹了一块咀嚼后，点着头高兴地说：“嗯，不错，是我奶奶烧的味道。”

都说孩子需要从小养成良好的性格，这件小事告诉我：好性格的养成需要外婆和奶奶的心心相印。

暑假结束，离开马鞍山之前，爷爷奶奶要送他 2000 块钱，让他买文具（爷爷奶奶每年开学前都给）或买衣服。他无论如何也不要。我趁机引导他说：“你收下吧，等你长大，挣钱了孝敬爷爷奶奶……”他一边收红包一边大声说：“好！等我长大挣钱了给爷爷奶奶，还有外公外婆……”想了想，停顿了一会儿，又仰着头，很认真地接着说：“不对，我要留一半，给你们分一半……”

小小年纪，思考问题倒挺周密。

宽敞明亮的屋子里充满了笑声！

2020 年 7 月 27 日

拥抱百分之九十七

从微信上得知同事的孙女考上了“学而思”的“创新班A”的好消息，立即带着豆豆前去家里恭送红包，一是祝贺！二是“沾喜气”。

但到她家里，同事却告诉我：“心意领了，红包收回，媛媛（她的孙女）是考上了，而且分数很高，但她妈妈不给她上，还让她留在‘勤思班’（学而思教学分为敏学班、勤思班、创新班A）。”

“为什么呢？”这百里挑一的选拔考试，别人挤破头也考不进去，好不容易考上了又不去。我百思不得其解。

“我这是根据女儿的实际情况作出的选择。”在同事家宽敞明亮的客厅里，媛媛的妈妈，一位心理咨询师给我们上了一堂生动的“选班秘籍”。

她说：“学而思”的选拔，是为了适应政府教育部门的检查，（教育部门不允许小学生进行选拔考试），对考试作了个变通。作为社会办学卓有成效的机构之一，采用的是金字塔式的选拔体系。从幼儿园到高中，每个年级分基础班、提高班、尖子班、创新班……一级一级往上升。学得好的“小升初”可以提前被名校录取，因此曾经十分火爆。现在“小升初”虽然实行摇号了，但学而思的“诊断”选拔依然热度不减，一座难求。

“但是，不是所有的学生都是层次越高学得越好。这要全面分析各自的实际水平，根据各自的需要作出选择。我们家媛媛虽然这次发挥得比较好，但平时属于中上，这点我们家长心里是明白的。就她的能力和水平，在目前的‘勤思班’里，她是领头羊，她很快乐。进到创新班 A，一旦跟不上，她会闷闷不乐，厌倦学习。任何情况下，选择适合自己的层次最重要。”

不愧是心理咨询师，媛媛妈妈担心我们一时不能完全理解并接受她的“选班理念”，临走时还送我一篇关于《超常儿童研究》的文章。回家急忙拜读。

中科院研究所从事超常儿童研究的施建农研究员告诉我们：“不管家长愿不愿意承认，国内外的研究都表明，超常儿童的比例只有 1–3%。虽然望子成龙、望女成凤的心情可以理解，但是绝大多数（97%）家长都不能期望自己的孩子是超常儿童。换句话说，超常儿童只占 3%。”

这篇文章里还收录了教育理论研究专家赵忠心的演讲摘要：“……绝大多数神童走了这样一条路，5 岁神童，15 岁才子，过了 20 就成了庸人。因为被称为‘神童’的孩子有了很大的压力，压力来自成人的心态：孩子进了超常班，人们就一直以超常的概念看他。其实，超常的儿童放在普通人当中，培养良好的性格，他将来走向社会就能适应现实，取得成功。反之，如果过早地将超常儿童圈在一个超常的圈子里，不仅让这个孩子觉得孤独，也势必给这些孩子一些误导，造成性格缺陷。反之，即使是智商很高的超常儿童，你把他放在 97% 的群体中，他（她）就是领头羊，前途无量。”

听了媛媛妈妈的“授课”，拜读媛媛妈妈送的“论文”，我明白了：豆豆本来也不是超常儿童，更应该拥抱这百分之九十七。

2020 年 8 月 28 日

“要我学”转为“我要学”

都说小学生三、四年级是转折期，一点也不假。今年九月开学，豆豆升到了四年级。我明显感觉到他的学习态度有了显著变化，各科成绩显著提高。

其中最突出的是体育。记得24年前，中考时体育占30分，我女儿体育考了8分，导致她成为中考的“扩招生”。根据目前的中考趋势，到豆豆中考，很可能体育要占到100分。1—3年级，豆豆的体育成绩还有跳绳一项不及格。所以，我一直担心豆豆的体育成绩。

四年级刚上了半个学期，豆豆的扔实心球、仰卧起坐、跑步姿势、武术动作分别得了“优秀”；俯卧撑“优良”；跳绳终于“及格”。

体育锻炼，本质上是一种毅力。有毅力有恒心，学业才能进步。豆豆的语文成绩，尤其是作文进步很大。前不久他写的《捉蚊趣事》，很有特色，老师让他在班上朗读，全班同学笑得合不拢嘴。

老师布置的作文是记一件事。他的题目是《捉蚊趣事》全文如下：

有一件事至今回忆起来仍令我捧腹大笑，那就是捉蚊趣事。

今年暑假的一天中午，我正做着美梦，蚊子突然给我来了个“亲密接触”，它用那长长的尖嘴吸着我的鲜血，一阵奇痒后，我就彻底被蚊子折腾醒了。

我坐在床上，想着怎样才能把蚊子消灭掉。突然，我想到一个办法“美酒计”。外公喜欢喝酒，并且一喝酒就会醉。我也可以醉一次蚊子，等它们昏睡，我再把它们一网打尽。说干就干，我先在床底下的盒子里找到一个小喷雾器，然后在酒柜子里拿出一瓶白酒，倒一点在喷雾器里，最后把门关上，让蚊子无处可逃！嘻嘻！一切准备就绪，就等蚊子来！一分钟，两分钟，三分钟……

五分钟过去了，蚊子还是没出现。正在我等得不耐烦的时候，蚊子出现了。我心想，蚊子居然在等待时机，真狡猾！于是我一边快速按喷雾器，一边喊：“去死吧，蚊子！”可是，蚊子还是得意洋洋地飞着。难道酒量不够？于是，我把所有的酒都喷完了，蚊子还是没醉，更没落下，还在“嗡嗡嗡”地飞着。

爸爸进来，看见气急败坏的我，又看见得意洋洋的蚊子，哈哈大笑说：“一只蚊子都搞不定，看你老爸的本事。”便拿起旁边的电蚊拍，打开，对着蚊子轻轻一挥，只见一道电光闪过。蚊子被死死地粘在电蚊拍子上，我连忙拍手叫好：“老爸，你真厉害，为我报仇了。”

不要说我四年级写不出这样的作文，就是现在，我也没有这样的想象力。

他们老师的作文教学方法分三步：第一稿（初稿）交上去，老师一一批改，提出详细的修改意见。第二稿，学生按老师的要求修改后，老师给予“过关与否”的批改意见。“过关”的，第三稿就可以誊写在作文本上，没过关的，还要继续修改。

豆豆第二稿就顺利“过关”了，老师还让他在班上读了。是他的同桌告诉我这件事的。我怀着好奇的心情，打开了他的第一稿仔细阅读……看着看着，我也禁不住笑了起来。第一稿中还有一句“蚊子没死我自己醉了……”老师说太夸张了，第二稿修改了。

令人捧腹的《捉蚊趣事》，使我想起了他的班主任老师在《上海市学生成长记录册（一年级）》中“老师对我说的话”一栏里对豆豆的点评：“你的聪明才智和你的奇思妙想隐藏在你小而聚焦的眼睛里。老师看得出，它们都已按捺不住，想要帮助你大显身手了。所以，孩子，再勇敢一点，冲破自己的‘茧’，然后羽化成蝶，浩瀚的花海正等你去采撷。”

老师的点评客观、精准。借老师吉言，期待豆豆破茧化蝶，由“奇思妙想”逐步走向“创造发明”。

我一直以为，写作文是男孩子在小学阶段的弱点，为了帮他把弱势转为优势，我也买了“小学生优秀作文选”，甚至想帮他积累一些精美词句。但他从来不看也不用我帮他。每当老师布置了作文，他总要坐在桌子前，用很长的时间去想，所以写出来的东西都是自己的心里话，真情实感，可谓原创。我欣喜地发现，豆豆是个善于独立思考并有奇思妙想的好孩子。

进入四年级，豆豆不仅体育和语文进步明显，数学、美术、道德与法制和唱歌等各门功课，他也经常得“优”和小奖品。同时，他在生活习惯、文明礼貌、学做家务等方面，也都有长足的进步。他已经由“要我学”逐步走上“我要学”的轨道。相信他今后会更加自觉地“好好学习，天天向上”。

2020 年 9 月 3 日

电子产品是把“双刃剑”

昨天下午一接到豆豆，他就很神秘地在我耳边悄悄地说：“阿婆，我暑假的电视有着落了……”我心里暗喜，心想可能他的英语成绩考到 90 分以上了。因为前几天复习英语，他考了个“D”，他妈妈发火，对他说：“……期末英语考试达不到 90 分，整个假期别想看电视。”

豆豆害怕了，这几天复习得很上心，累得晚上翻来覆去睡不踏实。前天英语考试结束我问他感觉如何？他说不知道。因为他怕考得分数低了，假期看不上电视。

豆豆就这样忐忑不安地熬过了前天晚上，今天拿到了 96.5 分的好成绩，真是喜出望外，因为他终于保住了暑假可以看电视的愿望。

豆豆假期看电视的愿望实现了，而我却头大了，是为了如何减少他看电视的时间而“头大”。

我们生活在电子时代，“左手拿手机，右手点‘平板’，头上还顶着一个机器人”，是当代青少年的形象写照。期末考试前一阶段，豆豆如果不是看电视过度，是不会考出‘D’成绩的。为了这个 96.5 分，这两天不开电视机，豆豆全神贯注、实实在在地用功了两天，放学回家就开始放声背诵单词，吃过晚饭请他爸帮着继续复习英语，临考前一夜整整弄了4 个小时。

功夫不负有心人，今天终于考到 A+（96.5 分。如果考到 99 分以上是 A++）。

“关电视考出好成绩”。这件事使我深刻体会到，总量控制孩子玩手机和看电视的时间，对提高学习成绩是很有效的。

我们都知道，无论是手机、电脑还是其他电子工具，都是“双刃剑”，孩子们利用电子工具，学习大量新知识的同时，也会造成记忆力、思考力尤其是眼睛的损害。但生活在电子时代，完全不接触也是不现实的。如何科学、合理地安排时间，把“玩手机、看电视”作为努力学习的一种奖励，不失为适应电子时代的一种好办法。

今年（2020 年）年 3–5 月，突如其来的新冠病毒疫情，导致学生不能到校上课。在上级教育部门和老师们的努力下，从 3 月 2 日开始在家上网课，直至 5 月 29 日。

上“网课”最容易走神，老师讲课时，学生在电脑上乱发表情，逗着玩。针对这种情况，我们及时调整豆豆的作息时间，严格控制豆豆玩手机和看电视剧的时间，陪他坚持每周一 9：00 课前参加升旗仪式，陪他上“空中课堂”，陪他在电脑上认真完成作业，主要是最多使用电脑超过 30 分钟必须休息。为了减少电子产品对视力的损伤，他妈妈果断地退掉“英语口语”和“线上美术”等三门辅导课程……

三个月的网课上下来，豆豆不仅保护了视力，他“线上学习”同时取得了优异成绩，除体育和电脑课外，其余每门课的作业有 19 次被老师选为“上墙优秀作业”。语文老师表扬说：“放了一个小长假，都玩疯了，作业完成得不好，得三颗四颗星的小朋友都要反省，得五颗星的不多，上墙只有陈健豪（豆豆）。”

有一次美术作业，他从下午一直画到晚上 9 点多，我们认为第一幅就画得很好，但他不满意，又重新构思，精益求精地画了第二幅，得到老师和群里家长们的一致赞扬。

电子产品是把双刃剑，科学合理地使用是我们面临的新课题。

2020 年 9 月 13 日

长大到爸爸单位去上班

不知道为什么？豆豆似乎天生就不喜欢外语。他妈妈秉持“快乐童年”的育儿理念，小学之前没有报辅导班。所以刚上一年级，他妈妈给他报了个课外英语辅导班。有一次他爸爸开车送他去辅导班上课，他竟然一本正经地在车里告诉爸爸说：“爸爸，我长大要到你的单位上班，绝不到妈妈的单位……”刚六岁的小孩，童音奶声奶气，表情却非常严肃。

“为什么呀？”我和女婿好奇地同时发问。

“爸爸的单位不用英语啊！”

哦！没想到孩子父母的工作会影响到孩子对学科的喜好。他爸爸在国企机关科室做职员，基本上不用外语。他妈妈在外企上班，因为时差关系，经常要在晚上八九的时候在家里开电话会。一开电话会，全家人必须鸦雀无声。潜移默化，在他心里形成了“外企在家也得工作”之印象。

现在四年级了，随着英语教材难度的增加，需要死记硬背的单词越来越多，豆豆更不乐意自觉地在英语课上下苦功夫。平时在校内，老师盯得紧，英语学习还马马虎虎的，但只要一回到家，他就能躲一时是一时，只要校内作业一完成，他就找各种借口离开写字台。一会儿找零食吃，一会儿喝水，一会儿又要上卫生间……磨蹭来磨蹭去，总要拖到晚饭烧好也不完成校外辅导班的作业，导致有一次英语辅导班课前测竟然不及格。

这可真是一道难解甚至无解的难题。对英语，我们二老是文盲，他爸爸妈妈虽然会英语，但由于工作性质和时间不方便，也帮不上忙。怎么办呢？只有采用“笨”办法，就是盯住他背单词。好在学校英语老师的复习资料很全面，我把有中文的复习资料找出来，不管他愿不愿意、高不高兴，强制性地挤时间让他背单词。每天睡觉前，早晨起床后，哪怕 5 分钟、10 分钟……背熟、熟背，他反抗也没有用。我有“撒手锏”——每天不背单词，不给玩手机。这样强制性地坚持了一段时间，效果还可以。老师每个星期都有两次英语小练习，豆豆都在“B”以上，我很满意。

现在社会上有些流行格言很害人，“快乐学习”就是其中一句。人天生有惰性，尤其是小孩子，他们的快乐就是游戏，就是玩。对作业，总是拖拖拉拉地不想做、不认真做，尤其是英语，让他多念一个字母就像不给他饭吃一样难受，懒洋洋地在沙发上一倒，不用说学习了，连句话也不说……但这个时候，你让他看电视，他哪怕饿着肚子也会立马从沙发上跳起来，精神抖擞地、两眼放光地开电视机。

可见，学习不快乐，快乐非学习。至少童年期的学习要有适当的强制性。刻苦学习，苦字当头，艰苦奋斗，苦在其中。“吃得苦中苦，方为人上人。”在这物质过度丰富的环境里，不做“人上人”，是不是也需要“以苦为乐”呢？

我认为，这是成长必备的“童子功”。

2020 年 9 月 20 日

“旁观”胜于“陪读”

豆豆升到四年级以来，学习的自觉性、主动性和积极性明显提高，各科成绩也同步有了明显的进步。尤其是英语，他原来总是靠临考前突击，“临阵磨枪，不快也光”才取得不错的成绩。但进入四年级以来，他的英语成绩一直都保持在95分左右，与1–3年级相比，进步喜人。这个进步，是“旁观”式辅导的成功与“陪读”式辅导的失败。

1—3年级，我一直采取“陪读”式的辅导方法，放学回家后，严格按照老师的作业布置，他在写字台前，我坐在写字台旁边，盯着他一项一项地把“默写单词”“课文背诵”“语法练习”以及下一课的预习都认真地做好。有一次，我还不辞辛苦地冒着酷暑，坐在“学而思”英语辅导班的教室后边“听天书”，虽然根本听不懂具体内容，但“陪读”听课的感觉非常好，主讲老师干脆利落，重点全部板书，单词巩固采用分AB组的方式，生动活泼，学生参与性极高。课前有测验，课后有课堂反馈，作业布置，整个教学活动井然有序，生动活泼，与“讲义”同步的“漫画手册”“词汇”等教辅资料应有尽有。

实在想不通的是，有如此优秀的老师，有如此丰厚的辅导资料，还有我如此辛苦、负责的“陪读”，豆豆的课前测竟然会不及格。更让我纳闷的是，自从拒绝我的“陪读”，只能关起门来“旁观”之后，我既看不到他背单词，也听不到他念课文，更没有帮他复习过语法，为什么成绩反而提高了呢?

事情要从豆豆的一次“发火”说起。

四年级开学的第一周，是个星期三，因为晚上要去上“学而思”英语辅导班的课，所以下午一放学，我就像往常一样，坐在写字台旁边，催着他先完成学校的作业。他却撅起嘴巴，脚步重重地走到沙发旁，狠狠地把自己“摔”在沙发上，生气地说:“外婆，你不要唠叨好吗? 我好烦! 今天要写作文，让我想想行不行……”嘴里咕噜咕噜发牢骚。

我猛然怔住了。孩子大了，是不是应该让他自主安排时间呢! 果然，停了一会儿，他气消了，很认真地跟我说:“外婆，我要关起门来写作业，你要进来先敲门好吗? ”

也就是从那个周三开始，我由“陪读”转为“旁观”。令人欣喜的是，自从摆脱了我的“陪读”，豆豆不仅英语成绩一直保持在 95 分左右，其他各门学科成绩稳步提高，周三那天晚上写的作文，被老师作为范文在班上朗读；紧接着数学单元测试 100 分,《道德与法制》作业获“优”……

著名导演王潮歌说过:“我是另外一种母亲，只是旁观孩子的成长，而不去干预。我会仔细观察孩子的喜好，看哪些爱好会被保留下来，也许那就是真的热爱，然后拼命支持和鼓励她。”

我女儿的育儿理念和王导演相似，从一年级开始，就坚持:“要让他错，错了记得牢，坚决不要给他改作业，让他习惯靠自己，学习中哪里是重点，哪里需要反复，哪里可以忽略，他自己心里最清楚。”

女儿是正确的，辅导的奥妙是“旁观”而不是“陪读”。

2020 年 9 月 26 日

一次难得的“委屈教育”

今年的国庆，我们家因为疫情没有安排外出，每天晚上，豆豆在看电视之前，总是独自在房间写作业，并对全家人反复强调：“我在写作业，进来要敲门。”

今天晚上，眼看作业就要完成，他却伤心地哭了，起因是他妈妈对他的误解。

那天晚上，他爸妈出门办事，回来已经快9点了。我对他们说：“豆豆现在写作业，进他房间要敲门……”他妈妈不知道之前的情况，随口说了一句：“……什么乱七八糟的。”

本来以为自己专心写作业会得到爸妈的赞扬，却听到妈妈说他乱七八糟。豆豆发火了，腾地一声从椅子上跳了起来，边抹眼泪边委屈地嘟囔：“我写了这么多作业，就落了个乱七八糟？不做了！”边发火边把本子狠狠地摔在写字台上，跑到床上换睡衣要睡觉。

这真是误会。他妈妈不晓得之前豆豆在专心完成作业，豆豆不明白妈妈说这句话并没有针对性，是随口说的。豆豆仿佛受了天大的委屈，觉得妈妈不信任自己，既愤怒又委屈，哭得很伤心。

我走到床边，首先制止他换睡衣，亲切地告诉他：“你妈妈误会你了，是妈妈的错，你原谅妈妈好吗？”

豆豆气呼呼地反驳我：“误会？分明是不相信我，以为我一个人在房间就是看闲书？我辛辛苦苦做作业就是乱七八糟……”

他爸爸也从他们卧室过来安慰儿子:“你妈妈说话很随便,她真不是故意的,儿子,哥们! 消消气,啊! ”

大约20分钟后,妈妈过来心平气和地对儿子说:“妈妈说错了,给你道歉,对不起。但是妈妈也要告诉你,你今天的态度是不行的,长大了要走向社会,你要受太多太多的委曲。像今天这种小委屈,根本不算什么! 你要记住,学会受委屈。”

豆豆气消了,很端正地坐在椅子上,认真做作业去了。

都说要对孩子进行“挫折教育”,我觉得今晚的“委曲”就是难得的一次。

2020年10月6日

最好的生日礼物

下午放学回来的路上，豆豆很神秘地对我说："阿婆，我有三个好消息，你想听吗？"我搂着他的脖子边走边高兴地说："什么好消息？快告诉我。"

豆豆仰起头看着我，很得意地炫耀："第一，我跳绳及格了；第二，昨天数学单元练习95分以上的得两颗章，我得到了。第三，今天学校组织视力检测，我是'优'，两只眼睛都是5.0。"

三个好消息都让我高兴，但最令我开心的是第三个好消息，因为豆豆的"视力"一直是我的一个"心结"，虽然已经过去六年了。

六年前，豆豆上幼儿园中班，在一年一度的例行体检之后，我们收到了一张体检反馈表，说豆豆"近视"，要求到医院复查配镜。收到这个反馈表，全家人非常焦虑，去不去复查配镜，豆豆的爷爷奶奶外公外婆和爸爸妈妈讨论了好几天。最后形成一致意见，不去复查。因为豆豆刚出生三天，全家人就遭遇到一次"体检"的纠结。

豆豆出生三天，医院给婴儿体检，其他各项指标都好，但在听力测试中，有一只耳朵测试不过关，尽管医生安慰说，有的宝宝由于羊水没有完全吸收，可能出现这种情况。但因为豆豆的爷爷听力有障碍（小时候骑在牛背上掏耳朵，被刺穿耳膜），全家人为此焦虑不安。直到满月后再去复查正常，全家人的心才像一块石头落了地。

豆豆4岁时，幼儿园中班也组织视力测试，也收到了一张去医院复查并配镜的建议表，我们有了婴儿期的经验，也没有去医院。根据儿童生理成长规律，一般 12 岁以前，孩子的身体各部分的器官都在发育阶段，视力也同样，有个自然成长、自然向好的方向发育规律。只要饮食起居合理，他的视力会发育好的。有一句至理名言说得好:“不要着急，最好的总会在最不经意的时候出现。”

今天的检测结果验证了这句至理名言，也验证了视力保护需要持之以恒。

自“婴儿体检”以来，我们坚持不懈、持之以恒地控制豆豆使用电子设备的总量时间，3 岁以前每天间隔性相加不超过 1 个小时；玩手机每天不超过 20 分钟；寒暑假每天看电视总量不超过 2 小时，且不准连续看……

同时，当他的视力与学习发生矛盾，我们始终把保护视力放在学习的前面。比如，社会办学有好几门课都在网上开课，价格便宜，学习效果较好，有的还免费送课，但我们女儿都坚决拒绝。不断发育中的视力，如果一天连续几个小时的电脑（A 派）甚至手机上课，知识是学到了，但损害视力却是一辈子的，万万使不得。

今天是我的生日，两眼 5.0，豆豆送了我一份最好的礼物，最珍贵的礼物，终身难忘的礼物。

2020 年 10 月 13 日

“后喻时代”从零开始

老伴临时有事回马鞍山了，给豆豆打印作业的任务就落在了我的头上。谁知道电脑“欺生”，我按照老伴给我写在纸条上的操作步骤一步一步按键，弄得满头大汗却把电脑折腾成“黑屏”，死机了！

接豆豆回家的路上，我把情况告诉他说:“对不起……只能等你爸晚上回来给你搞，你晚一点写作业吧。”没想到他却很兴奋地告诉我说:“不用等爸爸，我会搞……”

“你行吗？”我用很怀疑的目光看着他。

一到家，豆豆放下书包就跑到电脑前，开始捣鼓，大约5分钟不到，随着打印机欢快的歌声，豆豆的PPT作业就清清爽爽地打印好了。

看着装订好的整整齐齐的PPT作业，我不禁想起了自己因为“科盲”而发生的“糗事”。

虽然我在操作电脑之前都会向老伴“请教”，老伴也非常耐心地告诉我具体步骤，甚至把操作步骤写成条文，压在玻璃板下面，但我“照本宣科”还总出错。有时文件弄混，有时忘记保存，有时文件丢失，最痛苦的一次是把一篇3000多字草稿弄“飞”了，只好一个字一个字地从头敲起，却再也写不出原来的所思所想，至今想起来还痛苦不堪。

什么是“后喻时代”？这就是“后喻时代”。当前，人类在电脑网络及宇宙技术为标志的驱使下，以前所未有的速度向前飞驰，发展之快令人瞠目。在这种急剧变革的进程中，青少年能够及时了解、经历并吸收他们眼前发生的如此迅猛的社会变革，使他们具有了新的权威。计算机、网络、多媒体等传播渠道的普及，是一场看不见硝烟的革命。青少年因为掌握吸收得快而打破了过去被长辈控制的信息疆界。作为长辈，很有可能因缺乏先进的基本技能而在子孙面前瞠目结舌、惊诧不已和不知所措。因此，要想很融洽地陪伴好第三代，就必须接纳并跟上“后喻时代”的步伐。

所以，学电脑，我得从零开始。

2020 年 10 月 27 日

“隔代系扣”乐融融

国庆前夕，我回山西老家探亲，姥爷开车和豆豆送我到车站，我迅速下车，拉起行李箱，背着双肩包，朝候车室走去，忽然听到豆豆大声喊：“阿婆……阿婆……”我急忙回头，一看豆豆拉下车窗，一边向我挥手一边高声强调：“斑马线……红绿灯……红绿灯……”我回答：“知道了！知道了！”

我知道了什么呢？是那件三年前的“糗事”。

三年前暑假的一天，阳光灿烂，繁花似锦。上午9点40分，我骑着自行车，兴冲冲地朝“东方书城”（书城10点开门）奔去。计划用半个小时给豆豆买回老师布置的阅读绘本，10点半准时送他上辅导班。万万没想到。刚骑到商城路，穿过马路就是书城时，突然被三个交警拦住了，要我抬头看标志，我顺着交警指的方向抬头一看：

“哎呀妈呀！……”不知什么时候，这条斑马线的头上多了一个大大的交通标志牌，牌子上的自行车上画了一个大大的红叉！我只顾赶路，没有抬头。

紧接着，登记身份信息，接受交警的训斥，罚款50元……一系列程序走完，手机上显示时间“10点15分”。完了！我懊丧地推着自行车返回停车处。

家里姥爷和豆豆看我到时间没回家，爷俩骑着电瓶车赶来，正好看到了这尴尬的一幕。姥爷没吭声，豆豆却给我“现场上课”：“阿婆，红灯停，绿灯行，走路看标识，自觉遵守交通规则。”

我是遵守交通规则的，但不是不折不扣地遵守，而是“选择性”地遵守。凡是带豆豆的时候，我不折不扣地遵守交通规则，除此之外，我是“打折扣”地遵守。比如：马路很窄，左右都没有车的时候，尽管是红灯，我就跑过去了。而且，无论过马路、乘地铁还是步行，我几乎没有看标志的习惯，以至于经常是豆豆带着我看红绿灯，过斑马线。直到今天收到这张加盖大红印章的罚款收据。

从 3 年前的那个暑假开始，每次出门，无论骑自行车还是步行，豆豆总是不厌其烦地提醒我：“阿婆……红绿灯……斑马线……斑马线，红绿灯……”也才出现车站的这一幕。

都说带孩子要给他系好第一道风纪扣，也就是教他把“做人第一”放在首位。而“做人”的第一要务是守规矩。如果说，人生的第一道风纪扣包含了很多很多“分扣子”的话，那么其中“规矩分扣子”则是外孙给系的。

“隔代系扣”，其乐融融！

2020 年 11 月 10 日

“歪理邪说”还是“奇思妙想”

又是一年“双十一”，这几天快递特别多。每天下午豆豆放学回来，就赶紧和我一起拆快递，以便傍晚6点一到，先把成堆的包装盒子送到楼下阿姨的板车上。

今天照例“拆封”时，豆豆边看标签边大声拖长声音，像唱歌一样地报物品的名称，然后递给我，我拆了包装后，分门别类地摆好，等我女儿晚上回来验收。当我俩操作到第三个盒子，我低头拿着剪刀准备划开胶带，好大一会儿没有听到豆豆的报唱，我好奇地抬头一看，原来是他在拿着一个正方形纸盒子上下左右反复地瞧，并且自言自语：“这是韩国货，里面装着什么呢……”

“管他什么呢？先拆了外包装，规定时间到了，我要扔垃圾……”

豆豆不吭声，还在反复瞧，大约过了3分钟，他突然“啊！”的一声，蹦起来高声喊：“猜到啦猜到啦……里面装的是‘抹脸剂’……”

“你说什么？再说一遍……”我一下子被这个“鲜活”的名词给愣住了。顿时，让我想起了他从两岁开始，就经常“生造”一些新词汇，引得全家人哈哈大笑……

当他2岁时，刚学会说话，有一次看到我用双手打肥皂洗内衣，他就高高地仰起脖子，奶声奶气地问：“外婆……干嘛不放洗衣机……”

我俯下身子，笑着告诉他：“内衣不能放进洗衣机，必须用肥皂，用手洗。”

“什么是内衣？”

他低下头，歪着小脑袋想了半天又仰起头，很神气告诉说，“哦！我知道了，是蒙奶的。”

6岁那年，刚上一年级，爸爸教他自己洗澡，洗好后他爸爸给他递睡衣，他在浴室大声喊“爸爸，把睡袜也递给我。”他爸爸愣了一下，随即笑着问：“什么睡袜？”

我赶紧告诉女婿：“就是睡觉时穿的袜子，你儿子喜欢创造名词，如果睡得好，你儿子要说‘睡饱了’。”

创造发明是这孩子的特点，看来我们得抓住这个苗子。

比如，为了控制他的体重，我让他米饭吃少一点，防止“大肚子”，他马上说：“我的肚子里装的都是知识，我吃知识吃爆了。”写作业想找借口休息就说：“现在我的脑子的‘电量’只剩10%，我要充电。”想看电视会说：“电视是我的动力。”语文课学习“我变成了一棵树”，豆豆说：“我最想变成奥特曼和忍者神龟（游戏里的人物），哈！我的同桌想变成平板电脑，那我就变成手机。”

小男孩最怕学英语、背单词。有一次他妈妈因临时有事，取消了帮他弄英语的计划，他在沙发上高兴得一边摇着腿一边打着节拍自言自语：“魔鬼英语被取消，心情真的好！心情好！心情好！心情就是好！魔鬼英语滚滚滚……”

我过生日那天，收到女儿给我发的2个红包，一个520元，一个666元。我不懂网络语言，对这两个数字百思不得其解，豆豆“得意”地解释：“阿婆，我告诉你，520、666是我爱你和‘六六大顺’。”还有，上学前穿什么衣服，他用的“基因语言”回答：“衬衫组合，值得拥有，辅助联手，天下我有，姚明组合，我的最爱……”

孩子，我期待你由“奇思妙想”逐步走向“创造发明”。

2020年11月11日

隔代陪伴共同成长

本周三班里有个单元练习，豆豆的成绩比上个单元测试下降。我着急了，放学后回家放下书包就催促他赶紧订正卷子写作业。不料他却一如既往，一屁股倒在沙发上先喝水吃零食，迟迟不进书房。看他悠闲地吃喝，对考试分数下降满不在乎的样子，我气不打一处来，忍不住训斥道："你看你，没考好还不知道赶紧写作业？昨晚让你复习你不复习，今天尝到苦头了吧……"他懒洋洋地抬起头看看我，一声不响，继续悠闲地吃喝。

我实在看不下去，气急败坏继续教训："都四年级了，每天放学回来还是这么悠闲，你怎么这么不上进？"

他一边在沙发上继续吃喝，一边满不在乎地冲我说："不就是比上次考试低了3分吗？有什么了不起，值得发火吗？"他不仅不着急，反而嬉皮笑脸。

"再过一年半你就要升初中了，怎么还是一点点压力也没有？"

豆豆从沙发上站起来，慢条斯理地说："我要有压力，我早就生病了。分数分数，分数真的有那么重要吗？"

"分数不重要那还叫学生吗？每天吃好穿好到学校，不就是要好好学习天天向上吗？"我气呼呼地和他抬杠。

豆豆认真了，又从沙发上站起来反驳我："好好学习没错，但天天向上等于分数吗？"

“你就是没有上进心，你看人家和你吃同样的饭，同样的老师教，人家考得那么好，你不羡慕吗？”

“外婆！我这叫心态好，人家考得好就考得好呗！有什么可羡慕的？外婆，你发火就是心态不好。”豆豆越说越来劲，继续振振有词：“哼！你们要不给我报那么多辅导班，我的分数肯定比 ××× 高得多……”

小家伙的伶牙俐齿让我无言以对，姥爷也在一边加油添醋：“哈哈！你不觉得豆豆的话也有道理？”

老伴的话醍醐灌顶。是啊！好歹我也是一直在学儿童心理学的，“不要太看重分数，反对‘唯分数论’”，始终是儿童心理学所提倡的教学理念，怎么到了自己头上就“老糊涂”了呢？

我默默地走出书房，倒了一杯白开水，慢慢地冷静下来，仔细地回想起上海家庭教育专家李玫瑾教授在“上海家庭教育指导服务中心”成立大会上提出的（2019 年 12 月 2 日）“四要四不要”的家庭教育原则：一要多关注孩子的心理成长，不要把注意力过多集中在孩子的吃穿上；二要多关注孩子的道德品质和人格养成，不要太关注孩子的分数和名次；三要多关注孩子综合素质的提升，不要太偏重于某一方面的技能训练；四要多关注孩子踏入社会的人际交往和适应能力，不要太强调孩子的个性张扬和需求满足。

经过这场“抬杠”，我忽然意识到：“隔代陪伴共同成长”绝不是一句空话。

2020 年 11 月 16 日

教育有理论　育儿无言语

每年的11月—12月底，我们小区的居委会在楼下广告栏上总会贴出一张大红榜，上面有每家每户捐款的户室和捐献的金额。无人动员，纯属自愿，想捐就在门房登记一下，然后门房阿姨把登记的户室号和金额用毛笔写在大红榜上。

从2011年开始，经女儿女婿同意，我们家的捐款事宜由我全权操作。豆豆小时候，我抱着豆豆去捐；上幼儿园以后，我牵着他的手去捐；上小学一年级，大红榜上的字他已经认识不少，但他会认字不懂意思，就缠着我问红榜上的内容：

"外婆，什么叫捐款啊？"

"什么叫慈善啊？"

"捐的钱买什么东西？"

"为什么捐款要写在红纸上？"

……

小孩子的这些问题还真不好回答，讲概念，他等于听天书，回答捐款买什么，我也确实不知道。只好说："捐款就是每家每户拿一点钱出来，再把拿出来的钱加在一起，去帮助那些生活有困难的人，或者因各种天灾人祸陷入生活困境的家庭……"

豆豆一脸好奇，继续追问："有困难的人是哪些人呢？""哪些家庭遇到了天灾人祸呢？"

我说不明白，就举实际例子回答："就像天桥台阶上那个盲人老爷爷。"

我说的天桥是浦东新区浦建路上的一座人行天桥。是豆豆上"学而思"辅导班浦东南路校区的必经之桥。这座天桥上，有一位盲人老爷爷，每天靠拉二胡卖艺糊口。我就让豆豆路过时给老爷爷捐硬币，每周去"学而思"上一次课，来回两趟经过盲人老爷爷的卖艺点，豆豆来去总往老爷爷跟前的破盆子里放一枚一元的硬币，"捐硬币"一直坚持了三年多，直到豆豆不路过那座天桥。

三年多期间，印象最深的是一次"是非两难"的放不放硬币的争论。

那次，盲人爷爷摸索着在天桥下边的桥墩边上"方便"，豆豆看见了说："外婆，老爷爷不文明，我今天不给他钱了。"

我一时无语。怎么回答呢？豆豆说得正确，老爷爷绝不应该这样。但放不放硬币与老爷爷的不文明行为是必然的因果关系吗？

我的脑子飞快地转动，绞尽脑汁地想出了怎样说服豆豆："这是两码事，老爷爷的行为是不对的，但我们管不了。而放不放硬币是你有没有慈善心肠的体现。放不放你自己决定好吗？"

豆豆站在天桥上犹豫了很长时间，还是把一枚硬币放进盆子里了。

我还给他讲过一个他妈妈的往事。那是女儿上初二的时候，班里有一名同学的爸爸因病去世，班主任老师组织捐款，全班同学都很踊跃。我女儿想捐 50 元，但她掏出了口袋里的全部零花钱，还差 13 块，我就马上给她补齐，女儿高喊了一声"谢谢妈妈"，高高兴兴地朝学校跑去。尽管不分金额多少，捐款捐的是一颗心和一份情谊，但女儿的金额还是得到了班主任老师的肯定，私底下称赞我女儿是男孩子性格，讲义气很大方。

妈妈的故事，豆豆牢牢地记在心里。

今天下午放学一进门，豆豆二话不说，就急急忙忙地拉着我的手要下楼，我问他干啥去？他边走边回答："我们家该捐款了。"

原来他是看到了一楼的大红榜，今年的"慈善捐款"开始了。

"不急啊，昨天刚贴出来，还没几家呢，我正准备明天去呢。"我想把他拉回来。

"不！就现在去捐，今年我要捐。"豆豆很坚决的态度令我吃惊。

"你不挣钱，拿什么捐？"

"我有压岁钱啊！"

哦！想起来了，豆豆每年的压岁钱都由我保管，是让他用来买书和玩具的，想不到他竟然想到拿去捐款。

是件好事，大力支持。

于是，我先和他商量具体金额。我问："你准备捐多少钱？"

"我要超过我妈……"没想到三年前给他讲的妈妈的"善举"往事珍藏在了儿子的心中。

我俩乘电梯很快到了一楼门房，说明来意后，阿姨微笑着把登记簿递给我，我正准备告诉阿姨不是我代表我们家捐，豆豆就快速从阿姨手里接过登记簿，趴在桌子上，按要求把相关信息工工整整地写下来，同时，把一张崭新的百元大钞交到阿姨手上。

润物无声，扎根无语。望着豆豆在登记簿上工工整整的签名，不由得想起60多年前，我奶奶和我妈妈的"菩萨心肠"。

我是2岁半（妈妈有身孕）开始，就一直和奶奶睡一个被窝长大的，日夜寸步不离。她到哪里都带着我，那时我刚会走路，还不会说话，总是看见她在街上、在巷子（类似弄堂）里，在串亲访友的路上，只要看到有人乞讨，奶奶总要走过去问长问短，尽其所能给予帮助，有时是二两粮票5分钱（可以买一个小麦粉掺玉米的馒头），有时是从菜篮子里拿出一棵白菜或是桃子、杏儿等水果，天冷的季节，奶奶会把对方领到家里来，把自己的旧衣服送给对方。

我妈妈的“乐善好施”更是有点“出格”。我妈不仅看到乞讨的人怜悯，对左邻右舍都是“一家人思维”。我妈妈会做针线活，尤其是老人的小脚鞋子中间的三角缝口，需要小针细线丝丝倒着缝，异常难，即使和妈妈同龄的，或是专门做手工针线活的，也很少有人能缝得很好。但我妈能缝的像缝纫机轧的一样好，所以在我家这一条巷子里将近 10 户人家，每家针线活妈妈都指导过、或是替他们做，尤其是老人的小脚鞋子，开始是专门替各家缝鞋子的三角，后来随着时间的推移，左邻右舍只剩下 4 位小脚老奶奶的时候，我妈就把她们的鞋子承包了。每到腊月，妈妈白天干家务，晚上在煤油灯下做针线活，天天做到深夜一两点，早上不到 6 点准时起床，现在想来，我妈年轻时每天只睡四五个小时，全年无休。整个腊月里，妈妈住的屋子里天天摆满了做好的新棉衣、新鞋子，对襟的、包襟的，全都是手工盘的扣子。除了家人的，很大一部分是送给左邻右舍或亲朋好友，都是无偿赠送。有一年农历腊月二十五，妈妈在巷子里见一个卖豆腐的穿着单薄，见他和爸爸身材差不多，二话不说就把一套七成新的棉衣棉裤和棉鞋送给他，为此事爸爸还和妈妈大吵一通。

2019 年 9 月，一位四十多年前的小学同学，从广东回来看望我妈，尽管那天我妈已经远行了，但她说的一句话顿时让我们全家人泪如泉涌。

“四十多年前，阿姨给我做过一双千层底布鞋……”

妈妈的“乐善好施”已经成为她一生为人处世的本能，“慈善”的种子在她的第四代身上生根发芽，开花结果。

我们家楼上 15 楼有一位独居老奶奶，快 90 岁了，身体还不错。老奶奶三餐时间比较早，每天下午不到垃圾分类的时间，老奶奶就把垃圾分好，挪着小碎步子，把垃圾送下来。

一个星期天的下午 3 点 20 分，豆豆到广场上去玩，说好玩半个小时。3点50分，我换衣服下楼，准备在4点钟之前接他回来。

没想到一到楼外，看见豆豆着急地对我说："外婆，你快帮帮我……"

"怎么啦！"我也慌了，好好的什么事呢？

"楼上老奶奶的垃圾，我帮她带下来，但这个阿姨说不到开垃圾箱的时间……"

这时我才注意到，豆豆双手各拎着一个干湿垃圾袋，焦急地站在路边不知所措。我赶忙从豆豆手里接过垃圾袋，让他到水龙头下面去洗了手，才对他说："垃圾投放有时间限制，接近商城路出口处有个4—6点投放时间段的垃圾箱，我来处理，你快去玩吧……"

豆豆蹦蹦跳跳地朝广场跑去了。

带外孙十年了，一直找不到"隔代教育"的有效切入点，尤其是对飞速发展的电子设备和科学文化知识，总是望而生畏，有劲使不上。今天的事让我明白："真善美"的教育，应该是"隔代教育"的"首选"。

教育有理论，育儿无言语。

2020年12月3日

读书老人心态美

又是一个周一的下午 2 点，我所居住的福沈小区居委会活动室里充满了欢声笑语。这是一个坚持了 16 年的老人“读书小组”的例会，小组的 12 位老人围坐在一张长方形桌子周围，正在竖着大拇指为田守珍妈妈的作品——《十乐歌》点赞。

十 乐 歌

时逢盛世，丰衣足食，闲来无事，书我乐事：
万物以人为贵，吾得为人　　一乐也
吾年九十多岁长寿　　二乐也
吾有挚友数人　　三乐也
吾居有屋　　四乐也
吾有老伴相濡以沫　　五乐也
吾有养老金足养天年　　六乐也
吾有二儿，孝顺　　七乐也
吾幼遭离乱晚逢盛世　　八乐也
吾生活能自理有乐趣　　九乐也
吾心无挂牵安度余年知足矣　　十乐也

田守珍妈妈是一位 94 岁高龄的老人，她所在的读书小组，是一个由小区老人自发组织起来的，每周一下午 2 点—3 点半，在居委会活动室开展活动，已经坚持了 16 年，雷打不动（寒暑假除外）。

今年因为疫情，小组活动从10月中旬到11月16日，虽然只活动了3次，但大家弥足珍惜，这不，田妈妈的这首“十乐歌”就是最好的展示。

我是两年前才进入这个小组的，一进来就为大家的年龄感到震撼！因为外表和我年龄不差上下的老人，竟然都是我的“妈妈辈”、“阿姨辈”。老人中80岁以上的10人，最高的94岁，我和蒋慧莉阿姨同龄，68岁了还是读书小组的“小妹妹”。

读书小组学习的内容以《上海老年报》《健康文摘报》《益寿文摘》以及其他与养老有关的报刊杂志为主，时不时也请专家来讲课。小组里还有不识字的阿姨，因此，学习内容基本上以“读”为主，并根据需要，多样形式。徐根妹阿姨为了让大家掌握正确吃早餐的方法，大老远跑到图书馆，一笔一画地把科普知识抄在一张纸上，带回来读给大家听。

小组根据居委会的工作重点，积极参与各种活动。如建党95周年，全体组员参加了“没有共产党就没有新中国”歌咏演出；田守珍阿姨和老伴参加居委会组织的“金婚照”合影，光彩照人。每逢端午、中秋、重阳节和元旦等节日，组长陆敏芳阿姨总是提早一周就辛苦奔波，张罗筹备，自备小礼品，组织召开温馨又不失热烈的座谈会；或者提前订好“白鹿原”的餐位，全组成员欢聚一堂，其乐融融。

读书小组美，美在哪里？美在心态好。我们读书小组的老人，人人拥有一份好心情，个个把微笑挂脸上。大家心态超好，性格幽默。目前，我们小组90岁以上的2位，80岁年龄段的7位，70岁年龄段的3人，68岁的两名。高龄“妈妈们”经历过民国初期的觉醒，饱尝过国民党统治时期的挣扎，熬过了抗战、内战的岁月，迎来了新中国成立的喜悦。当然，也度过了“文革”的蹉跎岁月，终于赶上了如今的好时光。要说没有“心结”是假的，但在小组的每一次活动中，我听到大家发自肺腑的心声，都是“春有花，夏有荫，秋有果，冬有阳”，没有抱怨，没有牢骚，有的只是耄耋之年对生活的满足、对人生的豁达，满满的幸福心态。《十乐歌》的作者田妈妈，常常幽默地“炫耀”:“我是早稻田大学毕业的——早年在稻田里忙活……”大家会心地开怀大笑。

传统养生学认为，一个人如果精神愉快，性格开朗，对人生充满乐观情绪，就会阴阳平衡，气血畅通，五脏六腑协调，机体自然会处于健康状态。现代医学也证明心胸豁达的人，免疫功能也处于正常状态。

读书小组的“妈妈们”和“阿姨们”做到了这些，百岁唱新歌，注定不是梦。

读书小组美，美在哪里？美在“知足长乐”。我是两年前的4月份才“入组”的。记得我第一次参加的小组活动，正值“两会”闭幕，那次会议的话题是“养老金”。平心而论，这个读书小组高龄老人为90%以上，有几位老人还不识字，她们退休很早，退休金是最低的，有的是从几百块慢慢涨上来的，至今也就是三四千块钱。她们的养老金是没法与近些年退休的老人相比的。但恰恰是这些养老金低的长者，对政府的养老政策满意度最高。大家发自内心地感谢党、感谢政府、感谢好时代。

“国家很不容易的，年年给我们涨工资。”

“……够花就行，我们真的赶上好时代了。”

“我们上海是养老金全国最早拿到手的。”

“我们国家太大了，已经是老龄社会，党和政府很不容易的……”

朴实无华的发言，情真意切的赞美，发自肺腑的心声，深深地震撼了我。两年多来，每周一个半小时的“读书小组”活动，成了我养老生涯中的第一期待。

读书小组美，美在哪里？美在“晚霞浪漫依然”。有一次，徐根妹阿姨穿了一件十分漂亮的双盘扣中式棉袄来参加会议，是用玫瑰底色上面烫着金色牡丹的缎子面料做的，张秀华、顾月芬、沈明仙、谢志静等几位阿姨分别找来两朵正盛开的月季花和红头绳，笑着闹着给谢阿姨插花的插花，扎蝴蝶结的扎蝴蝶结，打扮妥当后，田阿姨打趣地说：“根妹，相亲去……”

我们的组长陆敏芳阿姨，是小组的主心骨，也是一位没有党证的“共产党员”。她在“文革”前夕就被单位党组织发展为预备党员，之后“文革”开始，众所周知的原因，她的入党宣誓搁浅，陪着当厂长的丈夫挨斗……虽然不是党员，但陆阿姨一直用一名共产党员的标准严格要求自己，不辞辛苦，精心组织，十六年如一日，任劳任怨为大家服务，勤勤恳恳地为耄耋老人撑起一片“自在”的蓝天。陆阿姨和老伴金婚纪念日，老两口预先订好高级酒店，红蜡烛、金蛋糕、大红的新装、五彩的“金婚纪念”横标……谁说夕阳近黄昏，“浪漫依然”的晚霞与朝阳媲美。

陆敏芳阿姨是读书小组的组织者、领路人，是大家“老有所学”的主心骨。

16 年，漫长的人间烟火，周而复始的春夏秋冬，有的长者远行了，陆阿姨带领大家默默远送；有的长者住进养老院了，读书小组陆阿姨通过微信，时不时在小组会上给大家展示其在养老院的“老来俏”风采，分享相互关心相互思念的脉脉深情；小组的同伴生病了，陆阿姨带领大家携带礼品上门看望……大家打心底感谢陆阿姨，经常发自肺腑地称赞：“没有陆阿姨，就没有我们这幸福又温馨的 16 年……”

陆阿姨总是微笑着打断夸赞，谦虚地说：“大家的支持，大家的功劳……”

读书小组美，美在哪里？美在“科学的生活方式与生活习惯”。

作为老年人，小组的主要话题离不开养生与保健。千保健万保健，心态保健最关键。大家读书读报总是结合实际，在开心的笑声中点燃柴米油盐酱醋茶的日常烟火；在家长里短、儿女情长的“嘎讪胡”中，自觉反对“本本主义”，拒绝“教条主义”，不断抵制“诈骗与伪养生”，拒绝“小道消息”，相信科学但不“唯书本”。组里谢幼芬阿姨身体不太好，全组成员为她出主意想办法，联系居委干部，帮她顺利解决了就医助餐等困难。对我的“三高”问题，“妈妈们”多次帮我推荐相关医院及主治医生，不厌其烦地给我提供具体的地址与联系方式，让我感动万分。每次小组会上，大家争先恐后地分享营养均衡、粗细搭配的美食方法，分享养花养宠物的家庭故事，收获满满。

读书小组美，美在哪里？美在“勤俭持家好家风”。我有许多个包包，有我自己买的，有老伴给我买的，也有女儿买给我的和她淘汰下来的“LV”“QC”等名牌包包，但在这么多包包里面，我最喜爱的、最珍贵的，是读书小组的胡珊卿妈妈送我的一个“吉祥”手提包（袋）。

胡珊卿妈妈今年92岁，是小组里的第二高龄，比我妈妈年长7岁，我一直把她和组里高龄人当作“妈妈们”。胡妈妈虽然高龄，却特别显年轻。一头乌黑的头发，梳得整齐发亮，刚开始以为是染的，一问才知道，胡妈妈的好头发是家传基因好。她穿着大方得体，色彩协调，端庄优雅。有一天，胡妈妈敲开我家门，给我送这个包袋时，正好是我老伴开的门。之后老伴问我：“她比你大还是比你小？很精神的。”当我告诉老伴胡妈妈92岁高龄时，老伴惊讶地说不出话来。

我之所以最最喜爱这个包袋，是因为这个包袋是胡妈妈一针一线亲手缝制的，她把用过的两个旧袋子拆开，剪掉不能用的，把可用的材料重新拼接，亲自踏缝纫机做成一个崭新的包袋，并把“吉祥”二字留在包袋的两面。

一位 92 岁高龄的老人，小针细线地“变废为宝”，岂能是“环保”二字所涵盖的生活态度?

这个包袋有大爱，是伟大的母爱；这个包袋有温度，是暖暖的长者风范；这个包袋有家风，是“勤俭持家奢为耻”的传承。

有一天，外孙问我:“外婆，你为什么天天要用这一个包呢? 是因为有吉祥二字吗? ”

我趁机对他进行“家风”教育:“你知道什么叫变废为宝吗? ”

外孙觉得我答非所问，好奇地扬起脑袋问我:“这和包有关系吗? ”

“有，关系大着呢……”

接着我就给他详细地讲了我们家姐弟七人，老太太(我妈妈)是如何通过“新三年旧三年，缝缝补补又三年”的办法，让我们姐弟七人天天穿旧如新的。

我讲得有声有色，小家伙听得津津有味，听到最后他竟然说:“爸爸的旧皮鞋不要扔掉，等到明年，我的脚就可以穿了。”

我听了格外高兴。读书小组的传统美德，潜移默化地影响和感染着下一代，让勤俭节约的优良传统代代相传，是我们这个读书小组收获的又一丰硕的成果。

期待着疫情早日过去，带着我的小外孙，一起分享读书小组的美好时光。

2020 年 11 月 16 日

“前浪”“后浪”都是学习的榜样

我非常喜欢上海东方电视台的《妈妈咪呀》栏目，是为妈妈们励志的好节目。今天《妈妈咪呀》又有了新的拓展，这是一个三位妈妈展示育儿经验的组合。连自我介绍带唱歌总共不到 5 分钟的时间，却足以让我为这三位妈妈和她们的丈夫双手竖起大拇指，为其点 100 个大大的赞！

这三位妈妈都是养育两个孩子的母亲，她们的三位丈夫带着 6 个娃，支持她们在《妈妈咪呀》的舞台上展示风采，收获掌声。这三个家庭，既没有“虎妈羊爸”，也没有“只生不养”，她们的育儿经验归纳起来只有“因材施教”“适度刺激”和“七十分妈妈”13 个字，却字字珠玑，无比珍贵。

上午电视机开得晚了，只听了后半部分，所以我不知道这三位妈妈的姓名，且用妈妈 ABC 来表示。

妈妈 A 的育儿经验是“因材施教”。她从两个孩子出生起，就时刻关心宝宝的兴趣爱好，有针对性地在“游戏”中发现孩子的特长，有针对性启发引导，两个孩子品学兼优。

妈妈 B 的育儿经验是“适度刺激”。妈妈 B 从来不和两个孩子说：“××× 如何如何……”“你应该怎样……”之类的话，她会领着两个孩子去和同龄的小朋友们玩，看看同龄小朋友怎么玩，如何处理身边发生的事。这样培养的孩子性格阳光，心理素质超好，将来走向社会，孩子的适应能力强，无论风调雨顺，还是风霜雪剑，只要长成参天大树，就能"吹不倒，压不垮"。

妈妈B的"适度刺激"总结得太好了！孩子的成长需要刺激，但刺激不当，其结果必然是南辕北辙。

"×××如何如何……"这类句式对孩子的刺激相当大。记得30年前，我女儿上三年级，我带她学手风琴，她很不乐意，每次回课都不达标，有一次竟然一首曲子没有完整地演奏完，受到老师的批评。回到家我就说："你看看×××（手风琴班里拉得最好），人家和你吃一样的饭，穿同样的衣服，人家……"

"人家好！人家好！人家好也不喊你'妈'！"

一向温顺的女儿突然高声喊着打断了我的后半句，把我顶得哑口无言。

妈妈C的育儿经验是"七十分妈妈"。妈妈C认为，对孩子不能追求完美，无论是学习还是其他，孩子只要达到70分，她就很满意了，从而放手让他去做喜欢的事，得到的会远远大于30分的。

妈妈C的70分，是对孩子的要求。我对妈妈C的评分，至少在90分以上。因为我对自己的评分是"不及格的妈妈和六十分的外婆"。

与现在的年轻爸爸妈妈相比，我这个"曾经的妈妈"是不合格的，主要是育儿观念不合格。我单纯地从生理条件武断地认为，作为妈妈，吃过的盐比女儿喝过的水多，走过的桥比女儿走过的路长，总是按照成年人的标准去要求女儿，试图把孩子培养成"装在套子里的人"。最终结果是，女儿在上大学之前，按我的"套子"走，其潜力远远没有发挥出来，初高中"扩招"。自从脱离了我的"套子"，女儿一路奋斗一路歌，从马鞍山二中到"中国海洋大学"读本科，到"上海财经大学"读研，再到"金茂大厦"写字楼做第一份工作，考注册会计师，在上海成家立业……

我常常和老伴聊天:“闺女要是按咱俩的安排走,我们肯定不会在上海买房养老了。”

女儿考上大学后,我们给她的最高目标是本校保研(女儿可以保研),最低目标是回马钢(马钢当时的招工政策接收“211”“ 985”大学的本科生)。从养老角度考虑,我们老两口更希望她回马钢。

但她已经挣脱了我们的“套子”,按照自己的心愿飞翔。

女儿生了孩子休满 4 个月产假就上班了。从此,“隔代教育”成为我们 7 口(爷爷奶奶外公外婆和女儿一家三口)之家的主话题。

对“隔代教育”,历来存在两种观念;

第一种是“非本分”观念。认为不带第三代为好,因为老人与第三代之间虽有血缘关系,又有浓厚的血缘亲情“隔代亲”。但老人带了第二代再带第三代,不是本分而是缘分与情分,法律也并无规定。况且“隔代”之间,观念、生活方式和对各种事物的理解不同,很容易在某种事情上产生分歧,影响家庭和睦,不利于第三代成长。比如:根据医生叮嘱,母乳喂到一周岁,可以适量添加奶粉了,老人觉得大众化的、相对便宜的国产奶粉即可,毕竟是添加的。可媳妇非要给孩子添加进口奶粉,为奶粉进口不进口引发爱国不爱国的政治话题,受害的却是不会说话的宝贝。

所以,主张老人不带孙辈。

第二种是“亲家共同带”观念。这种观念对双方都是独生子女的家庭来说,尤为适用。有的采取“一二三,四五六”的方式轮流带,即“一二三”爷爷奶奶带,“四五六”外公外婆带,周日小两口自己带。

外孙出生后,我和亲家也采取共同带的方式。略有区别的是,我和亲家不是轮流,而是我和亲家母与外孙睡一张大床,他在中间,我和亲家母睡在两边,就这样带到 3 岁上幼儿园之前,因为奶奶摔了一跤不得不回马鞍山治疗,才由姥爷到上海来,和我一起带。

从儿童心理学和教育学角度看，爸爸妈妈亲自带小孩是最佳选择，既有浓浓的“亲子情”，也是年轻人敢于担当、勇于负责任的具体体现。

但具体的实际操作并非如此。

原以为上幼儿园以后，我们老两口只管后勤、上学放学接送就行。上幼儿园之后才发现，宝宝的成长需要决策者和执行者的无缝对接、无言的默契。我女儿女婿是教育孩子的决策者，我和姥爷是执行者。

外孙入园的第三天，小男孩的本性凸显，放学时老师告诉我：“豆豆打人……”回家后告诉女儿，女儿让我连续盯了整整一个星期，每天放学后一接到豆豆，先问老师豆豆今天动手没有？回家再问豆豆，看他说的是否和老师说的一样。直到老师说：“豆豆表现很好……”

不管遇到多大的事，男孩子“绝不能动手”的习惯从此养成了。直到现在，豆豆都被公认是同龄男孩子中比较温和的一类。

性格养成是这样，在学习上也一样。外孙报什么班、补什么课，寒暑假生活怎么安排，生病痊愈还服不服药……外孙成长中的大小决策，我和姥爷都自觉当好“盲人”和“聋哑人”，看不见也听不到。因为我们的教育观念确实跟不上时代。

比如给孩子报辅导班，私下里，我们老两口认为根本没有必要，总觉得跟着老师的指挥棒走就好，没有必要花那么多钱东跑西颠地去上辅导班，但女儿的决策我们还是不折不扣地执行的。

外孙的辅导班是从一年级才开始报的，6岁之前，女儿说要给她儿子一个快乐的童年，每天幼儿园一放学就在广场上“玩疯了”才回家。

刚开始是爸爸妈妈带他去上辅导班的，但在实践中我发现，由于女儿女婿工作单位的性质，出差啊，电话会啊，往往和辅导班的时间冲突，不得不请假。我觉得要么不上，上了辅导班却三天打鱼两天晒网，还不如干脆不报。

于是，我俩主动接过了陪外孙上辅导班的任务，从此，银发人“蹭”进了彩发人的“陪读”队伍。

这一“蹭”不要紧，“蹭”出了自己的落伍，“蹭”出了“向后浪学习”的感悟。

“陪读”队伍自然是年轻人为主，也有少数（约有10%左右）和我一样的银发陪读者。

凡辅导班都有家长休息室，休息室的家长们却都不休息。有的家长在批改卷子，有的家长在用电脑办公，也有熟悉的家长躲在休息室的角落里小声交流育儿经验或是“小升初”的消息，还有和我同龄的奶奶，竟然操着一口流利的英语和孙女对话，一问才晓得，这个女孩的爸妈是美籍，上的是上海国际学校，初中起要到美国去，奶奶退休前是中学英语教师……休息室里有一位我认识的家长，他正在低头看书并记笔记，我很好奇，径直走过去问他看的什么书？他把书合起来给我看封面。

哇塞！我大吃一惊，《曾国藩家书》赫然在目。休息室的桌子与桌子间距小，我一边赞叹一边往右边挪了挪身子，不料，这一挪更令我震撼！坐在我认识的家长右边的是一位蓄着雪白胡须的长者，满头银发整整齐齐地理成大板式，可能是我的挪动惊动了他，他抬起头来，双手往上扶了扶眼镜，微笑着问：“需要我给你让个座位吗？”老人家和蔼的面庞，镜片后面的两只眼睛炯炯有神。

“谢谢！不用不用……”我低头一看，老人家正在密密麻麻地演算着什么，赶紧离开。

辅导班的休息时间到了，不同年级不同学科的同学们一个个像刚出笼子的小鸟，唱着歌儿欢快地飞向家长们的怀抱，喝水，吃点心，撒娇，或者玩游戏……

飞到雪白胡须爷爷怀抱的是一个长相甜美的小姑娘，她没有吃喝，也没有玩游戏，而是很自豪地向她外公报喜：“外公外公，我课前测全对，全对的就我一个。”

旁边的家长感叹：“不愧是奥数金牌教练，教出来的孙女就是不一般。”

看来，我和老伴报辅导班的观念上是单一甚至偏激的。报与不报，要具体情况具体分析，根据实际需求安排为好。

对“育儿”，有人说：“爸爸不要缺位，妈妈不要错位，老人不要越位，大家各就其位，边界清晰，才能给孩子一个幸福的原生态家庭。”这话在理论上很正确，但通过辅导班休息室这几个镜头，我想添加：“无论越位缺位错位或到位，年龄不是问题的关键；关键是无论‘前浪’或‘后浪’，一律需要从零开始。”

所以，“前浪”和“后浪”，都是我的好榜样！

2021年1月7日

银发追梦梦成真

实在想不到，我居然能“出书”！直到和出版社签合同的时刻，我还在使劲掐自己的手腕，不会是在梦里吧？

非梦亦梦，是项纯丹老师圆了我潜意识里边的梦，是无数老师带着我追了七十年的梦，并将继续把梦追下去。

之所以说是“潜意识里边的梦”，是因为我的意识很清楚。在遇到项老师之前，我的脑海里压根没有“出书”这个词，只是满足于在不同的老年大学之间奔波，陶醉于不同老年大学老师的“风采”。

我特别喜欢上老年大学的课。因为众所周知的原因，我的“最佳求学期”遭遇上“停课闹革命”，虽然作为“工农兵”学员，也跨进了山西大学的校门，但盛名之下其实难副。所以在上海养老，最期待、最惬意的事就是上老年大学。我经常和“学友”们实话实说：“在老年大学授课的老师们，不是来自复旦，就是交大或华师大、华东政法，想一想莘莘学子要听他们的课，那要考多高的分啊！而我们，‘蹒跚一族’，一个学期150块钱，就可以聆听大师授课，欣赏大师风采。‘幸福’二字，还用解释吗？”

徜徉在幸福中，满足感超强。

项老师的“蜡烛范儿”，项老师的责任感、执着、严谨，同学们有目共睹，无需赘言。我想说的，是项老师有一种“化腐朽为神奇”

的“超能量”。

这一“超能量”激活了我的潜意识。潜意识里的“出书”梦想，起源于一次作业。

2018 年 6 月的一个周四，项老师给我们上“写作课”，临下课前给我们布置的作业是交一篇散文。我当时不想完成作业，一是我的主要任务是带外孙，而且很忙，没有时间；二是我在退休前一直是写公文的。要说起草个“通知”、写个年度总结或者给领导起草个讲话稿之类的，还能凑合，写“散文”真不敢想。但项老师多次催我交作业。

我当过五年语文老师，十分了解批改作文的甘苦。特别是要批改像我这样的“零起点”的作文，要耗费老师多大的精力，要浪费老师多少宝贵的时间，我心里一清二楚。尽管如此，老师还反复催促，我还能不交吗?

绝没想到，我的拙文《早教遐思》竟然被项老师拿到课堂上讲评。我当时既感动又汗颜，感动的是，被讲评的作文是项老师从标点符号开始帮我斧正的；汗颜的是，从项老师批改的红笔处发现，我连最基本的省略号用法都不会，基础之差，可见一斑。

学生不才，老师有方。项老师诲人不倦地推荐了许多本很实用的书:《上古时代神话故事》《何为散文选》《世界文学随笔精品大展》《先知全书》《奇妙的生灵》《自然与人生》《昆虫世界》，以及项老师自己的著作《红账本之谜》《回望》……我在废寝忘食的阅读中，慢慢地开始模仿，照葫芦画瓢，不知不觉中萌生了“出书”之意。

仅仅是个萌芽，所以我就抱了“一包碎片”找到项老师，原意是想请项老师帮我粗略地看一下，大致指个方向，用个多则三五年少则一两年的时间“磨”一本书出来。

现在回头看，实在是难为项老师了。因为再次翻阅我的“碎片”，自己都觉得“惨不忍睹”，再看项老师用红笔把大大小小100多处的错误、标点、格式和内容的不妥之处一一勾画出来，其间所耗的时间和心血可想而知。如果说我当初抱给项老师的是一堆蚕茧，那项老师就是把它织成锦缎的“高手”：要破茧、抽丝、浸染、上机、上色、绘图以及刺绣……老师“只为学生做嫁衣”的提携没齿难忘。

尤其是项老师把我带进了《地名古今》这个没有围墙的大学，每天有270多位大师“线上授课”，他们有的是几十年笔耕不辍、颇有成就的“文学大家”；有的是几十年为人师表的辛勤园丁，桃李满天下；有的是几十年“为他人做嫁衣”的资深编审、编辑和记者；还有不少才华横溢的晚辈，写出的都是清新脱俗、别开生面的锦绣文章……他们都是我仰慕的偶像。每天“拜读”，当面“聆听”，我不仅学到了大师们的写作技巧，更多的是学到了中华民族的优秀传统文化，学到了中华民族大家庭的和谐融汇与绚丽多姿。徜徉在这座百花齐放春满园的“文学沃土”中，我受益无尽。

回顾自己的“古稀”之路，可以说是顺风顺水，一路欢歌。虽然说错过了“最佳求学期”，但是能上“工农兵大学”，在当时的同龄人中还算“幸运儿”。在山西大学上的第一课，教授们“因材施教”箴言相告:“你们的基础很差，但和老师们的感情最深……三年后走出校门，你们至少会当一名老师，所以，汉语拼音和语法，基础一定要扎实扎实再扎实，误人子弟是犯罪……”

从此我牢牢记住了教授们的箴言，把自己当作一只基础很差又很想“飞”的“笨鸟”。“笨鸟”必须天天飞，“笨鸟”必须“超卖力”，“笨鸟”需要“以苦为乐”。所以在五年的教师生涯里，我基本上“全年无休”，寒暑假的时光，除了备课还是备课，“千万不能误人子弟”的谆谆教导，鞭策着我和学生“共同成长”。靠着与我结缘的男男女女、老老少少，让我的方块字有了温度。

虽说夕阳近黄昏，但只要终身怀抱一颗追梦的心，晚霞与朝霞一样美，期待着诸位老师们与我继续“追梦”，梦想成真！

2021 年 3 月 29 日